Facebook Advertising

Guida completa

Nella collana *Guida completa*:

Android 6: guida per lo sviluppatore, di Massimo Carli
Big Data con Hadoop, di Turkington e Modena
Bitcoin: guida all'uso delle criptovalute, di Richard Caetano
Content marketing, di Michela Ballardini
Costruire applicazioni con Excel 2013, di Mike Davis
C guida alla programmazione, di Pellegrino Principe
C# 6.0, di Pellegrino Principe
Droni DIY, di Pier Calderan
Elettronica DIY, di Pier Calderan
Email marketing in pratica, di Alessandra Farabegoli
Google marketing, di Daniele Salamina
Hacker 7.0, di McClure, Scambray, Kurtz
Hacking Marketing, di Scott Brinker
HTML5 CSS3 JavaScript, di Pellegrino Principe
Il manuale dell'e-commerce, di Roberto Ghislandi
Il manuale di Arduino (II ed.), di Maik Schmidt
Java 8, di Pellegrino Principe
LinkedIn: per aziende e professionisti, di Napolitano e Parviero
Linux server per l'amministratore di rete (V ed.), di Silvio Umberto Zanzi
Node.js, di Marc Wandschneider
Programmare con PHP 7, di Steve Prettyman
Raspberry Pi (II ed.), di Pier Calderan
Social Commerce, di Gianluca Diegoli
Social Media ROI (II ed.), di Vincenzo Cosenza
SQL e Excel, di Marco Ferrero
Sviluppare applicazioni con PHP e MySQL, di Kevin Yank
Sviluppare applicazioni iOS con Swift, di P. Deitel, H. Deitel, A. Deitel
Sviluppare applicazioni web con AngularJS e Bootstrap, di Stephen Radford
Sviluppare applicazioni web con React.js, di Artemij Fedosejev
Sviluppare con WordPress, di Thord Daniel Hedengren
Web Marketing facile per tutti, di Andrea Maggiolo
Windows 10 IoT Core, di Pier Calderan

A colori:

AutoCAD: guida facile al disegno CAD 2D e 3D, di Santapaga e Trasi
Data storytelling, di Cole Nussbaumer Knaflic
Email marketing con MailChimp, di Alessandra Farabegoli
Facebook Marketing, di Cini Chiara
Fotografia digitale (IV ed.), di Paolo Poli
Fotografia digitale con Lightroom CC, di Elisa Andreini
Fotografia digitale Fine Art, di Marco Fodde
Grafica 3D con Blender (II ed.), di Francesco Siddi
HTML5: il markup e le API, di Gigliotti e Troiani
Il negativo digitale, di Jeff Schewe
Imparare a programmare con Scratch, di Boscaini e Beri
Imparare a programmare in Java con Minecraft, di Hunt Andy
L'arte della fotoelaborazione digitale a colori, di Marco Fodde
L'arte della fotografia digitale in bianconero (II ed.), di Marco Fodde
Photoshop CC, di Trezzi e Andreini
Responsive Web Design, di Gianluca Troiani
Stampa 3D, di Pier Calderan
Video con la reflex, di Davide Vasta
Usabilità mobile, di Nielsen e Raluca
Web design, di Jason Beaird
Windows 10: guida per tutte le età, di Mike Davis

Alessandro Aino

Facebook Advertising

Guida alla pubblicità sul più grande social network del mondo

APOGEO

Facebook Advertising
Guida alla pubblicità sul più grande social network del mondo

Autore:
Alessandro Aino

Socio Unico Giangiacomo Feltrinelli Editore S.r.l.
Via Andegari 6, 20121 Milano (Italy)
Telefono: 02725721 – Fax: 0272572500
Email: apogeo@apogeonline.com
Sito web: www.apogeonline.com

ISBN 978-88-503-3387-5

Realizzazione editoriale:
PMT sas – Monza

Editor:
Fabio Brivio

Immagine di copertina:
Daniele Morganti

Finito di stampare
nel mese di settembre 2016
presso Grafica Veneta S.p.A.
Trebaseleghe (PD)

Indice generale

Introduzione

Da alcuni anni a queste parte, il social media marketing è entrato di diritto tra gli strumenti che le aziende – di ogni dimensione, dalle multinazionali alle PMI – utilizzano con lo scopo principale di interagire e conversare con i consumatori, attuali e potenziali. Trattandosi di un modello di comunicazione relativamente nuovo è costantemente in divenire e va modellandosi con una velocità a cui spesso è difficile stare dietro.
Uno dei più grandi e recenti cambiamenti riguarda proprio l'advertising. I social network stanno passando da essere spazi totalmente gratuiti in cui le aziende potevano coinvolgere i fan con investimenti minimi, a spazi media a tutti gli effetti, cioè luoghi in cui, per comunicare, è necessario pagare.
Tra tutti i social network, quello che sta subendo i maggiori cambiamenti e che sta ridefinendo *in toto* questo mondo è Facebook (insieme a Instagram). In questo scenario, però, l'approccio con cui si fa social media marketing non sembra essere ancora cambiato. Soprattutto l'advertising pare essere visto ancora come qualcosa di necessario, a cui arrendersi con muta accettazione e non un'opportunità da conoscere e sfruttare. Quella che ancora manca, quindi, è una vera consapevolezza del mezzo e delle sue potenzialità. È da questo assunto nasce questo libro.
Vogliamo provare a fornire uno strumento di partenza per comprendere la pubblicità su Facebook, così che se ne possa fare un uso realmente di marketing. L'impostazione, quindi, è quella dell'*how-to,* cioè una guida che permetta a ciascuno di noi di comprendere ed elaborare una strategia di social advertising al fine di raggiungere determinati obiettivi di business. Infatti questo libro è rivolto a diversi soggetti, ciascuno con una propria necessità: da chi ha a che fare indirettamente con il social media marketing (come per esempio chi fa marketing o comunicazione in azienda oppure lavora nel mondo della pubblicità "classica") a chi sta entrando in questo mondo adesso e vuole capirne di più. Troppo spesso si nota una discrepanza tra chi lavora ogni giorno con i social media e chi si rapporta ad esso solo saltuariamente. Vogliamo provare a equiparare queste conoscenze. In generale, però, questo libro vorrebbe parlare a tutti coloro che hanno voglia di guardare al social media advertising con una nuova prospettiva, con occhi diversi, con la consapevolezza – e non verrà mai detto abbastanza nelle pagine a seguire – che Facebook e Instagram servono per raggiungere gli obiettivi di business e di marketing e non per fare post sperando di raggiungere il più alto numero di Like. Ed è per questo motivo che il libro si apre con due capitoli introduttivi che hanno lo scopo di far comprendere, fin da subito, il ruolo che ha il social media marketing nel comparto della pubblicità in generale. Attraverso

i dati diamo la dimostrazione dell'efficacia dell'advertising su Facebook e Instagram, le prospettive di crescita e i trend globali e italiani. Dopo questa visione d'insieme entriamo nell'operatività. La premessa è quella di conoscere tutti gli strumenti messi a disposizione da Facebook e necessari per maneggiare professionalmente il mezzo. I capitoli successivi sono suddivisi in base ai passi necessari per definire una buona strategia di advertising su Facebook. Si parte con il passo più importante, cioè la definizione del target, andando a vedere quanti e quali possibilità offre Facebook per segmentare l'audience. Nel quinto capitolo affrontiamo gli obiettivi tattici di Facebook e Instagram, vedendo come questi possono aiutarci a raggiungere quelli di marketing. Il sesto capitolo è incentrato sulle creatività, in termini di immagini, testi e formati disponibili. I due capitoli successivi sono quelli più numerici: nel settimo si parla di budget e di alcuni consigli tattici per la sua definizione oltre che dell'analisi dei costi basata sugli obiettivi. L'ottavo capitolo affronta i report e l'analisi dei dati: vediamo quante e quali sono le possibilità di analisi, trattando le metriche più importanti da analizzare. L'ultimo capitolo è incentrato tutto sull'A/B Test, una pratica che, lo vedremo, è importante conoscere e utilizzare per ottenere il massimo dalla nostra campagna pubblicitaria. In appendice vediamo quali possibilità di advertising forniscono altri tre importanti social network (Twitter, LinkedIn e YouTube) scorrendoli velocemente per capire in che modo si stanno muovendo rispetto a Facebook e quali potenzialità offrono.

Ringraziamenti

Vorrei ringraziare Fabio Brivio per l'opportunità che mi ha concesso.
Tutti i miei colleghi (attuali e passati) per i continui confronti e per gli insegnamenti. In particolar modo Chiara Cini, Cinzia Migliardi, Francesco Marcucci, Alice Boss e Stefano Balbo.
I miei genitori, perché è grazie a loro che ho potuto fare questo lavoro e scriverne addirittura un libro.
Mio fratello per tutte le volte che, durante la stesura di questo libro, mi ha detto: "Stai scrivendo? No? E allora scrivi".

Capitolo 1

Dentro il social advertising

Dove si pone l'*advertising* su Facebook nell'ampio, complesso e frammentato mondo della pubblicità? Capirlo è il primo passo per giungere a una più profonda coscienza del mezzo e per sfruttare al massimo le sue potenzialità.
Che le aziende debbano stare sui social network non, semplicemente, "perché ci sono tutti" è un assunto che pare ormai assodato; i motivi per i quali, su quei canali, dovrebbero anche investirci, invece non sembra ancora così chiaro e condiviso. È come se ci fosse, sì, la consapevolezza che una pianificazione strategica di advertising sui social media sia necessaria, però poi questa consapevolezza – a vedere i timidi tentativi che riempiono i News Feed – sembra più un dogma che una scelta ragionata.
Per questo, prima di affrontare il funzionamento e le possibilità delle Facebook Ads, non possiamo prescindere dal capire come siano cambiati la pubblicità e i consumatori, e come la tecnologia, ponendosi in mezzo fra i due soggetti, ne abbia accorciato le distanze. Analizzare l'evoluzione della pubblicità vuol dire parlare di digital marketing e questo vuol dire considerare sempre di più i social media come attori protagonisti del settore. Spiegheremo dopo, con maggiori dettagli, perché *social marketing* oggi sia sinonimo di *Facebook advertising*, ma ciò che si può dire con assoluta certezza è che sia stato proprio Facebook a creare lo "stampino" della "pubblicità social". La sua piattaforma in continuo aggiornamento è quella più completa e che più di tutti ha compreso le necessità delle aziende di fare business anche attraverso le reti sociali.

In questo capitolo

- **La pubblicità al tempo dei social network**
- **Consumatori sempre connessi**
- **I social media sono i nuovi spazi media**
- **Facebook, il gigante che ha inglobato Instagram**
- **Come funziona la pubblicità su Facebook e Instagram**

Sarà utile, allora, prima di immergersi in questo mondo, scattare una fotografia dall'alto per avere sotto gli occhi una visione d'insieme dell'ambiente in cui ci stiamo muovendo. È un paesaggio che scorre veloce dal finestrino di un treno ad alta velocità, e cercare di fermarlo, di immortalarlo, comporta la possibilità, rischiosa ma necessaria, di ottenere una fotografia mossa. Cercheremo di evitare questo rischio, concentrandoci solo su una porzione del panorama. Certo, ci saranno particolari ai quali non verrà data la giusta attenzione, altri ancora saranno già sfuggiti, ma conoscere lo scenario italiano della pubblicità, il peso economico che ha il digital advertising, capire chi sono i consumatori oggi, fornirà quel supporto numerico necessario per rispondere a una domanda importante: investire nei social media è davvero utile per un'azienda?
Non c'è un'unica risposta, ma proveremo a fornire una serie di fatti che possano portare a una migliore comprensione di quello che può essere definito *social advertising*.

La pubblicità al tempo dei social network

Per capire come sia cambiata la pubblicità, partiremo da una frase banale che, tuttavia, porta con sé un seme di incontestabile verità: i consumatori sono cambiati. È un cerchio in cui non si può ben definire chi abbia plasmato chi, ma – altra ovvietà – i social network hanno cambiato il nostro modo di informarci, di rapportarci a brand e aziende, e di effettuare acquisti. Non abbiamo a che fare con un fenomeno recente, dato che con l'avvento del digital marketing i consumatori passivi sono scomparsi quasi del tutto, ma la velocità con cui questo avviene è, sì, una cosa nuova. C'è bisogno di informazioni immediate, così come di gratificazione (ora, in pochi secondi, qui, sul mio smartphone, oppure lascio il tuo sito e vado su un altro).
Non possiamo certo affermare che la pubblicità tradizionale – gli spot e i suoi testimonial – sia morta. Tutt'altro, però non può più bastare. Resta efficiente, ma sta perdendo efficacia, soprattutto in un periodo in cui i budget si sono ridotti e uno spot televisivo è comunque appannaggio di pochi.
Ed eccoci alla democratizzazione della pubblicità, si potrebbe dire con un'espressione paradossale: con i social network tutti possono fare pubblicità a prescindere dal budget a disposizione. Se siamo potuti giungere a questo punto è soprattutto grazie a quell'apparecchio che ci portiamo dietro, sempre più tecnologico e con la batteria sempre più lesta a scaricarsi.
Se il punto di incontro tra azienda e consumatore, prima, era la televisione, è indubbio che questa piazza ora si sia spostata su uno schermo più piccolo, ma sempre più acceso e pervasivo: quello di un dispositivo mobile.
La pubblicità è cambiata più in questi ultimi anni di quanto l'abbia fatto nel cruciale passaggio dalla televisione al Web. Si sta assistendo all'evolversi continuo e sempre meno prevedibile della pubblicità su Internet. Dal primo banner pubblicitario andato online nel 1994, alla nascita di Google AdWords nel 2000, passando per i Flyer di Facebook (la prima embrionale forma pubblicitaria introdotta nel 2004 con la nascita del social network) all'attuale social advertising, di strada ne è stata fatta.
La vera rivoluzione è l'evoluzione, ed è proprio quello che è successo nel digital advertising. Si è partiti con una trasposizione della pubblicità classica in Rete (intercettare il consumatore mentre sta facendo altro, mentre visita siti web) a una pubblicità *pull* (farsi scegliere senza disturbarlo, bussare timidamente alla porta della sua pagina di ricerca e

proporgli il prodotto che potrebbe interessarlo) per tornare poi a una pubblicità di nuovo *push*: andare a prenderlo lì dove vive quotidianamente, nei social network. C'è tuttavia un elevato numero di variabili (alcune le analizzeremo in seguito) che rendono questa modalità di comunicazione meno invasiva dell'interruzione del programma televisivo preferito o di un pop-up "rumoroso". I social media permettono, sì, una pubblicità push, ma con una piccola e non trascurabile differenza: sanno cosa ci piace molto più di chiunque altro. Qui risiede la loro forza.

Se fino a qualche anno fa il *marketing mix* aveva le sue quattro "P" ben descritte in qualsiasi manuale, oggi a quelle "P" si aggiunge un nuovo fratello: le *persone*. Sono loro al centro del nuovo marketing, quello fluido e dinamico. John Jantsch, consulente di marketing e autore del libro *Duct Tape Marketing*, ha individuato un nuovo marketing mix in cui la lettera cardine è la C: *contenuto*, *contesto*, *connessione* e *community*. È un dato di fatto: i social media hanno cambiato il modo in cui le persone interagiscono tra loro e con i brand. Le persone non sono più i meri destinatari di un contenuto, ma lo creano, lo criticano, lo supportano, lo modificano, lo trasmettono e, trasmettendolo, decidono se aggiungere o togliere valore. Quella che in potenza sarebbe una catastrofe per un'azienda (non essere più proprietaria del significato del proprio messaggio) è stata trasformata in un punto di forza dai social network. Tutti quei flussi di comunicazione, grazie ai social network, possono essere ascoltati, monitorati, compresi e poi sfruttati dalle aziende stesse.

Like, Retweet, cuoricini e condivisioni: ogni clic si trascina dietro una serie di informazioni su di noi, di una complessità e profondità disarmante. Se ai tempi della televisione ciò che ci caratterizzava era cosa guardavamo e a che ora lo facevamo, oggi queste informazioni si sono arricchite con: dove abbiamo studiato, in quale università, di chi siamo amici, cosa ci piace, cosa piace ai nostri amici, quale contenuto abbiamo apprezzato, quale video abbiamo visto, per quanti secondi e così via.

Quando scorriamo con il pollice il News Feed di Facebook o Instagram, stiamo fornendo tutte le informazioni utili per diventare destinatari di contenuti realmente rilevanti per ciascuno di noi. Cambiando la prospettiva: le aziende possono avere le informazioni necessarie per trovare nuovi consumatori potenzialmente ricettivi, senza più dover sparare nel mucchio. Si tratta di una prospettiva non così nuova ma, ancora una volta, sconvolgente per la sua velocità. In potenza, possiamo giungere a una comunicazione completamente personalizzata, *one-to-one*, in un centesimo di secondo. Basti pensare al *remarketing* (o *retargeting* che dir si voglia): un consumatore visita uno shop online, sceglie un prodotto, lo aggiunge al carrello, ma, per qualche ragione, non conclude l'acquisto. Dopodiché apre una qualsiasi pagina web e vi trova in bella vista quello stesso prodotto con un allettante sconto del 10 percento.

I dati e le ricerche sono sempre esistite da quando esiste la pubblicità. Ma una quantità così vasta di dati e la loro tracciabilità no. È qui il cambio.

Siamo in piena fase di mutamento, avviata alcuni anni fa e diretta potenzialmente ovunque. Le previsioni di come evolverà la pubblicità sono tante, ma tutte condividono l'importanza del social advertising nel futuro. Investire in maniera consapevole e strategica su di esso, sfruttandone tutte le opportunità, se adesso può sembrare pionieristico, nel prossimo futuro sarà la prassi. I social network hanno aperto le possibilità di investimento a tutti e molte aziende hanno già colto l'occasione. A volte sono investimenti timidi, quasi da test, altre volte tattici, qualche volta più a lungo respiro. Integrarli in una visione e farli diventare strategici sarà il passo successivo.

Qualche numero

Vediamo qui di seguito questo cambiamento, a livello numerico.
A fine 2015, secondo i dati di Nielsen (Figura 1.1), la pubblicità in Italia valeva 7.912 milioni di euro. Il settore, nel complesso, ha registrato un aumento dell'1,7 percento rispetto al 2014. La TV, che come prevedibile attrae la maggior parte degli investimenti, ha chiuso l'anno a +0,7 percento, mentre i quotidiani e i periodici hanno continuato il loro trend negativo cominciato alcuni anni fa (chiudendo l'anno rispettivamente a -6,6 percento e -4,1 percento). Chi ha segnato invece una crescita sensibilmente sopra la media sono state la radio (+8,8 percento) e il settore digital (+8,5 percento).

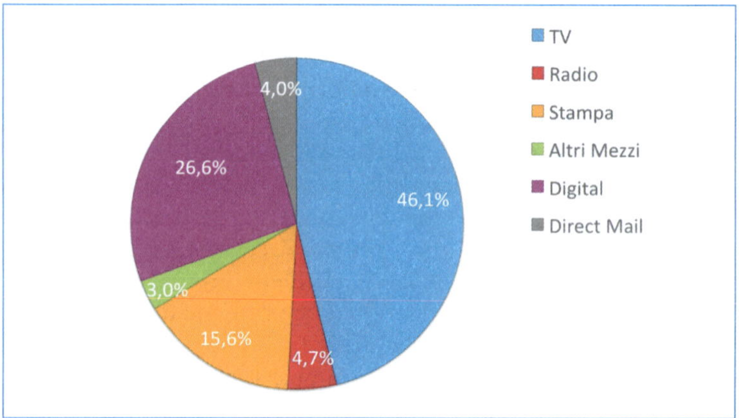

Figura 1.1 Le quote degli investimenti pubblicitari nei diversi mezzi (https://wac.6f93.edgecastcdn.net/806F93/static.pubblicitaitalia.it/wp-content/uploads/2016/02/Nielsen_20160211_slide_adv_2015.pdf).

Ma cosa vuol dire "digital", nello specifico? Vuol dire, innanzitutto, *search* (motori di ricerca) e *display* (banner e forme di comunicazione grafiche). Il segmento social media, invece, sembra ancora valere poco, nel complesso (Figura 1.2). E infatti è così: il segmento dei social media costituisce ancora una parte marginale degli investimenti complessivi, con la differenza che è lui a guidare la crescita di tutto il comparto. Le aziende hanno cominciato a rendersi conto del valore che hanno i social network e hanno cominciato a investirci, sempre di più.
Purtroppo non sono disponibili i dati degli anni passati, così da poterne estrerre un andamento della crescita, ma qui può venirci in aiuto una panoramica di ciò che è successo nel mondo.
Secondo le ricerche condotte da eMarketer, nel 2013 gli investimenti worldwide nei social network erano di 11 miliardi di dollari (su un complessivo di 538, cioè il 2 percento); nel 2015 questi sono stati 23,68 (su un totale di 569, cioè il 4 percento). In due anni gli investimenti sono aumentati più del 109 percento a fronte di una crescita del mercato pubblicitario di meno del 6 percento. E non è finita qui: la previsione è che nel 2017 la spesa per le social advertising raggiungerà quasi 36 miliardi di dollari, pari al 16 percento della spesa totale nella pubblicità digital.
Se questo trend si paleserà anche in Italia non possiamo dirlo con certezza. Dipenderà da diversi fattori tra cui, il più importante, quanto gli operatori del settore decideranno di

investire consapevolmente in questo canale. Il perché dovrebbero farlo non è limitato a ciò che abbiamo appena visto ma, soprattutto, a ciò che analizzeremo nelle prossime pagine.

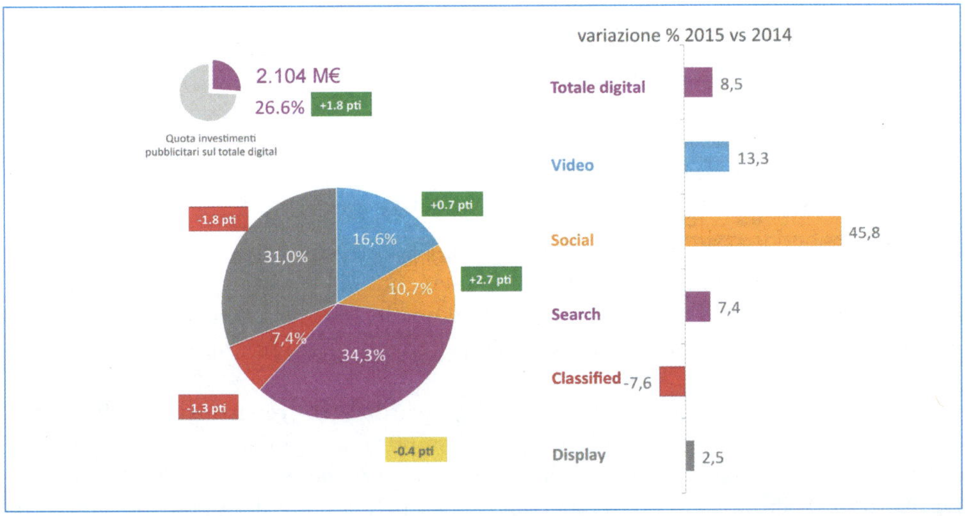

Figura 1.2 Quota dei canali nel settore digital.

Consumatori sempre connessi

Metropolitana. Ora di punta. Girate lo sguardo a destra, poi a sinistra, poi davanti a voi. Quello che vedete è un numero spropositato di teste piegate sugli smartphone. Passeggiando per strada e nelle macchine ferme ai semafori, la storia non cambia. Gli smartphone sono come protesi del nostro corpo, perennemente incollati alle nostre mani, con la risposta pronta a qualsiasi dubbio, curiosità o domanda.

Questa scena fornisce la fotografia di cosa voglia dire, nel 2016, essere sempre connessi. Era il 2007 e Steve Jobs presentava al mondo la prima generazione di iPhone, l'oggetto che avrebbe dato la definitiva spinta al cambiamento del rapporto tra persone e tecnologia. Da allora, l'evoluzione è stata inarrestabile. Le persone hanno abbandonato sempre più il desktop e si sono trasferite sul mobile, al punto che nel gennaio 2014, nel mondo, l'accesso a Internet da smartphone ha superato per la prima volta quello da desktop e questo andamento è continuato a crescere senza una battuta di arresto.

Come detto in precedenza, la Rete e il mobile hanno cambiato e reso più complesso il processo di acquisto del consumatore. Prima di effettuare un acquisto, il cliente interagisce con il brand attraverso molteplici canali di comunicazione. Questo vuol dire che ogni occasione, per l'azienda, è quella giusta per intercettarlo, fornirgli informazioni e conversare con lui. Che si tratti di una ricerca su Google, l'apertura di un'app, la visita di un sito web o la visione di un video, le persone passano sempre più spesso attraverso uno smartphone. In tutte queste occasioni le marche hanno l'opportunità di soddisfare i loro clienti. Ancora una volta, non sono cambiate le motivazioni che spingono le persone a scegliere una marca rispetto a un'altra, ma sono cambiate le esigenze dei consumatori che vogliono scegliere i tempi, le modalità e i device con i quali entrare in contatto con i brand.

Da una recente ricerca di PricewaterhouseCoopers ("Total Retail 2016", fonte: `https://www.pwc.com/it/it/publications/total-retail-2016.html`) risulta che per il 63 percento degli italiani i social media hanno un forte impatto nelle scelte d'acquisto. In particolar modo sono un vettore per accedere a promozioni interessanti (50 percento) e per visualizzare nuovi prodotti (33 percento). In questo contesto, Facebook è il social network che, da solo, rinvia più dei due terzi dei *drive-to-site* ai negozi di e-commerce.

La situazione in Italia

Inquadriamo meglio il fenomeno della diffusione del mondo digitale in Italia.
Sono 22 milioni gli italiani tra i diciotto e settantaquattro anni che accedono ogni mese a Internet da dispositivi mobile e più del 70 percento del tempo trascorso quotidianamente a navigare avviene su di essi. Se poi si prende in considerazione la fascia diciotto-ventiquattro anni, questa percentuale sale all'85 percento. I giovanissimi quasi non sanno più cosa sia un computer.
Da una recente ricerca svolta dall'agenzia We Are Social lo scenario risulta abbastanza chiaro (Figura 1.3). Su una popolazione di circa 60 milioni di abitanti, hanno accesso alla Rete poco meno di 38 milioni di persone, con una penetrazione del 63 percento. Di questi, 28 milioni sono utenti attivi nei social media (cioè il 74 percento di chi ha una connessione). A loro volta, 24 milioni dei 28 sono utenti attivi mobile (cioè l'85 percento). Tutto questo si colloca in uno scenario fatto di 80 milioni di connessioni mobile. Si comincia a delineare, già qui, il rapporto tra social media e mobile.

Figura 1.3 La popolazione digitale italiana (https://www.slideshare.net/wearesocialsg/digital-in-2016).

Ma torniamo nello specifico del possesso dei dispositivi digitali e del mobile. Sempre dalla ricerca di We Are Social, si evince che il 95 percento della popolazione di riferimento possieda un telefono cellulare, di qualsiasi tipo. I possessori di smartphone invece sono il 62 percento, quasi pari a quelli di computer. I tablet, invece, sono a quota 21 percento. Se si considera la somma di smartphone e tablet, la percentuale di possesso arriva all'83 percento contro il 65 percento dei computer.
E i social network in tutto questo come si pongono? Non solo, come abbiamo visto, l'accesso alle reti sociali da mobile è altissimo, ma i social media, sempre più spesso, sono *mobile first*. Basti pensare a Snapchat (seconda piattaforma più usata negli USA), che è solo mobile; a Instagram, che ha sviluppato in seguito la versione desktop; oppure a Facebook, che ha creato determinate tipologie di post visibili solo da mobile.
Il mercato media ha colto al volo la nuova opportunità: in Italia sono cresciuti più del 53 percento gli investimenti complessivi nel *mobile advertising* che raggiungono i 462 milioni di euro nel 2015 e a guidare la crescita, anche qui, sono i social network, che raccolgono quasi il 60 percento.
Vediamo più da vicino cosa voglia dire social network in Italia (Figura 1.4).

Utenti Attivi / Registrati in Italia

Le fonti dei dati risalgono tra NOV/DIC 2015.

FACEBOOK	28 Milioni Utenti Attivi	via Vincos
YOUTUBE	27 Milioni Utenti Attivi	via YouTube
TWITTER	8 Milioni Utenti Registrati	via Sole24Ore
TUMBLR	8 Milioni Utenti Attivi	via Yhaoo
SNAPCHAT	256.000 Utenti Attivi	via Statista
LINKEDIN	7 Milioni Utenti Registrati	via LinkedIn
INSTAGRAM	9 Milioni Utenti Attivi	via LaStampa
GOOGLE PLUS	3,8 Milioni Utenti Attivi	via GlobalWebIndex
PINTEREST	1,4 Milioni Utenti Attivi	via PinterestItaly

Figura 1.4 Utenti nei principali social network in Italia (https://www.juliusdesign.net/28700/lo-stato-degli-utenti-attivi-e-registrati-sui-social-media-in-italia-e-mondo-2015/).

Facebook è il social con più utenti, e inoltre può contare su WhatsApp e Facebook Messenger (entrambi parte dell'impero costruito da Zuckerberg). Instagram, che ha superato Twitter nel numero di utenti attivi (da notare, inoltre, che i dati di Twitter riguardano gli utenti registrati e non quelli attivi), è passato da una penetrazione del 6 percento al 12 percento in un solo anno.

L'ecosistema Facebook, con le app di messaggistica e Instagram, è il dominatore dello scenario italiano e globale. Il motivo per cui è arrivato a questo punto risiede nel fatto di aver compreso, per primo, che i social media sono diventati i nuovi canali media.

I social media sono i nuovi spazi media

Lo scenario che si profila, quindi, è composto da persone sempre più presenti su Internet e da processi d'acquisto sempre più influenzati e mediati dal mobile.

Il desiderio delle aziende, però, non è mutato ed è sempre quello di connettersi con la gente, andando a raggiungerla con un messaggio rilevante nei momenti che effettivamente contano. Ma questi momenti sono aumentati esponenzialmente, quindi come farlo ora, in un contesto variegato e sfaccettato come quello digitale? Quello delle situazioni di difficoltà da trasformare in opportunità è un cliché, ma è proprio ciò che è successo.

Il mondo è più complesso, ma d'altro canto Internet ha reso potenzialmente ogni pagina uno spazio in cui posizionare un messaggio pubblicitario. Questo è accaduto sempre e solo grazie al grande numero di informazioni che possediamo sulle persone, sui frequentatori della Rete.

Le aziende hanno sempre investito risorse per ottenere informazioni sul proprio target e sui canali con i quali raggiungerlo. Dopo aver individuato le motivazioni che spingevano le persone all'acquisto, dopo aver creato il messaggio più corretto per l'obiettivo, dovevano scegliere lo spazio in cui veicolarlo. Ottenere queste informazioni adesso è estremamente più facile, proprio per il fatto che siamo sempre connessi e lasciamo sempre una traccia di noi su Internet.

Se prima la concentrazione dei mezzi in cui veicolare la pubblicità era limitata e "finita", oggi tendiamo all'infinito. Semplificando: gli spazi disponibili su un quotidiano o su un canale televisivo sono un "tot" al giorno; una volta occupato quello slot è impossibile riempirlo con qualcos'altro. Sul Web non è così. Ogni pagina può essere uno spazio media creato *ad hoc* per il visitatore. Ma non finisce qui, a ogni *refresh*, quella pagina diventa automaticamente un nuovo spazio media in cui posizionare un nuovo messaggio, di un'altra azienda.

La complessità ha quindi aumentato le possibilità.

Rispetto ai canali media tradizionali, i canali digitali sono più dispersivi, più mutevoli e affollati, ma sono state create diverse soluzioni per riportare all'ordine un ambiente caotico, in cui un messaggio, lasciato senza guida, si disperderebbe tra i miliardi di contenuti prodotti ogni giorno.

Qui si pone il *programmatic advertising*, cioè la compravendita in tempo reale di spazi media digitali, per raggiungere il target individuato, minimizzando i costi.

NOTA

Il *programmatic advertising* è il processo automatizzato di acquisto di spazi media digitali attraverso Ad Exchange (ovvero una piattaforma tecnologica che facilita questa compravendita, come per esempio DoubleClick di Google). È un processo tecnologico che connette in tempo reale agenzie e piattaforme, ottimizzando costi e tempi e massimizzando il coinvolgimento del target. Precedentemente la compravendita era svolta manualmente, il che richiedeva una cospicua quantità di tempo per la finalizzazione, a causa delle lunghe contrattazioni. La contrattazione manuale offriva tuttavia diversi vantaggi competitivi, tra cui quello di assicurarsi che il messaggio del brand fosse sempre collocato sui media giusti. Il programmatic advertising ha semplificato il processo, in quanto offre la possibilità di acquistare le *impression* e non gli spazi pubblicitari. Il numero di piattaforme che lo supportano è svariato, e tra le più importanti spiccano Google, Facebook, Twitter e Instagram. Da qui una delle motivazioni per cui gli *advertiser* stanno spostando la maggior parte dei loro budget pubblicitari verso questa modalità di advertising.

Ma che rapporto c'è tra social advertising e programmatic advertising? Sono proprio i social media a guidare la classifica delle tipologie di investimenti nel programmatic advertising, seguiti dal genere display e mobile. Ancora una volta, guidano la crescita di ogni cambiamento avvenuto negli ultimi anni nel campo del digital advertising. Ma non finisce qui: il social advertising, nel suo funzionamento, è estremamente simile al programmatic advertising. Con quest'ultimo è possibile trovare l'audience giusta tra il pubblico dei milioni di siti, app e video consultati quotidianamente, quindi tracciare il comportamento di navigazione di un consumatore. Ma c'è un posto in cui il tracciamento diventa più immediato, ovvero l'ecosistema dei social network con Facebook in testa: una popolazione di 28 milioni di persone in Italia. Sono tutti lì, i consumatori, basta individuarli e selezionarli di volta in volta, restringendo il bacino a quelli che ci interessano. Una volta individuato il target, sarà Facebook a posizionare il nostro annuncio nello spazio (il News Feed) più corretto. Ma ci sono altri vantaggi che il social advertising ha rispetto al programmatic advertising.
Per prima cosa il costo per raggiungere i nostri consumatori è basso, molto basso rispetto ad altri media e ancora più basso su Facebook rispetto ad altri social media (Figura 1.5).

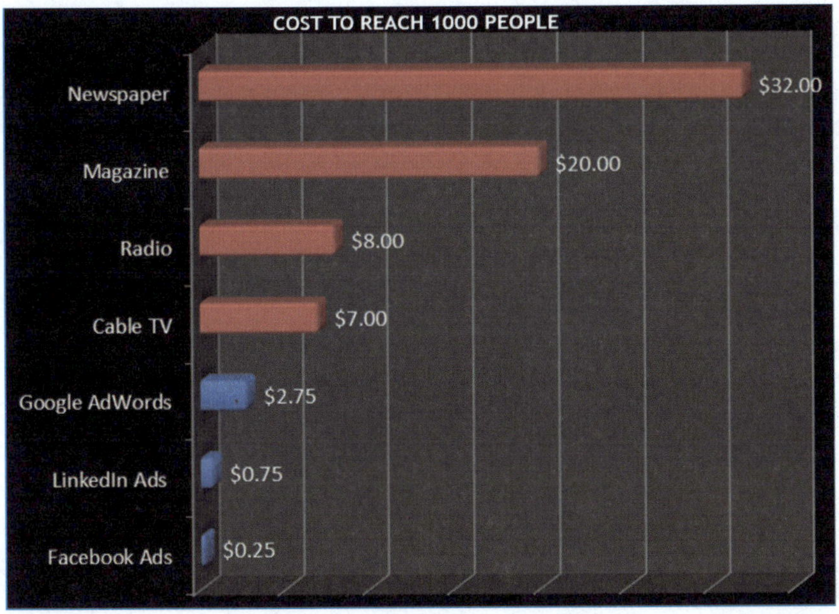

Figura 1.5 Costo medio per raggiungere 1000 persone (https://www.wordstream.com/blog/ws/2015/10/14/advertising-on-facebook).

Poi ci sono la quantità di informazioni sulle persone e la facilità con cui sono accessibili: su un sito web bisogna tracciare e analizzare i dati delle analytics per profilare gli utenti, mentre sui social sono gli utenti stessi a fornire le informazioni necessarie all'advertising. Lo fanno naturalmente, semplicemente interagendo tra loro e con i contenuti. Sta a noi, poi, selezionare le variabili più corrette. Più crescono gli utenti e maggiori sono le informazioni che li riguardano, più gli advertiser possono restringere il target per raggiungere la persona giusta. Il paradigma è cambiato: non si tratta più di trovare quante più persone possibili, ma solo quelle realmente interessanti.
Le barriere di ingresso per fare advertising sui social media sono bassissime e inoltre c'è tutta una serie di vantaggi, soprattutto economici (che vedremo nei prossimi capitoli), che rendono i social media il mezzo più veloce, conveniente e semplice per raggiungere i propri obiettivi.
Non solo, la filiera si è accorciata. Nei social media ci sono solo due attori, l'azienda e il consumatore, e la prima ha il pieno controllo di cosa, dove, come e quando investire. Quindi ha il pieno controllo non solo economico, ma anche creativo della campagna.
Sui social media, infine, si può misurare ciò che conta e capire, in tempo reale, se un'inserzione sta raggiungendo le persone giuste; si può valutare cosa ne pensano i consumatori, se sta producendo qualche effetto e aggiustare il tiro in ogni istante. Compresa la scelta di bloccare l'investimento senza produrre perdite.
Ne parleremo a lungo nel corso dei vari capitoli, ma la scelta di concentrarsi su Facebook non è casuale. È il social network che per primo ha compreso il potenziale economico per le aziende e che meglio di tutti ha creato un sistema per soddisfare quel bisogno senza perdere mai di vista la risorsa più importante che possiede: le persone.

Facebook, il gigante che ha inglobato Instagram

Da una parte ci sono Twitter, LinkedIn, Periscope, Vine, Snapchat – i social network attuali e tutti quelli che dovranno ancora esistere – e dall'altra parte c'è Facebook.
Facebook è un mondo a sé, un social network che ha smesso di essere tale e ha cominciato a trasformarsi in altro.
Ci sono diversi modi per dimostrare questa affermazione, ma cominciamo da quelli più oggettivi: i dati.
La Figura 1.6 mostra cosa succede, in un giorno qualsiasi del 2016, su Facebook.

Figura 1.6 I numeri di Facebook (https://www.coupofy.com/social-media-in-realtime/). Facebook esiste dal 2004 e a distanza di dodici anni continua ad avere la stessa velocità di crescita di Instagram. Twitter – che ha appena compiuto dieci anni e nel 2006, alla sua nascita, era stato salutato come l'anti-Facebook – ha al giorno "solo" 44.000 nuovi utenti.

Sono dati strabilianti in un settore in continuo mutamento come quello dei social media. Come si può vedere nella Figura 1.7, la crescita degli utenti attivi mensili è apparentemente inarrestabile (soprattutto grazie alla spinta dei mercati emergenti).

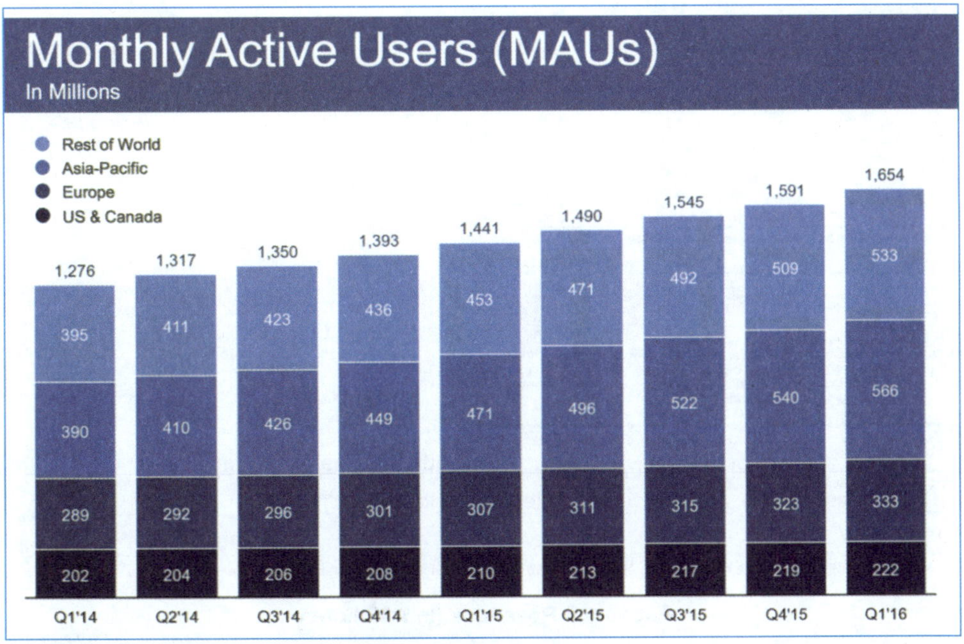

Figura 1.7 Crescita degli utenti attivi di Facebook dal 2013 al 2015 (https://techcrunch.com/2016/04/27/facebook-q1-2016-earnings/).

Ma ci sono dati ancora più strabilianti per i quali Facebook non può più essere considerato un mero social network: i suoi 18 miliardi di dollari di fatturato nel 2015 (Twitter ha chiuso il 2015 a poco meno di 2 miliardi di dollari).

Vediamo più nello specifico i ricavi globali in termini di advertising dei principali social network. Sono ricavi che mostrano, da subito, che si sta parlando di due mondi completamente differenti, di campi da gioco di diverse dimensioni (Figura 1.8).

In questi dati c'è la risposta a come abbia fatto Facebook a diventare così enorme: la pubblicità. Non appena Mark Zuckenberg ha compreso il potenziale che aveva tra le mani e ha cominciato a trasformare Facebook in una piattaforma per advertiser di qualsiasi dimensione, il social network è cominciato a crescere con una rapidità incredibile.

Facebook ha creato un ecosistema a sé, votato all'advertising che ha alzato l'asticella della pubblicità nei social media. È arrivato a questo punto introducendo una serie incredibile di cambiamenti alla piattaforma Ads dal suo rilascio a oggi, rendendola a tutti gli effetti quella più completa e particolareggiata. Ripercorrere questa evoluzione ci aiuterà a capire la profondità, le potenzialità e il futuro delle Facebook Ads. Tutto questo senza dimenticarci la crescita mostruosa che registra ogni anno a livello di fatturato (Figura 1.9).

Social Network Ad Revenues Worldwide, by Company, 2014-2017

	2014	2015	2016	2017
Social network ad revenues (billions)				
Facebook	$11.49	$16.29	$21.43	$26.98
Twitter	$1.26	$2.03	$2.95	$3.98
LinkedIn	$0.75	$0.93	$1.13	$1.33
Other	$4.36	$5.88	$7.41	$8.72
Total social network ad spending	**$17.85**	**$25.14**	**$32.91**	**$41.00**
Social network ad revenue growth (% change)				
Twitter	111.2%	61.8%	45.0%	35.0%
Facebook	64.5%	41.8%	31.5%	25.9%
LinkedIn	33.2%	25.1%	20.5%	17.8%
Other	34.4%	35.0%	26.1%	17.6%
Total social network ad spending	**56.8%**	**40.8%**	**30.9%**	**24.6%**
Social network ad revenue share (% of total)				
Facebook	64.4%	64.8%	65.1%	65.8%
Twitter	7.0%	8.1%	9.0%	9.7%
LinkedIn	4.2%	3.7%	3.4%	3.2%
Other	24.4%	23.4%	22.5%	21.3%

Note: includes paid advertising appearing within social networks, social network games and social network apps; excludes spending by marketers that goes toward developing or maintaining a social network presence; numbers may not add up to total due to rounding
Source: eMarketer, Sep 2015

196303 www.eMarketer.com

Figura 1.8 I ricavi pubblicitari dei social network (https://www.emarketer.com/Article/Social-Network-Ad-Revenues-Accelerate-Worldwide/1013015).

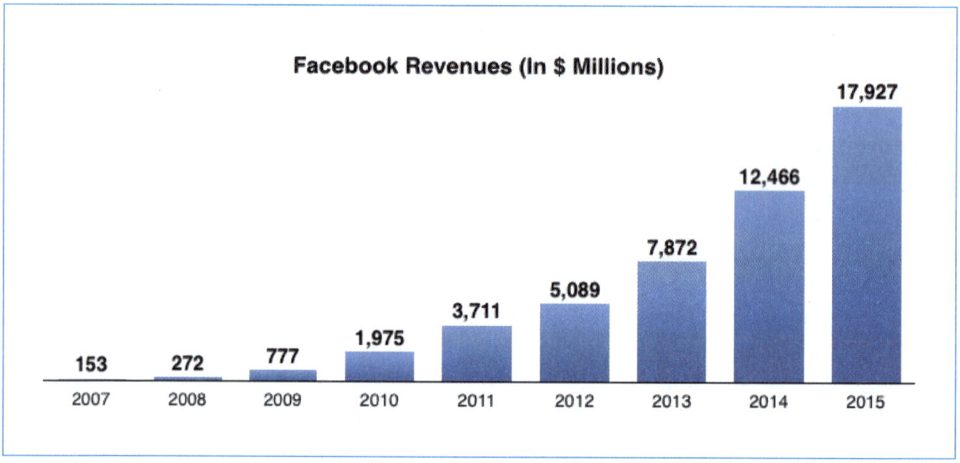

Figura 1.9 Andamento dei ricavi di Facebook dal 2007 al 2015 (https://revenuesandprofits.com/facebook-revenues-profits-and-users-growth-analysis-2015/).

Breve storia della pubblicità su Facebook

Dopo aver creato Facebook, Zuckenber ha cercato subito un modo per rendere la sua creatura sostenibile e profittevole. Il modo migliore per farlo non poteva che essere la pubblicità. Dalla sua nascita si è sempre mosso verso questa direzione, introducendo poche novità alla volta che lo hanno condotto a essere il luogo più attraente per fare pubblicità sui social media.

Il primo grande cambiamento, quello che l'ha reso il social network che tutti conosciamo, avviene nel 2007 quando viene consentita la registrazione a chiunque abbia più di tredici anni. In questo modo si comincia ad attrarre la risorsa principale: le persone.
Dopo aver creato un buon bacino di utenti attivi, tra il 2007 e il 2008 Facebook apre le porte alla controparte, le aziende. Quindi: da una parte le persone dai tredici anni in su, dall'altra parte più di 100.000 aziende che vogliono comunicare a quelle persone.
Siamo a fine 2008, Facebook ha 150 milioni di iscritti e i ricavi quasi doppiano quella cifra: sono 270 milioni di dollari. La piattaforma cresce con un tasso di iscritti spaventoso e Zuckenberg capisce definitivamente dove risiede il suo potenziale. Gli utenti condividono di tutto, perciò serve un modo per poter "registrare" ciò che apprezzano e poterli così profilare in modo ancora più dettagliato.
Nel 2009 allora la svolta: il *Like*. Non è un semplice pulsante, è la porta ai nostri interessi, a ciò che ci piace, alla nostra profilazione. Quel pulsante così simpatico permette opzioni di targettizzazione sempre più avanzate, che le aziende possono sfruttare per le proprie inserzioni su cui, adesso, hanno piena autonomia. I ricavi in un anno crescono del 188 percento e arrivano a 777 milioni di dollari. Ecco quanto è valso quel pollice alzato.
Quelli successivi sono anni di ricavi strabilianti, e Facebook cresce a tal punto da capire che non è più solo il mondo dei social network quello in cui si muove, ma quello della comunicazione in toto. Da un anno, infatti, esiste sul mercato un'app di messaggistica che sta crescendo senza freni e Facebook comincia a sentirsi minacciato. Quell'anno crea Messenger per provare a contrastare la crescita di WhatsApp. Intanto continua la ricerca in tema advertising e nel 2012 introduce un nuovo prodotto: le *sponsored stories* prima per desktop e poi anche per mobile. Il lancio dei nuovi formati è accompagnato da nuovi modi per captare ancora più informazioni sugli utenti, che intanto hanno superato il miliardo.
Il modo per sfruttare tutto quel potenziale di big data è la *social graph*: un sistema tramite il quale tutte le azioni e le connessioni di un utente vengono registrate e trasformate in dati sfruttabili dagli advertiser. In contemporanea è la volta anche di Facebook Exchange, un nuovo modo di comprare ads attraverso il *real-time bidding* (come per il programmatic advertising) e che permette di targettizzare (attraverso i cookie) le persone in base a ciò che hanno visto e fatto su Internet.
Facebook, quindi, si spinge a captare dati anche all'esterno. E non solo.
Ogni volta che Facebook si è sentito minacciato da un nuovo social network, ha optato per due strategie: comprarlo o sviluppare una soluzione concorrente. Instagram, per esempio, viene acquisito il 12 aprile 2012. Con questa acquisizione continua la diversificazione anche in altri campi.
2013: Facebook introduce il *lookalike target*, cioè la possibilità di rintracciare il proprio target su Facebook attraverso un database di email o numeri di telefono (per esempio di utenti registrati a una newsletter) per mostrare solo a loro le ads oppure per creare un target sulla base di quello già esistente.
È giunto, anche su Facebook, il momento del *re-targeting*. Tra il 2013 e il 2014 le pagine Facebook di ogni tipo registrano una drammatica riduzione della *reach* organica. La posizione ufficiale del social network è che, visto l'enorme volume di contenuti pubblicati, è stato necessario ridefinire l'algoritmo del News Feed affinché Facebook continuasse a essere rilevante per i suoi utenti. In tutto questo, i ricavi quell'anno superano, e di molto, i 10 miliardi di dollari.

Con un volume d'affari del genere, ora Facebook può permettersi cifre folli per acquistare tutto ciò che minaccia il sonno del suo fondatore. E infatti, il 19 febbraio 2014, WhatsApp viene acquisita per 19 miliardi di dollari. Sempre nel 2014 entra anche nel mercato della realtà aumentata acquisendo Oculus VR.
Nel 2015 arriva il momento di rivoluzionare il già instabile mondo dell'editoria, introducendo gli *instant articles* che permettono di leggere articoli senza mai lasciare l'app mobile. Sempre in quell'anno anche Instagram si apre alle ads. Nel frattempo, l'algoritmo subisce una nuova modifica basata anche sul tempo che gli utenti hanno dedicato a un determinato contenuto, per perfezionare la comprensione di ciò che piace.
A marzo 2016 Instagram dichiara di essere pronta anch'essa a un cambio di algoritmo: i contenuti non saranno più mostrati per ordine cronologico, ma per interesse.
Tutti i social network hanno una loro curva di nascita, crescita e inevitabile declino. Facebook sta cercando di ritardare quanto più possibile il suo declino muovendosi su due fronti: da una parte trasformandosi in un sistema inglobante con lo scopo di connettere le persone, dall'altra sfruttando le informazioni sui suoi iscritti per essere sempre più attraente nei confronti degli advertiser. Tuttavia, consapevole che la sua vera forza è proprio il miliardo e mezzo di persone che lo utilizzano, cerca di restare di valore per gli utenti. Facebook ha già perso una buona quota di mercato tra i giovanissimi, che si sono riversati su Snapchat (cosa che Snapchat sa bene, da qui il rifiuto all'offerta di acquisizione) per cui bisognerà vedere come deciderà di contrastare quello che in pochissimo tempo è diventato il secondo social network più usato negli Stati Uniti.
Ma lo spettro della crisi è ancora lontano e allo stato attuale Facebook e il suo mondo sono qualcosa di simile a quello che si vede in Figura 1.10.

Figura 1.10 Utenti attivi mensili dell'ecosistema Facebook (https://techcrunch.com/2016/01/27/facebook-earnings-q4-2015/).

Per il momento le piattaforme che supportano investimenti media sono Facebook stesso e Instagram, ma non si escludono in futuro possibilità di ads anche su WhatsApp e Messenger.

Quando parliamo di Facebook advertising, quindi, intendiamo anche Instagram advertising. Entrambi sono gestibili dalle piattaforme che vedremo nei prossimi capitoli, per cui a entrambi si potranno applicare le medesime strategie. Prima è però importante capire come funziona l'advertising sui due social network.

Come funziona la pubblicità su Facebook e Instagram

Per poter lavorare consapevolmente con le Facebook e le Instagram Ads, è necessario prima comprendere quali sono i criteri con cui Facebook e Instagram decidono di mostrare agli utenti i contenuti sponsorizzati, in base a quali variabili li scelgono e cosa si può fare per andare a lavorare su quelle variabili.

Partiamo da una base: con un numero di utenti così alto e con un numero di contenuti pubblicato ogni giorno ancora più alto, è stato necessario introdurre un filtro affinché l'esperienza su Facebook rimanesse di valore. Per evitare di bombardare i fan con contenuti irrilevanti (e, chiaramente, per rendere più efficienti gli investimenti) Facebook ha abolito la disposizione cronologica degli aggiornamenti.

Il concetto è quello di mostrare solo quei contenuti con cui l'utente ha più probabilità di interagire. Questo stesso principio è stato introdotto nel funzionamento delle ads. Il problema è che un numero spropositato di altre inserzioni concorre per comparire nel News Feed del target di riferimento. Ciò che succede, quindi, è una vera e propria asta. Quest'asta, a detta di Facebook, ha lo scopo di massimizzare il valore dell'advertiser e ottimizzare l'esperienza del consumatore.

In questo senso Facebook lavora sulla base di un "valore competitivo". Questo è la somma di quanto un advertiser a disposto a spendere per una desiderata azione dell'utente sulla sua inserzione, e la "qualità" dell'ads, cioè quanto coinvolgimento quell'inserzione porterà agli utenti interessati.

Immaginiamo di aver fissato un target abbastanza generico come donne, di età compresa fra i diciotto e i ventiquattro anni che vivono a Milano. Insieme a noi ci saranno altre centinaia di aziende che vorranno mostrare il loro messaggio a quello stesso target. Facebook, allora, prende in considerazione gli interessi delle varie persone rientranti in quel target e, in base a questo, serve le diverse ads a persone diverse.

Cambiamo prospettiva: ci verranno mostrate solo quelle ads sulle quali è più probabile che compiremo un'azione, in base ai nostri comportamenti precedenti, interessi e comunione con il target di riferimento.

Senza entrare nello specifico (ci torneremo più avanti), pianificando su Facebook c'è la possibilità di inserire un'offerta massima che si è disposti a pagare per un determinato obiettivo. Quindi, semplificando, possiamo definire che per un'inserzione con obiettivo di *drive-to-site* il prezzo massimo sia 1€ per clic. Questo fattore si andrà ad aggiungere a quello degli interessi per identificare le persone da raggiungere. Tutto ciò assume una sua più grande importanza, in quanto Facebook mostra a una determinata persona solo un tot di ads al giorno, quindi la competizione si fa più serrata.

L'offerta totale con cui si va a competere è costituita, quindi, da tre fattori:

1. quanto siamo disposti a spendere per una determinata azione;
2. l'aspettativa di reazione e azione del target all'annuncio;
3. la previsione di quanto rilevante per il target sarà l'ads.

In base all'obiettivo che fisseremo (e al relativo costo massimo che siamo disposti a pagare) l'ads sarà ottimizzata su determinate persone e non altre. È importante comprendere che l'offerta può essere ottimizzata per diversi obiettivi (azioni, impressioni, clic, conversion, *reach* e così via), perciò averli ben chiari, insieme al funzionamento dell'asta, ci aiuta a ottimizzare il target, rendere efficiente il budget e massimizzare i risultati.
Facciamo un esempio di come, in base agli obiettivi, un'inserzione venga mostrata a una persona piuttosto che a un'altra: supponiamo che il target di cui abbiamo parlato (donne, diciotto-ventiquattro anni, Milano) abbia finito per convergere su diverse ads di un brand di borse. Se io rientro in quel target, secondo Facebook, è molto probabile che anch'io converga su quell'ads, motivo per il quale mi verrà mostrata l'inserzione nel momento in cui l'obiettivo è proprio la conversione. Se invece l'obiettivo non riguarda le conversioni, ma i clic, il sistema ottimizzerà l'inserzione per tutte quelle persone che è più probabile facciano clic sull'annuncio (perché lo hanno già fatto con molti contenuti simili), indipendentemente dalle possibilità di conversione.
Stessa inserzione, due obiettivi diversi, due target diversi.
Entreremo più nello specifico nei prossimi capitoli, ma è importante capire fino da ora quali sono le dinamiche che regolano un'asta, per poter pensare a un'inserzione che sia la più efficiente possibile. Certo, ci sono tanti altri fattori che entrano in gioco – e li studieremo – ma il funzionamento dell'asta di Facebook è importante, perché, forse per la prima volta, è il consumatore il vero soggetto valorizzato dall'inserzione. Questo, per chi è stato abituato a fare advertising nell'era precedente ai social media, è il vero cambio di prospettiva da tenere sempre presente.

Capitolo 2

Investire nei social media

In questo capitolo

- **Perché pagare dove tutto è gratis?**
- **Una storia da comunicare, una storia da promuovere**
- **Una strategia chiara: il primo passo per una campagna efficace**
- **I passi necessari per definire una buona strategia**

Nel precedente capitolo abbiamo delineato la situazione attuale del social advertising in Italia. Abbiamo visto, a livello numerico, quali sono i social network più popolati e i relativi investimenti, tutto questo in relazione al più ampio comparto della pubblicità in generale. I numeri – la *quantità*, quindi – non danno però un'idea esaustiva di ciò che effettivamente viene fatto, quindi della *qualità*. Ci sono più investimenti, vero, ma sono incastrati in una strategia aziendale? Le Facebook Ads vengono sfruttate strategicamente oppure sono usate solo per combattere quel mulino a vento che è la riduzione della *reach* organica? La sensazione generale è che i social network siano visti ancora come un mondo impermeabile, senza alcun legame con il business di un'azienda. Vediamo su Facebook e Instagram molti post sponsorizzati che dietro non hanno alcuna visione, se non quella di massimizzare il raggiungimento delle persone. Certo, questo potrebbe essere un obiettivo, ma un obiettivo di Facebook, non un obiettivo aziendale. Spesso si promuove un post per ottenere più Like, ma la vera domanda, prima di mettere anche solo un centesimo sulla sponsorizzazione di quel post, dovrebbe essere: perché voglio più Like? E, prima ancora: ma sono davvero i Like quelli che voglio, oppure quel centesimo posso investirlo altrove per un altro scopo?

Le newsletter, i siti, i banner, le AdWords sono tutti strumenti di comunicazione digital che vengono sfruttati per degli obiettivi. Facebook e i social network ancora no. O, meglio, pare che possano rispondere a due soli obiettivi: conversazione ed *engagement*. Quello che vogliamo dimostrare è che

Facebook non risponde solo a obiettivi di conversazione ed *engagement*, ma può (e deve) essere usato per obiettivi di business.
Prima di pensare a una strategia di advertising su Facebook dovremmo pensare al ruolo che esso ha nella nostra strategia di comunicazione. Se non abbiamo bene in testa che ruolo ricopra Facebook nella nostra azienda, allora non avrà alcun senso investirci. Più Like alla pagina, una *reach* alta, costi per clic bassi non serviranno a nulla, sono soldi e tempo sprecati che potrebbero essere investiti altrove.
Nelle prossime pagine esamineremo i motivi per i quali una strategia solo organica di comunicazione su Facebook non sia più sufficiente e perché sia diventato necessario anche investirci. Insieme a questo, si cominceranno a delineare in maniera più netta tutti i touch point che potremo toccare con le Facebook Ads. Qualunque sia il ruolo strategico riservato alla pagina – gli obiettivi da raggiungere con i piani editoriali – tutto ciò può essere massimizzato con le Facebook Ads e sta solo a noi sfruttarle in maniera strategica e oculata.

Perché pagare dove tutto è gratis?

C'è una risposta semplice alla domanda che apre questo paragrafo: perché Facebook non è più gratis. È stato difficile da digerire, ma Facebook ha creato un bisogno che non pensavamo di avere, ci ha dato i mezzi per soddisfarlo, gratuitamente, e poi, quando quel bisogno è diventato necessità, ha deciso di farcelo pagare. Purtroppo questo è un dato di fatto e non si può fare nulla per contrastarlo. I fan della pagina – quindi i clienti reali e potenziali – vanno raggiunti e conquistati ogni giorno e non basta più fare clic su "pubblica" per farlo.
Quando Facebook ha introdotto queste modifiche al suo algoritmo, decidendo cosa mostrare agli utenti, i titoli allarmistici dei blog di settore avevano dichiarato la morte dei brand sui social network: se bisognava pagare per stare su Facebook, allora non aveva senso restarci. Che avessero torto lo dimostra il fatto che, quattro anni dopo, siamo ancora tutti lì.
È abbastanza ovvio che chi preannunciava una tale risoluzione non aveva ben chiaro cosa fosse il social media marketing. Se la si vuole vedere con una prospettiva realmente di marketing, ciò che Facebook ci consentiva di fare era davvero insolito: ci permetteva di fare comunicazione in modo totalmente gratuito, raggiungendo milioni di persone con pochissimi sforzi.
In una situazione del genere i brand hanno perso di vista le persone e si sono concentrati solo su loro stessi. Prima della caduta della *reach*, un piano editoriale medio era di circa un post al giorno. Ogni giorno si comunicava qualcosa, a prescindere da cosa si avesse da dire. Tutto questo soltanto perché il mezzo era gratuito. Senz'altro si può dare la colpa all'algoritmo, ma una parte di verità sta nel fatto che gli utenti avevano cominciato a stancarsi di tutte quelle comunicazioni ininfluenti. Da un certo punto di vista, quindi, questo diabolico algoritmo ha ristabilito una priorità di comunicazione e ha riportato il consumatore al centro dell'interesse: pubblicare meno e solo contenuti effettivamente rilevanti.
Possiamo prendere l'esempio di Instagram per dimostrare quanto detto sopra. Questo (Figure 2.1 e 2.2) è ciò che stava accadendo al social media nel 2015 (prima del 12 marzo

2016, quando è stato dichiarato che "per migliorare la tua esperienza, il tuo feed a breve sarà ordinato in modo da mostrarti i momenti che noi crediamo ti interessino di più").

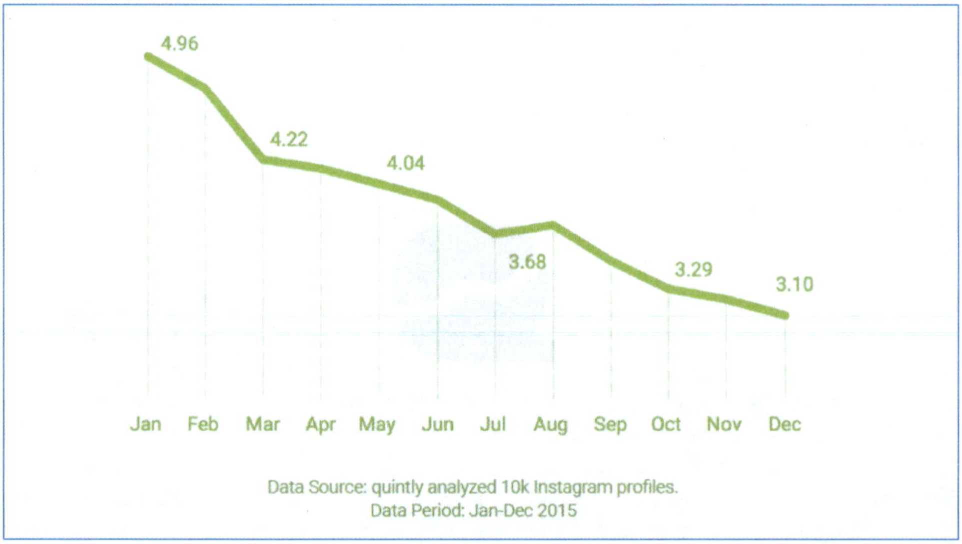

Figura 2.1 La riduzione dell'engagement rate medio dei contenuti brand pubblicati su Instagram nel corso del 2015 (Quintly, https://www.quintly.com/blog/2016/03/instagram-study-2015/).

Figura 2.2 Aumento della frequenza di pubblicazione giornaliera dei brand nel corso.

Anche Instagram, a fronte di una maggiore pubblicazione media giornaliera, stava registrando una riduzione dell'*engagement* dei fan.

Come abbiamo detto, le aziende su Facebook avevano cominciato a pubblicare in maniera indistinta qualsiasi tipo di contenuto, senza preoccuparsi che fosse di valore per i fan. Quando i contenuti (anche quelli di valore) hanno cominciato a essere mostrati sempre meno, si è vista la necessità di un supporto media per garantire il raggiungimento delle persone e la visibilità dei post. Quella che è stata una necessità ha condotto al ripensamento della strategia di comunicazione secondo il mantra "qualità rispetto a quantità". Questa fase di ripensamento è il momento giusto per integrare una strategia di advertising volta non solo a esaltare i nostri contenuti, ma anche a far crescere il nostro business. Si tratta quindi di vedere un'opportunità in quella che è una difficoltà.
Con il Facebook advertising non possiamo solo raggiungere tutti i nostri fan, ma possiamo generare nuovo traffico, fare leads, aumentare le vendite e fidelizzare i consumatori, cioè fare pubblicità. Perché, poi, è proprio questo il principio di qualsiasi pubblicità: prima ti faccio conoscere il mio prodotto, poi ti conduco alla prova e all'acquisto, infine ti fidelizzo con una comunicazione che per te sia di valore e per me sia distintiva. I social network sono perfetti per quest'ultimo ruolo, perché consentono di fare *storytelling* con cui dare spessore al brand. Erroneamente si è sempre creduto che questo si facesse con una pubblicazione serrata di post, invece dobbiamo farlo con un buon piano editoriale che integri la comunicazione organica a quella paid.
Facebook, in generale, va ripensato come un luogo in cui ci sono 28 milioni di persone che potrebbero essere interessate al nostro prodotto. Non dobbiamo per forza portarle tutte sulla nostra pagina, ma possiamo andarle a prendere, di volta in volta, a seconda dei nostri obiettivi. Se ci limitiamo a parlare soltanto a chi ha già stretto un rapporto con noi (i nostri fan), stiamo sfruttando solo in parte le potenzialità del mezzo. Lo vedremo più in dettaglio nelle prossime pagine, ma dobbiamo pensare a un piano che integri contenuti differenti per target differenti: per i fan, per audience specifici e per i non fan. Se il primo gruppo possiamo raggiungerlo anche solo con una comunicazione organica, gli altri due necessitano di un investimento. In questo senso Facebook è diventato uno spazio media a tutti gli effetti e, pertanto, sarà necessario investirci.

Una storia da comunicare, una storia da promuovere

Cosa vuol dire, nello specifico, ripensare alla strategia di comunicazione su Facebook? Partiamo dall'inizio: secondo l'opinione comune, ai tempi pre-algoritmo, la forza di Facebook risiedeva nella facilità di coinvolgere i fan generando conversazioni. Con Facebook si cercava di costruire attorno al proprio brand una community, da mantenere coinvolta con contenuti incentrati sui valori di marca. Ben presto, però, i contenuti incentrati sui valori di marca hanno lasciato il posto a contenuti generici, non sempre pregnanti. Questo è avvenuto perché si riteneva che una generica comunicazione always-on bastasse a mantenere attiva la community. Con l'avvento del cambio di algoritmo, mantenere i fan coinvolti è diventato sempre più difficile, ma non per questo meno necessario. Un brand, attraverso Facebook e Instagram, deve continuare a ricercare il coinvolgimento raccontando la propria storia. Infatti tralasciare il ruolo "social" di Facebook sarebbe un errore allo stesso modo di non considerarlo un canale per fare business. Con Facebook si possono (si dovrebbero) fare entrambe le cose. Lo storytelling del brand deve restare importante nella comunicazione social, con un modello molto vicino a quello editoriale in cui l'imperativo è quello di creare contenuti di cui i fan vogliono discutere, centrati

attorno ai propri valori, selezionando cosa e quando pubblicare. Il real-time, gli eventi, i trend, sono tutti aspetti centrali in una comunicazione social ai giorni nostri. Questa è la storia che vogliamo comunicare.
Poi, però, bisogna trovare un'altra storia: quella che vogliamo promuovere. Non si tratta di una storia diversa, nuova o di altri contenuti, si tratta soltanto di scegliere su quale contenuto vogliamo far calare l'evidenziatore per rafforzare la nostra storia.
Distinguerle, a livello prettamente teorico, serve ad avere più chiara la strategia di Facebook advertising e a integrarla nel modo più giusto alla nostra comunicazione quotidiana. Facebook non è più un mezzo *owned* (cioè di proprietà dell'azienda, come un sito web), ma non è neanche un mezzo *paid* nel senso stretto del termine. È un ibrido tra le due forme e, pertanto, necessita di una nuova strategia integrata, che da una parte si adatti a quella tipica degli strumenti proprietari e dall'altra sia adatta alle logiche dei canali media più classici. Quando sfrutteremo Facebook come mezzo owned, andremo a dar risalto alla storia che vogliamo comunicare; quando lo sfrutteremo come paid la centralità sarà della storia che vorremo promuovere.
La storia che vogliamo promuovere può essere volta ad aumentare la portata di un contenuto pianificato, oppure di un real-time, così come, invece, può essere prevista per determinati contenuti con chiari obiettivi di business (lanciare una promozione per un nuovo prodotto, fare leads, iscrizioni alla newsletter o portare i fan a visitare una determinata pagina del nostro sito).
Come detto, quindi, potrebbe essere che le due storie si sovrappongano, così come che siano due storie differenti. Ciò che è importante è che si sappia, bene, quali sono tali storie, in modo da rendere efficienti i budget ed evitare sprechi con la promozione di contenuti irrilevanti. In questo modo si spezzetta la nostra fanbase in tante micro-community, alle quali si forniscono contenuti diversificati. Per questo, un piano di comunicazione dovrebbe partire da una forte comprensione di cosa l'audience vuole, dalla definizione di obiettivi chiari e da uno storytelling intelligente e diversificato.
I contenuti organici (la storia che comunichiamo) inoltre sono un'ottima base per impostare quelli paid (la storia che promuoviamo). Grazie a loro possiamo conoscere bene ciò che piace alla nostra community, e quindi al nostro target, e usarlo come punto di partenza per sviluppare i post da promuovere.
La nuova strategia Facebook, quindi, dovrebbe da una parte appagare la domanda esistente dei nostri fan, dall'altra crearne una nuova.

Una strategia chiara: il primo passo per una campagna efficace

Per impostare delle campagne efficaci è necessario avere una strategia chiara, con obiettivi precisi che siano poi misurabili. Se non si sa perché si vuole investire, non si potrà sapere cosa andare a misurare e, in ultima istanza, valutare se l'investimento abbia portato benefici al business.
Se abbiamo una pagina Facebook è molto probabile che l'abbiamo aperta con scopi ben precisi e che quindi, alla base del piano editoriale, ci sia una strategia. In caso contrario è bene interrogarci sul ruolo che Facebook ha per la marca e per il business. Stesso discorso vale per Instagram: la nostra attività necessita di un canale per promuovere e comunicare il nostro business? In che modo ci aiuterà a farlo crescere? Come, cosa e a chi vogliamo comunicare?

Se sono chiari questi punti e se abbiamo deciso di presidiare i social network con degli scopi, allora è molto probabile che abbiamo bisogno di una strategia di advertising per rafforzare il piano.
Per partire è necessario porsi una serie di domande, trovare delle risposte e poi valutare come le Facebook Ads possano essere d'aiuto.
Vedremo nei prossimi capitoli quali obiettivi possiamo scegliere in una pianificazione media, ma deve essere chiaro sin da ora che si tratta di obiettivi tattici. Optare per un'inserzione di Page Likes, per esempio, ha chiaramente come risultato sperato quello di portare più fan sulla nostra pagina. Ma la domanda da farsi prima è: a che scopo? Perché vogliamo più fan? Perché stiamo perdendo quota di mercato? Perché i nostri valori stanno perdendo presa tra i consumatori? Perché abbiamo avviato da poco il nostro business e vogliamo cercare nuovi clienti? Prima di definire l'obiettivo di un'ads, quindi, dovremmo avere una risposta a queste domande. Dopodiché dovremo continuare ancora con le domande: se vogliamo far conoscere di più il nostro business, dopo aver fatto una campagna di acquisizione fan, come facciamo a rafforzare i nostri vantaggi? Optiamo per un formato di *drive-to-site* per fornire maggiori informazioni oppure scegliamo un page post engagement?
Come per ogni strategia, dovremo definiti gli obiettivi a lungo termine e quelli a breve termine. Identificando tutti questi punti avremo bene in testa come andarli a raggiungere. Se si hanno ben chiare le esigenze generali dell'azienda, allora potremo scegliere con ponderazione come i social media possono contribuire a raggiungerle. Ogni pezzo della strategia di social media serve a raggiungere l'obiettivo posto. È importante capire come gli obiettivi della strategia di advertising si leghino agli obiettivi aziendali. E, anche in questo caso, nel porre gli obiettivi bisogna sempre considerare la regola SMART cioè che siano Specifici, Misurabili, Arrivabili, Rilevanti e Tempestivi (o meglio, raggiungibili nel tempo previsto). Le strategie variano da azienda ad azienda e da settore a settore, tuttavia un aspetto è costante: i social media devono essere pienamente integrati con tutta la comunicazione aziendale. Per impostare una strategia di advertising chiara (e quindi rilevante) è importante avere chiari gli obiettivi e rispondere prima ad alcune domande: chi è la nostra audience, cosa vogliamo raggiungere attraverso le reti sociali, come vogliamo che la nostra audience risponda alla comunicazione, Facebook e Instagram sono integrati con tutta la comunicazione, sono complementari alla strategia di marketing?
La Figura 2.3 elenca bene i passi da seguire prima di definire una strategia.
Come giustamente si fa notare nell'immagine, spesso si parte dal punto più basso dell'imbuto, immaginando che basti aprire una pagina Facebook o un profilo Instagram per fare comunicazione sui social network. Il punto di partenza, invece, è molto più in alto. Ma quali sono gli obiettivi social media che si possono porre e come, questi, vanno a integrarsi con gli obiettivi più alti?
Un altro imbuto può venirci in aiuto (Figura 2.4). Gli obiettivi possono essere gli stessi di un qualsiasi *Marketing Funnel*. Scegliere quale (o quali) punto dell'imbuto vogliamo presidiare ci aiuta a definire la strategia con cui farlo. La definizione degli obiettivi è il tassello base di ogni strategia di marketing e di business, e i social media non fanno eccezione. Questi obiettivi dovrebbero rispondere al problema che vogliamo risolvere: è il traffico al sito a essere diminuito oppure è la fedeltà dei clienti a essersi abbassata? Abbiamo bisogno di costruire una reputazione positiva del brand? Oppure, "semplicemente", dobbiamo rendere le persone consapevoli del fatto che esiste il nostro prodotto? Per ognuna di queste domande esiste una risposta.

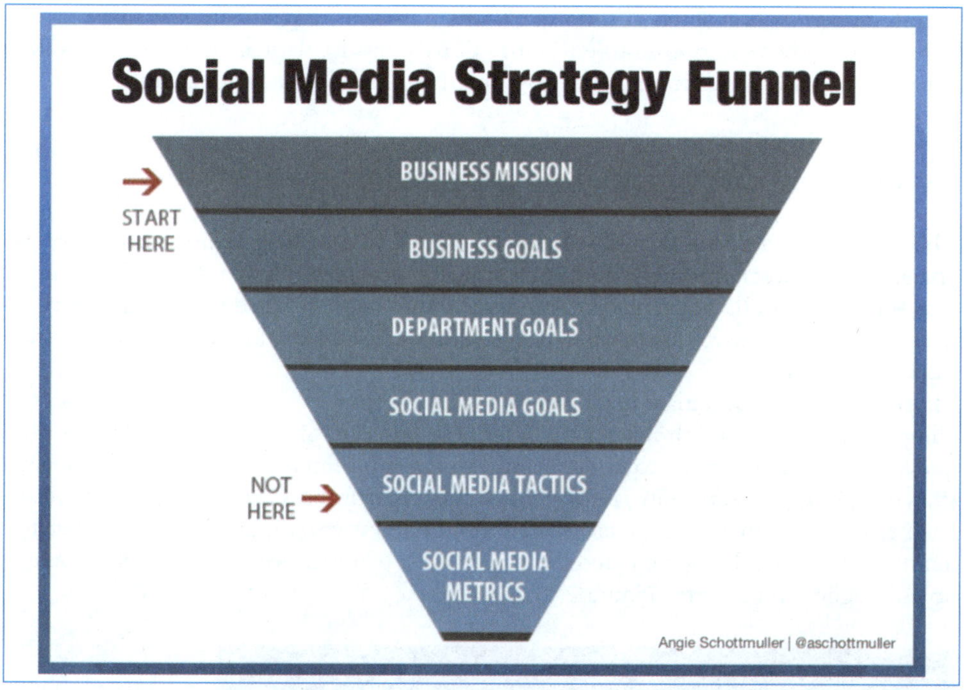

Figura 2.3 Il funnel per una strategia di social media (https://www.slideshare.net/aschottmuller/social-mediaroimeasurementand-conversiont ipsseschi2012angieschottmuller).

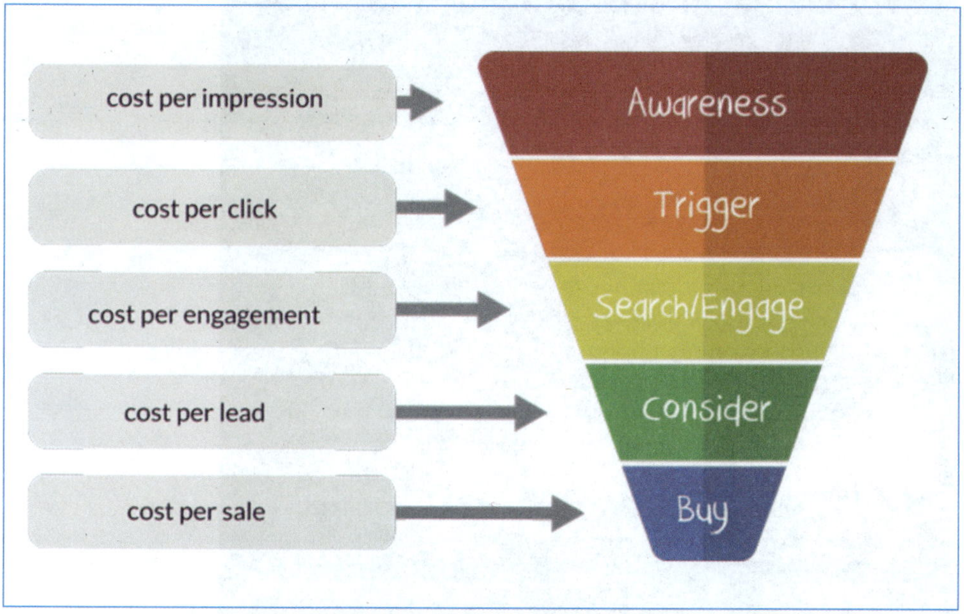

Figura 2.4 Gli obiettivi di marketing nei social media e le relative metriche (https://www.hashmeta.com/blog/social-media-marketing-objectives-and-metrics-that-matter/).

Questi cinque macro-obiettivi sono quelli che possiamo raggiungere con una strategia di Facebook advertising. Questo è il punto di partenza fondamentale e imprescindibile per poi, a seguire, identificare tutti i passi che definiscono una strategia efficace.

I passi necessari per definire una buona strategia

Abbiamo detto che avere una strategia chiara è fondamentale per impostare una campagna efficace. Questa visione parte da una risposta (complessa) a una domanda semplice: qual è l'obiettivo che vogliamo raggiungere? Dopo aver scelto se la strategia dovrà rispondere a un obiettivo di *awareness*, trigger, search, consider o buy, dovremo impostare tutta la strategia.
Ma come fare a impostarla e quali sono i passi da seguire?
L'impostazione di una campagna su Facebook segue passi leggermente differenti da quelli teorici che dovrebbero essere seguiti in fase preliminare di impostazione di una strategia. Per comodità, infatti, il pannello *Ads* è tripartito in *Campagna*, *Gruppo di inserzioni* e *Inserzione*. In fase di *Campagna* si sceglie l'obiettivo, con il *Gruppo di inserzioni* si definisce il target, il budget e l'arco temporale della pianificazione, a livello di *Inserzione*, poi, si sceglie il messaggio (Figura 2.5).

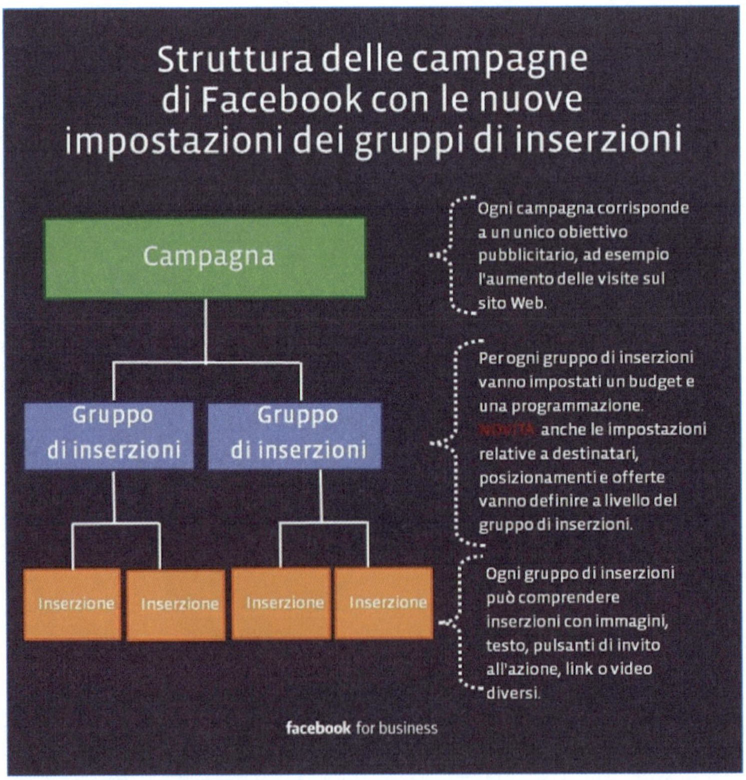

Figura 2.5 La struttura delle campagne di advertising su Facebook (https://www.facebook.com/business/news/Aggiornamenti-alla-struttura-delle-campagne-pubblicitarie-su-Facebook).

Questo percorso segue una logica funzionale con la quale è possibile suddividere una campagna in diversi *Gruppi di inserzioni* da pianificare su target diversi oppure su più fasi temporali e, di conseguenza, selezionare diverse creatività in termini di immagini e testi più calzanti per l'audience scelto.

È chiaro che questo percorso funzionale non può essere quello strategico, che parte da priorità differenti. Verranno elencati qui i passi necessari, ma, molto spesso, la definizione di una strategia non segue un flusso lineare e i passi sono molto più intrecciati di quanto sembri.

Come detto precedentemente, gli obiettivi delle Facebook Ads non sono i nostri obiettivi strategici di comunicazione o di business. Infatti, per esempio, una campagna di Like Ads può rispondere a diversi obiettivi aziendali. Pertanto dopo aver capito cosa vogliamo fare e come Facebook può aiutarci, il primo passo in fase di pianificazione media sarà quello di comprendere chi è il target di riferimento. Vedremo poi gli strumenti che ci aiuteranno in questa comprensione, ma, tramite quegli strumenti, potremo identificare il bacino per noi rilevante. In base a quanto conosciamo il target, potremo individuare con maggiore specificità il bacino e da lì, assieme alla definizione degli obiettivi, capire il messaggio migliore e più efficace con cui raggiungerlo.

Dopo aver scelto la o le audience (che sia una o che siano molte è indifferente, dipenderà dalla peculiarità della nostra comunicazione), andremo a definire l'obiettivo della nostra Facebook Ads. Anche qui, la definizione di un obiettivo rispetto a un altro dipende da cosa vogliamo raggiungere e a quale input supponiamo che il nostro target risponda meglio. Per esempio, se abbiamo lanciato un nuovo prodotto, vorremo spingere il target alla prova pianificando un'offerta o punteremo a una campagna di *awareness*? Tutto dipende da quanto abbiamo studiato e conosciamo il target, dopodiché la scelta sarà solo nelle nostre mani. La scelta dell'obiettivo è fortemente legata alla scelta del costo e quindi dell'analisi. Sono passi che vengono dopo, ma è solo per capire, come dicevamo qualche riga più su, che è necessaria una visione dell'insieme per poter andare a definire i singoli passi nel modo più efficiente possibile. Un altro passaggio fortemente influenzato dalla scelta dell'obiettivo è quello immediatamente successivo, cioè la creatività. Cosa dire e cosa mostrare ha un'importanza primaria nell'inserzione, ma, per ogni scelta di obiettivo, ci sono specifiche tecniche da rispettare sia a livello di dimensione dell'immagine sia di lunghezza del testo e che dovranno essere prese in considerazione. Sempre in questa fase, a seconda del posizionamento che sceglieremo per l'inserzione (*News Feed desktop*, mobile, colonna destra) dovremo elaborare una creatività che sia pregna di informazioni a prescindere dalla dimensione.

Dopo avere definito a chi vogliamo comunicare, con quale obiettivo e in che modo, giungiamo alla parte più importante ma anche più complicata: il budget. Quanto dovrebbe essere il budget della campagna? Ancora una volta c'è solo una risposta: obiettivi. Sono questi che determinano l'unità di grandezza dell'investimento. A meno che non abbiamo un budget prefissato da allocare in una sola campagna, come suddividere il budget media tra gli obiettivi è senz'ombra di dubbio la parte più complicata.

La situazione ottimale sarebbe questa: dato un obiettivo come, per esempio, l'aumento del traffico al sito del 10 percento, dato (o previsto) un determinato costo per clic, saremo in grado di definire, con esattezza, qual è il budget di cui abbiamo bisogno per raggiungere tale obiettivo. Purtroppo, la maggior parte delle volte una delle variabili è sconosciuta, o perché non si ha idea di quale sia l'obiettivo da raggiungere oppure perché non si conosce o è difficile ipotizzare un costo per clic attendibile. Tutto questo discorso verrà

affrontato meglio nel capitolo dedicato all'ottimizzazione del budget, ma sia chiaro già da ora che non ci saranno risposte precise.
A questo punto la frase preliminare c'è tutta, ma non finisce qui. Dopo aver "compilato" il modulo delle Facebook Ads e fatto partire la campagna, la si dovrà monitorare quotidianamente (se non più volte al giorno, a seconda della durata impostata) per capire se tutto sta andando come prefissato. Infatti, anche se siamo partiti con una strategia chiara e abbiamo seguito tutti i passi teorici per definirla, questa potrebbe andare diversamente da come ci eravamo immaginati. E allora dovremo ripensarla, seguendo questi stessi passi e utilizzando i dati delle analisi per apportare le opportune modifiche.

Capitolo 3

Usare gli strumenti giusti

Dopo aver delineato la nostra strategia, trovando le risposte alle domande che ci siamo posti e quindi capendo che Facebook e Instagram ci aiuteranno a far crescere il nostro business, dovremo sederci a tavolino per implementare una strategia. Ci sono diversi strumenti che ci aiutano in questa attività e conoscerli ci permetterà di farlo in maniera corretta, per ottenere il massimo dal piano di advertising.
Da questo momento in poi, quindi, entreremo nel vivo dell'operatività.
Nelle prossime pagine esamineremo tutti gli strumenti messi a disposizione da Facebook e ne passeremo in rassegna il funzionamento e le caratteristiche. Lo strumento ads per eccellenza (*Gestione inserzioni*) verrà "sezionato" e sviscerato nelle pagine in cui si parlerà di audience, obiettivi e creatività; qui cercheremo di familiarizzare con alcune piattaforme che potrebbero essere poco conosciute, soltanto perché poco utilizzate. Il modo migliore per imparare a usarle, come sempre, è provarle, "giocarci" e andare in profondità, studiando tutte le possibilità di cui ciascuno strumento dispone.
A seconda che siate professionisti, freelance, che lavoriate in un'agenzia oppure che siate proprietari di un'attività, potreste aver bisogno di alcuni strumenti e non di altri. Tuttavia, sarà comunque importante conoscerli tutti, sapere come funzionano e a cosa servono, così da poter poi scegliere, consapevolmente, quelli effettivamente utili.

In questo capitolo

- **Tenere tutto sotto controllo con Business Manager**
- **Pianificare con Gestione inserzioni**
- **Gestire le inserzioni con Power Editor**
- **Conoscere il pubblico con gli Insights sul Pubblico**
- **Dal sito a Facebook: i Pixel**

Tenere tutto sotto controllo con Business Manager

La gestione di una pagina Facebook, usualmente avviene attraverso i propri profili personali. Non è un grosso problema se si gestiscono poche pagine e se le attività sono costanti e non necessitano di un grande controllo. Ci sono altre situazioni, invece, in cui la mole di lavoro è maggiore e i soggetti coinvolti sono molti, pertanto si palesa la necessità di avere un unico luogo in cui gestire il tutto. Qui entra in gioco Business Manager. Attraverso un'interfaccia unica e collaborativa da cui gestire le pagine, le applicazioni e gli account pubblicitari, lo strumento mette in relazione tutti i soggetti coinvolti nella gestione di una pagina Facebook (aziende, agenzie, inserzionisti) facilitandone il lavoro. Il funzionamento è abbastanza semplice: dopo aver creato il proprio account Business Manager, si collegano a quell'account tutte le risorse necessarie: le fanpage, gli account pubblicitari per creare le inserzioni, eventuali applicazioni e così via. Poiché questa gestione può coinvolgere diversi soggetti (per esempio i social media manager di un'agenzia), sempre attraverso Business Manager possiamo aggiungere i profili che andranno a lavorare sulle risorse in maniera collaborativa.

L'impostazione è quella classica piramidale: all'apice c'è l'account Business Manager, sotto ci sono i diversi elementi (pagine, account di advertising, app e così via) e per ogni elemento le persone deputate alla loro gestione (amministratore, editor, moderatore, analista, inserzionista).

Prima di andare nello specifico di Business Manager, diamo un'occhiata all'aspetto della schermata principale di un account già impostato (Figura 3.1).

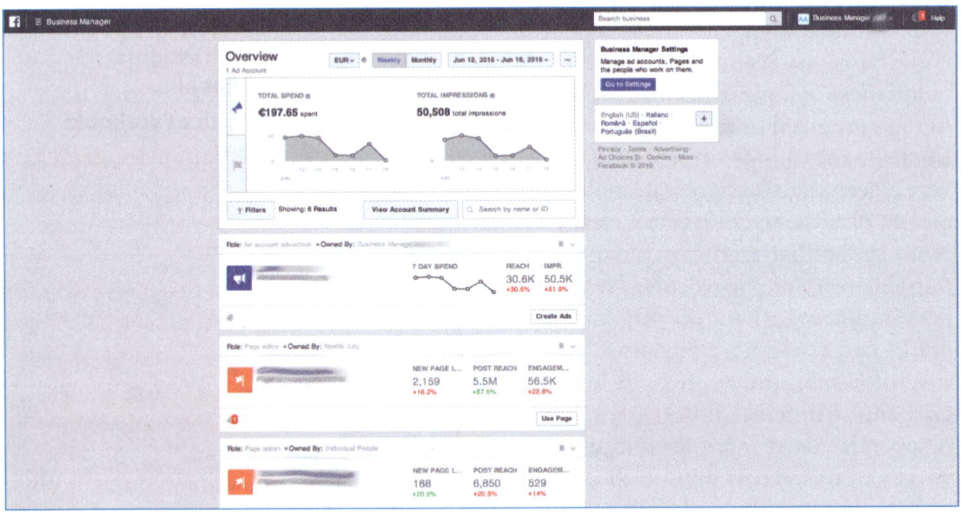

Figura 3.1 Schermata iniziale di Business Manager (https://business.facebook.com/).

Al centro abbiamo una panoramica di ciò che gestiamo: nella parte superiore l'account pubblicitario, con un'overview della spesa economica nell'arco temporale scelto; nella parte inferiore l'elenco delle risorse gestite (pagine, cataloghi prodotti) con i relativi permission (editor, amministratore). Da questa schermata possiamo accedere velocemente alle risorse per la gestione quotidiana.

Nella barra superiore troviamo i tre pulsanti per aggiungere, reclamare e richiedere l'accesso alle risorse (Figura 3.2).

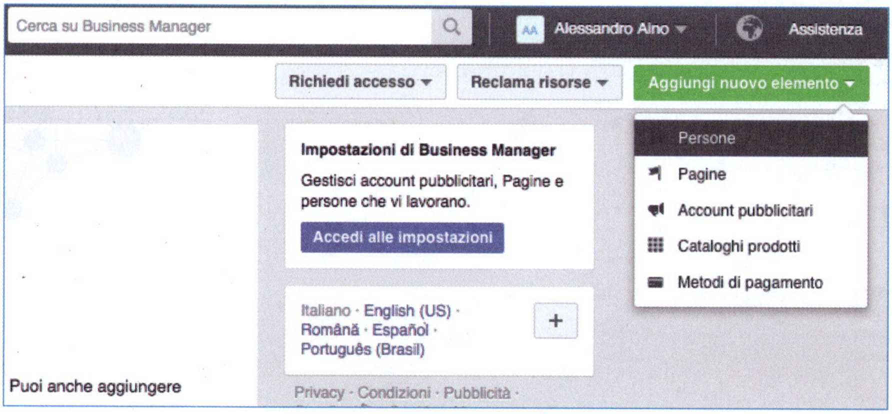

Figura 3.2 Aggiungere gli elementi su Business Manager.

Dopo aver visto velocemente come si presenta Business Manager e quali sono i pulsanti più importanti, entriamo più nello specifico delle diverse risorse e dei relativi permission che possiamo fornire loro.

La prima distinzione da fare, riguardo le persone, è il ruolo che hanno nell'account Business Manager, che può essere di due tipi: amministratori o dipendenti (Figura 3.3). I primi possono cambiare le impostazioni dell'account, aggiungere, reclamare e richiedere risorse; i secondi sono collaboratori a cui dare i permission per gestire una o più pagine, così come uno o più account pubblicitari. Per semplificare: chi crea l'account Business Manager sarà un amministratore. Se avrà bisogno di un social media manager freelance per la gestione di un singolo progetto, lo nominerà dipendente dell'account Business Manager. Se invece avrà bisogno di un collega che possa svolgere tutte le sue attività e nominare nuovi dipendenti o risorse, aggiungerà il collaboratore come amministratore dell'account.

I collaboratori che aggiungiamo (quindi i dipendenti o gli amministratori) possono essere di due tipi: persone e partner. I primi sono soggetti singoli, generalmente dipendenti dell'agenzia o dell'azienda, che di solito vengono aggiunti all'account Business Manager attraverso il proprio profilo Facebook; i partner, invece, possono essere agenzie, centri media o aziende che possiedono un proprio account Business Manager. Aggiungendo una persona andremo a inserire nel nostro Business Manager un soggetto singolo; con un partner, invece, collegheremo al nostro Business Manager un altro account Business Manager, che al proprio interno ha altri collaboratori. Dando un ruolo a quel partner, perciò, diamo dei ruoli anche a tutte le persone associate a quel Business Manager. Facciamo un altro esempio per semplificare: un'agenzia pubblicitaria ha un proprio account Business Manager, con diversi social media manager che saranno stati aggiunti come persone. L'agenzia potrebbe collaborare a stretto contatto con un centro media che possiede un proprio Business Manager, al cui interno ci saranno diversi inserzionisti e analisti. L'agenzia non andrà ad aggiungere i singoli inserzionisti del centro media nel proprio Business Manager, ma aggiungerà direttamente il centro media come partner.

	Dipendenti in Business Manager:	Amministratori in Business Manager:
Visualizza le impostazioni di Business Manager	✓	✓
Modificano le impostazioni di Business Manager		✓
Aggiungono o rimuovono dipendenti		✓
Gestiscono le autorizzazioni dei dipendenti		✓
ricevere l'assegnazione ad account pubblicitari, Pagine, altre risorse di Business Manager	✓	✓
Aggiungi Pagine, account pubblicitari e altre risorse di Business Manager		✓

Figura 3.3 I ruoli di Business Manager e i relativi permission.

Dopo aver visto il grado di controllo che possiamo avere sull'account Business Manager a seconda che siamo amministratori e dipendenti (a prescindere che si tratti di persone o partner), vediamo quali sono i ruoli che possono avere i collaboratori nella gestione delle risorse, quindi degli account pubblicitari e delle pagine.
I collaboratori possono avere accesso solo all'account pubblicitario, solo alle pagine o a entrambi, con diversi gradi di permission.
Se aggiungiamo un collaboratore per la gestione di un account pubblicitario, potremo decidere di nominarlo amministratore, inserzionista o analista. La scelta dell'uno o dell'altro ruolo, darà al collaboratore diverse autorizzazioni, che sono esemplificate nella Figura 3.4.

	Amministratore	Inserzionista	Analista
Gestisce le impostazioni dell'account pubblicitario, i metodi di pagamento e i limiti di spesa dell'account	✔		
Aggiunge le persone e assegna i ruoli nell'account pubblicitario	✔		
Crea e modifica le inserzioni	✔	✔	
Vede i report dell'account pubblicitario	✔	✔	✔

Figura 3.4 I ruoli per la gestione degli account pubblicitari e i relativi permission.

Quando andiamo ad aggiungere un collaboratore per la gestione di una pagina Facebook, i ruoli tra cui possiamo scegliere salgono a cinque, con i permission elencati in Figura 3.5.

	Amministratore	Editor	Moderatore	Inserzionista	Analista
Gestisce i ruoli e le impostazioni delle Pagine	✔				
Modifica la Pagina e aggiunge le applicazioni	✔	✔			
Crea ed elimina i post a nome della Pagina	✔	✔			
Invia messaggi a nome della Pagina	✔	✔	✔		
Risponde ai commenti e ai post nella Pagina e li elimina	✔	✔	✔		
Rimuove o blocca le persone dalla Pagina	✔	✔	✔		
Crea le inserzioni	✔	✔	✔	✔	
Visualizza i dati di Insights e le impostazioni	✔	✔	✔	✔	✔
Vede chi ha pubblicato contenuti a nome della Pagina	✔	✔	✔	✔	✔

Figura 3.5 I ruoli per la gestione delle Pagine e i relativi permission.

Abbiamo visto come aggiungere i collaboratori e che ruolo dargli; ora passiamo alle risorse. Una delle prime cose da fare (visto anche il tema di questo libro) è creare un account pubblicitario, collegato al Business Manager, attraverso cui gestire tutte le nostre inserzioni. Uno dei vantaggi di Business Manager è quello di poter creare diversi account pubblicitari, ciascuno con una propria valuta, fuso orario e pagine associate (Figura 3.6). Questa cosa non è possibile quando gestiamo le pagine Facebook con il nostro profilo personale, dato che possiamo associargli un solo account pubblicitario.
Così come visto per gli account pubblicitari, con Business Manager possiamo creare anche delle pagine che vengono direttamente associate all'account. A meno che non siate in procinto di entrare nel mondo di Facebook per la prima volta, è molto probabile che abbiate già una fanpage o che dobbiate collegare al vostro Business Manager delle pagine Facebook già attive. In questi casi dobbiamo reclamare o richiedere l'accesso agli elementi. Nel primo caso, Business Manager diventa l'amministratore primario della risorsa e nessun altro può reclamarla. Se abbiamo creato la nostra pagina Facebook prima del nostro account Business Manager, per poterla gestire dovremo reclamare l'accesso alla risorsa. Richiedendo l'accesso, invece, si ha per l'appunto l'accesso agli elementi posseduti da altri soggetti, per poterli gestire. Per esempio, se un'agenzia acquisisce un nuovo cliente che ha già una pagina Facebook, si richiederà l'accesso alla pagina (ma non la si reclamerà). La differenza, quindi, sta nell'essere proprietari o meno della risorsa.

Figura 3.6 Come creare un nuovo account pubblicitario tramite Business Manager.

Abbiamo visto gli elementi principali di Business Manager: le persone e le risorse. Ora passiamo velocemente in rassegna tutti gli altri strumenti ai quali possiamo accedere attraverso il nostro account Business Manager. Li troviamo nella barra superiore della schermata principale della Figura 3.1, raggruppati in cinque categorie tematiche (Figura 3.7). Qui troviamo gli Insight sul pubblico, gli strumenti di advertising (*Gestione inserzioni* e *Power Editor*), l'accesso velocizzato ai post e agli insight delle nostre pagine, tutte le risorse collegate a Business Manager, i report e le impostazioni. Sono strumenti esterni a Business Manager (alcuni dei quali li vedremo nelle prossime pagine), ma comunque facilmente accessibili.

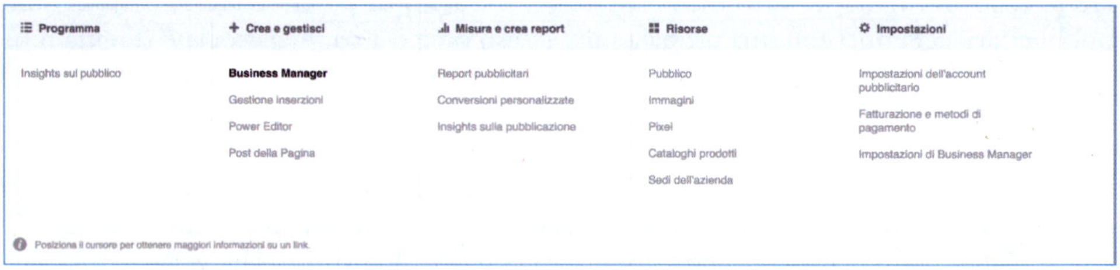

Figura 3.7 Il pannello di controllo di Business Manager per accedere agli altri strumenti.

NOTA

Tra le risorse è possibile notare i Cataloghi prodotti. I Cataloghi prodotti sono file in cui possiamo aggiungere una lista di prodotti contenente determinate informazioni. Un catalogo prodotti è il punto di partenza per le cosiddette "inserzioni dinamiche". Si tratta, fondamentalmente, di inserzioni pubblicitarie con cui fare retargeting. Le ads dinamiche, infatti, consentono di creare tempestivamente e automaticamente delle ads basate sui prodotti che le persone hanno visitato sul nostro sito di e-commerce o sull'app. Sono consigliate per i grandi siti di e-commerce con un numero elevato di prodotti e che hanno la necessità di personalizzare un'inserzione per ogni visitatore in base ai singoli prodotti che ha visto. Si presentano a tutti gli effetti nei formati ads di Facebook (link o carousel), ma invece di essere create singolarmente e manualmente, sono personalizzate automaticamente da Facebook. Dopo aver creato il catalogo e aver aggiunto al sito il Pixel (che verrà affrontato meglio nelle prossime pagine), quest'ultimo consente di tracciare i prodotti che un visitatore ha visto, aggiunto al carrello o comprato. Facebook confronta i prodotti con cui la persona ha interagito con quelli presenti nel catalogo e crea tempestivamente un'ads per quel visitatore.

Dopo aver visto com'è composto Business Manager, possiamo giungere alla conclusione che ci siano diversi vantaggi nell'utilizzo di questo strumento. Il primo, e fondamentale, è quello di avere tutto sotto controllo su un'unica interfaccia. Che si gestisca una pagina o dieci, che si facciano inserzioni con uno o più account, Business Manager facilita il passaggio da una parte all'altra. Questo porta a un secondo vantaggio: il risparmio di tempo. Il vero vantaggio, tuttavia, è per quelle agenzie (o inserzionisti) che hanno la necessità di tenere traccia dei complessi flussi di lavoro tra più persone. È un esempio un po' estremizzato, ma basti immaginare un'agenzia di cinquanta persone che debba gestire cento clienti. Per alcuni clienti la gestione potrebbe essere completa, altri potrebbero fare solo inserzioni, altri ancora potrebbero aver bisogno solo di analisti. I dipendenti di un'agenzia non restano gli stessi per molto tempo, perciò attraverso Business Manager l'agenzia può aggiungere e rimuovere permission in maniera rapida e veloce, semplificando un processo che, svolto manualmente, sarebbe dispendioso. In ultimo, tenendo separato il profilo personale da quello professionale, teniamo in due luoghi diversi lo svago e il lavoro, evitando di inquinare il lavoro con le notizie del nostro News Feed.
La domanda, a questo punto, è abbastanza ovvia. Chi dovrebbe usare Business Manager? Senza dubbio un'agenzia che gestisce pagine e account pubblicitari per diversi clienti oppure un'azienda che ha più pagine e diversi social media manager che le gestiscono. Solo questi? Non proprio.
Attraverso Business Manager, infatti, è possibile accedere ad altri strumenti che possono essere utili anche se non si lavora per un'agenzia oppure per una grande azienda. Se si ha un sito di e-commerce, infatti, si potrà aver bisogno dei Pixel per attivare delle campagne di retargeting. Se si possiede un blog o un sito web, si potrà aver bisogno di analizzare il target. Un'azienda potrebbe aver bisogno di più account pubblicitari poiché opera in mercati con fusi orari e valute diverse. Un freelance che lavora per diversi soggetti potrà facilitarsi il lavoro creando un account Business Manager.
In generale, però, tutti dovrebbero lavorare su Facebook attraverso Business Manager, poiché è lo strumento che garantisce sempre, in qualsiasi caso, velocità ed efficacia nel lavoro.

Pianificare con Gestione inserzioni

Se Business Manager può essere uno strumento più o meno utile, a seconda delle necessità, c'è uno strumento che invece è imprescindibile e di cui non bisognerebbe fare a meno, mai, quando si tratta di pubblicare un'inserzione su Facebook: *Gestione inserzioni*. Si tratta di una delle due piattaforme messe a disposizione da Facebook, insieme a *Power Editor*, per creare campagne ed è accessibile sia dal profilo personale sia da Business Manager.

I passi specifici per creare una campagna attraverso *Gestione inserzioni* verranno esaminati nei prossimi capitoli, dove tutte le caratteristiche – qui abbozzate per offrire una visione d'insieme – verranno affrontate con il giusto approfondimento. Cominciamo però a familiarizzare con questo strumento, presentandone le caratteristiche e le schermate principali. Quando si effettua l'accesso a *Gestione inserzioni*, ci si trova davanti a una lista di tutte le campagne effettuate con il proprio account (Figura 3.8). Lo scopo principale di *Gestione inserzioni*, infatti, è quello di aiutare gli inserzionisti ad analizzare velocemente i dati, così da valutare, eventualmente, l'implementazione *in itinere* di alcune migliorie. Attraverso questa piattaforma, infatti, è possibile fermare o riavviare le inserzioni, apportare modifiche al target, al budget, alla programmazione e alla creatività, esportare i report e altre funzioni che vedremo nelle prossime pagine.

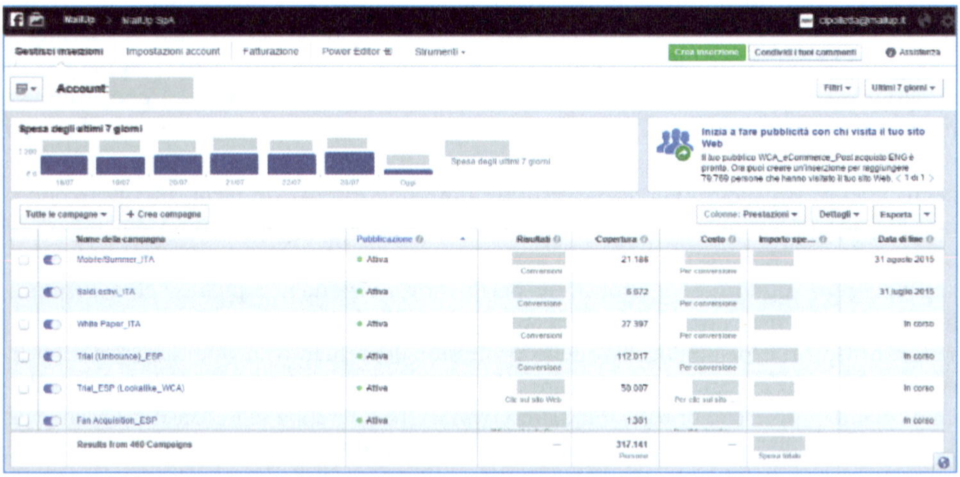

Figura 3.8 La schermata iniziale di Gestione inserzioni.

Nella parte superiore troviamo tutti i pulsanti per gestire le impostazioni dell'account, la fatturazione, il link a *Power Editor* e un menu a tendina per gli *Strumenti*: *Pubblico*, *Audience Insight* e, ancora una volta, *Pixel*. Attraverso il pulsante verde *Crea inserzione* accediamo al processo di creazione di una campagna pubblicitaria, i cui passi verranno esaminati nello specifico nei prossimi capitoli.

Di default, sulla schermata *Gestione inserzioni*, abbiamo una panoramica dei risultati per campagna, mentre nella parte superiore, come in Business Manager, c'è un grafico con l'andamento delle spese totali dell'account negli ultimi sette giorni.

Fondamentalmente, quindi, la schermata principale è un report dei risultati. È possibile scegliere tra set di risultati preimpostati (che vedremo nel Capitolo 8) oppure personalizzare le colonne inserendo i dati che più ci interessano, oppure, ancora, selezionare i filtri dalla colonna *Dettagli* (Figure 3.9 e 3.10).

Se implementiamo diverse campagne, la funzione filtro ci aiuta a vedere quali sono attive, quali programmate o in attesa di approvazione, quali sono non approvate, inattive, terminate e quali cancellate. Oppure possiamo filtrarle per obiettivi, un'opzione che torna utile, per esempio, per vedere i risultati di determinate campagne precedenti con uno stesso obiettivo, per ipotizzare il costo di una nuova campagna.

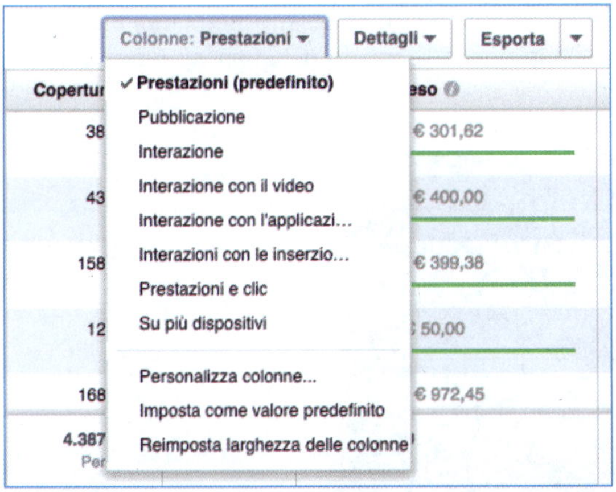

Figura 3.9 La colonna Prestazioni di Gestione inserzioni.

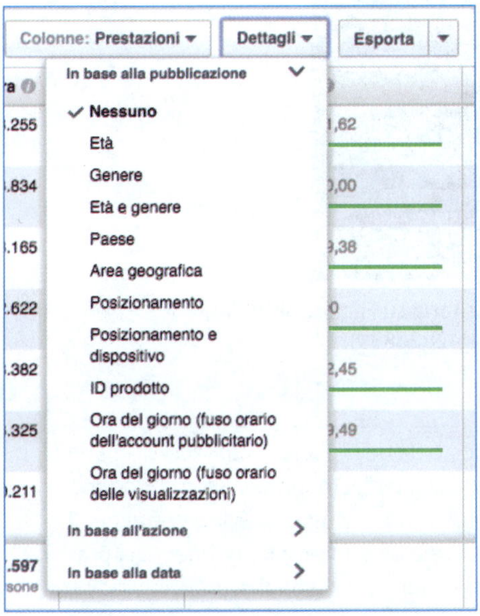

Figura 3.10 La colonna Dettagli di Gestione inserzioni.

Stessa cosa si può fare con i costi ma, in più, questa opzione permette di vedere se il risultato è maggiore, minore o se si trova o meno entro un importo specifico (Figura 3.11).

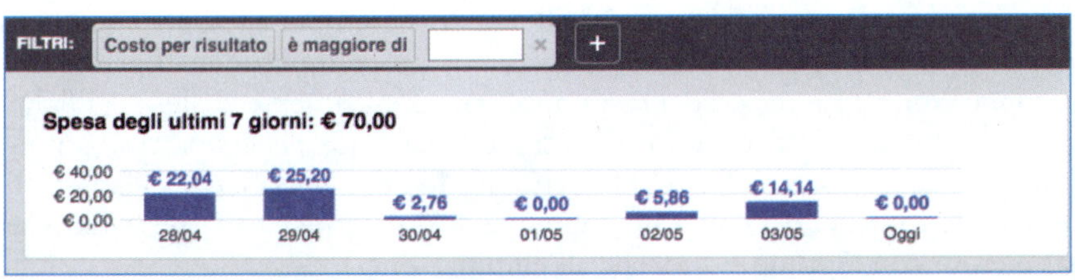

Figura 3.11 La funzione Filtro di Gestione inserzioni.

Le schermate di *Gestione inserzioni* seguono i tre livelli con cui è impostata una pubblicità su Facebook: al primo livello ci sono le *Campagne*, al secondo il *Gruppo di inserzioni* e in ultimo le *Inserzioni* (Figura 3.12).

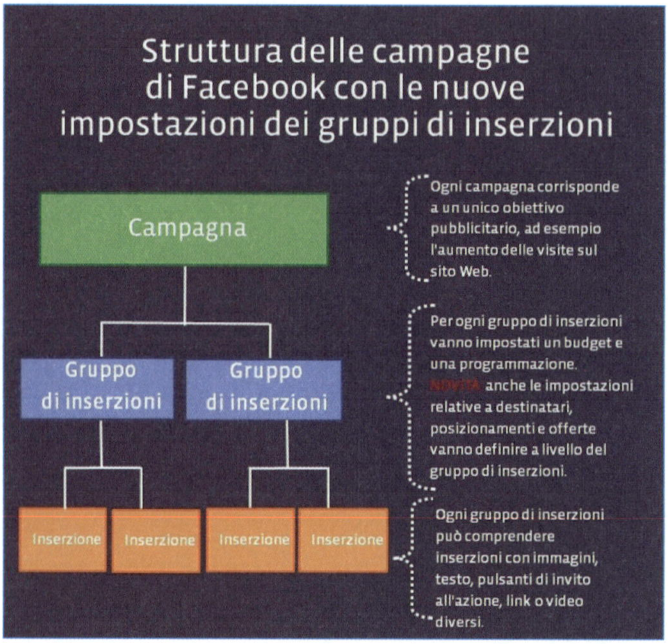

Figura 3.12 La struttura di una campagna pubblicitaria su Facebook (https://www.facebook.com/business/help/706063442820839).

NOTA

Un annuncio pubblicitario su Facebook è composto da tre livelli: la *Campagna*, il *Gruppo di inserzioni* (Ad set) e l'*Inserzione* (Ad). Le campagne sono macro-insiemi e corrispondono a un obiettivo di advertising (Mi piace alla pagina, Promuovi post e così via). All'interno di una *Campagna* ci sono i *Gruppi di inserzioni*, ciascuno con un proprio budget, una programmazione e un target. L'*Inserzione*, invece, è l'annuncio in termini di testo, immagini, link e così via.

Facendo clic sulla campagna arriviamo ai *Gruppi di inserzioni*. Facendo clic su ciascuno di essi veniamo poi reindirizzati alle singole inserzioni. Più scendiamo in profondità, più abbiamo dettagli specifici, ma in tutti e tre i casi la schermata che ci troviamo davanti si presenta come nella Figura 3.13.

Nel riquadro a destra abbiamo un riassunto delle informazioni più rilevanti, a seconda del livello in cui ci troviamo, tra cui il budget speso e la programmazione. Il primo dei tre pulsanti sopra l'immagine ci consente di apportare rapidamente delle modifiche. Queste variano a seconda del pannello in cui ci troviamo: nei *Gruppi di inserzioni* potremo modificare il budget, lo scheduling e il target; a livello delle *Inserzioni* le creatività. Il pulsante subito di fianco serve per creare un doppione dell'inserzione (utile per effettuare gli A/B Test) mentre con l'ultimo si procede all'eliminazione.

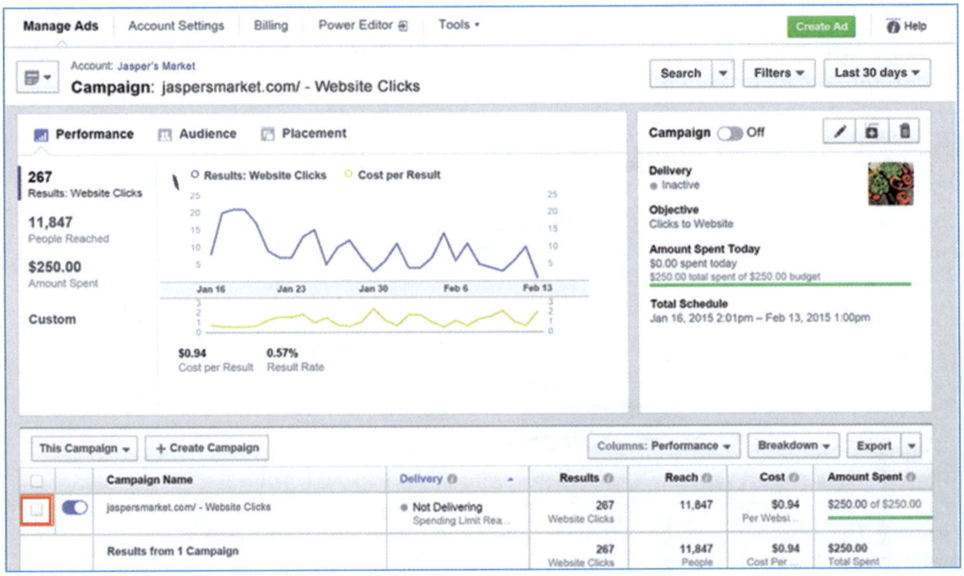

Figura 3.13 La schermata Campagna di Gestione inserzioni (https://business.facebook.com/ads/manager/).

Nel riquadro a sinistra, invece, abbiamo una rappresentazione grafica dell'andamento del nostro annuncio pubblicitario. Da qui possiamo sfogliare velocemente i tre grafici relativi alle Prestazioni, ai Dati demografici e al Posizionamento.

Le Prestazioni (Figura 3.14) ci informano sull'andamento della nostra campagna in termini di risultati. Abbiamo il risultato sulla base di obiettivo scelto, persone raggiunte, quota spesa e costo. Nell'arco temporale definito, quindi, vediamo gli obiettivi raggiunti quotidianamente (nella parte superiore) e l'andamento del costo (nella parte inferiore).

Figura 3.14 La schermata delle prestazioni di Gestione inserzioni.

Per quanto riguarda i *Dati demografici* (Figura 3.15) e il *Posizionamento* (Figura 3.16), invece, possiamo scegliere di visualizzare la correlazione di due tra le quattro variabili disponibili: *Interazioni con il post*, *Copertura*, *Budget speso* e *Visualizzazioni*.

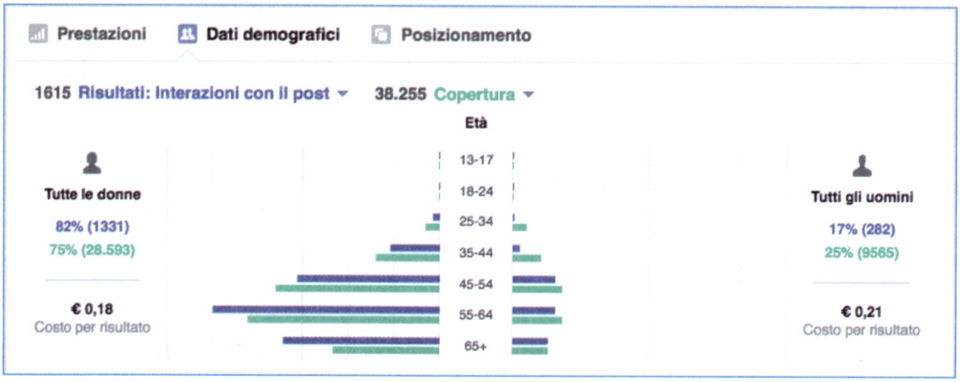

Figura 3.15 La schermata dei Dati demografici che, nell'esempio specifico, mette in correlazione le interazioni con il post e la reach.

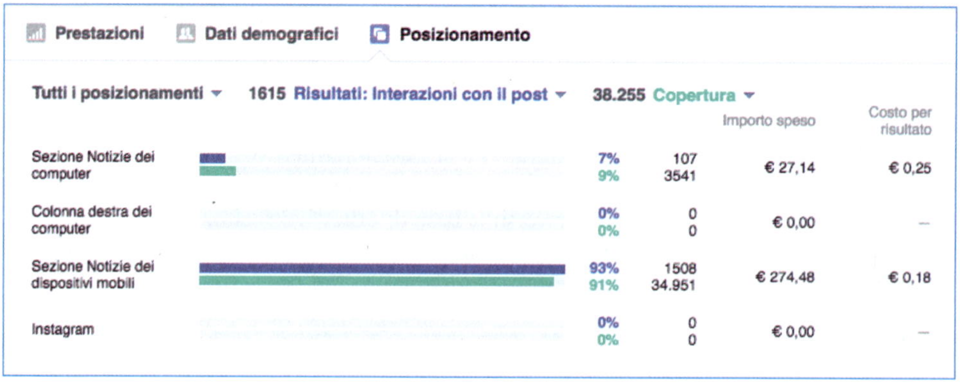

Figura 3.16 La schermata Posizionamento ci mostra dove viene presentata la nostra inserzione e i relativi risultati. Anche in questo caso la correlazione è tra le interazioni con il post e la reach.

Quella che abbiamo appena visto è una panoramica introduttiva che ci serve per cominciare a familiarizzare con uno strumento che sarà per noi di fondamentale importanza; è una visione di insieme che verrà approfondita maggiormente nel corso dei prossimi capitoli per imparare a creare al meglio una campagna pubblicitaria e saperne analizzare i risultati.

Gestire le inserzioni con Power Editor

Gestione inserzioni è una piattaforma piuttosto immediata per implementare le campagne pubblicitarie ed è utile a chiunque faccia advertising su Facebook, soprattutto ai piccoli e medi inserzionisti. Per chi crea e gestisce un numero più elevato di campagne, invece, c'è una piattaforma ancora più utile: *Power Editor*. Le funzioni alla base – così come la logica – sono le stesse di *Gestione inserzioni*; ciò che cambia è che *Power Editor* consente di sfruttarle in maniera più efficace, permettendo di creare con facilità complesse campagne pubblicitarie. Fondamentalmente, quindi, si tratta di uno strumento avanzato per gestire le inserzioni ed è pertanto qui che vengono introdotte in anteprima le novità (pensiamo alle ads dinamiche introdotte nel precedente capitolo).

Rispetto a *Gestione inserzioni*, *Power Editor* si presenta diverso soprattutto nel layout (Figura 3.17). Per quanto la grafica, a prima vista, possa sembrare fin troppo articolata, è estremamente utile per gestire, modificare e duplicare più campagne in meno tempo.

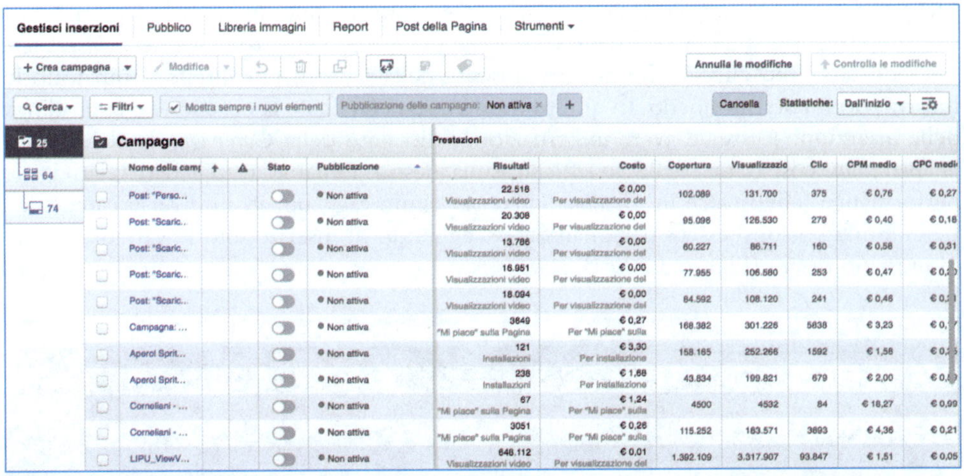

Figura 3.17 La schermata iniziale di Power Editor (https://business.facebook.com/ads/manage/powereditor).

Nella parte superiore, come abbiamo visto su Business Manager, troviamo i link per quegli strumenti che ci aiutano nella creazione di una campagna pubblicitaria (Figura 3.18).

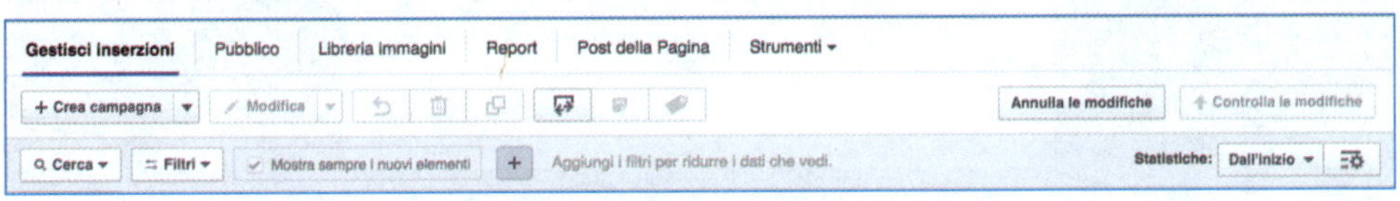

Figura 3.18 I pulsanti principali di Power Editor.

Troviamo il pubblico, cioè lo strumento in cui potremo andare a creare e salvare i nostri target; la libreria immagini, dove abbiamo accesso a tutte le immagini caricate nelle precedenti inserzioni (un database molto comodo e che consente di risparmiare tempo per caricare una creatività in un annuncio); i report, dove troviamo sia quelli preimpostati messi a disposizione da Facebook sia quelli personalizzati da noi; l'accesso immediato a tutti i post pubblicati sulle nostre pagine e infine gli strumenti veri e propri (Figura 3.19) dove troviamo le stesse opzioni già viste in *Gestione inserzioni*.

Figura 3.19 Gli Strumenti di Power Editor.

Nella schermata principale (quella relativa alle gestione delle inserzioni, Figura 3.17), troviamo sulla sinistra le icone delle *Campagne*, del *Gruppo di inserzioni* e delle *Inserzioni*. Quando facciamo clic su uno dei tre pulsanti, nella schermata centrale compaiono le informazioni corrispondenti. In questo modo è stata facilitata la creazione e la modifica delle inserzioni. Oltre ad avere informazioni sullo stato della *Campagna* (o del *Gruppo di inserzioni*, così come delle *Inserzioni*), sulla destra abbiamo tutti i dati relativi alle performance (che invece in *Gestione inserzioni* erano raggruppati in diverse categorie). Le colonne possono essere personalizzate scegliendo di inserire solo le variabili che ci interessano di più (Figure 3.20 e 3.21).

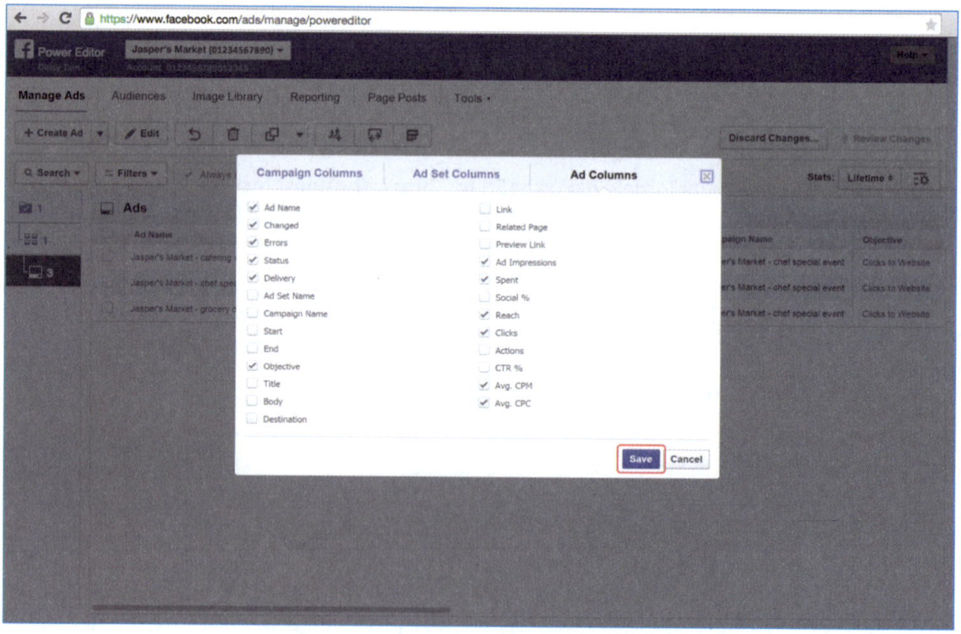

Figura 3.20 Le colonne personalizzabili delle Campagne, Gruppo di inserzioni e Inserzioni.

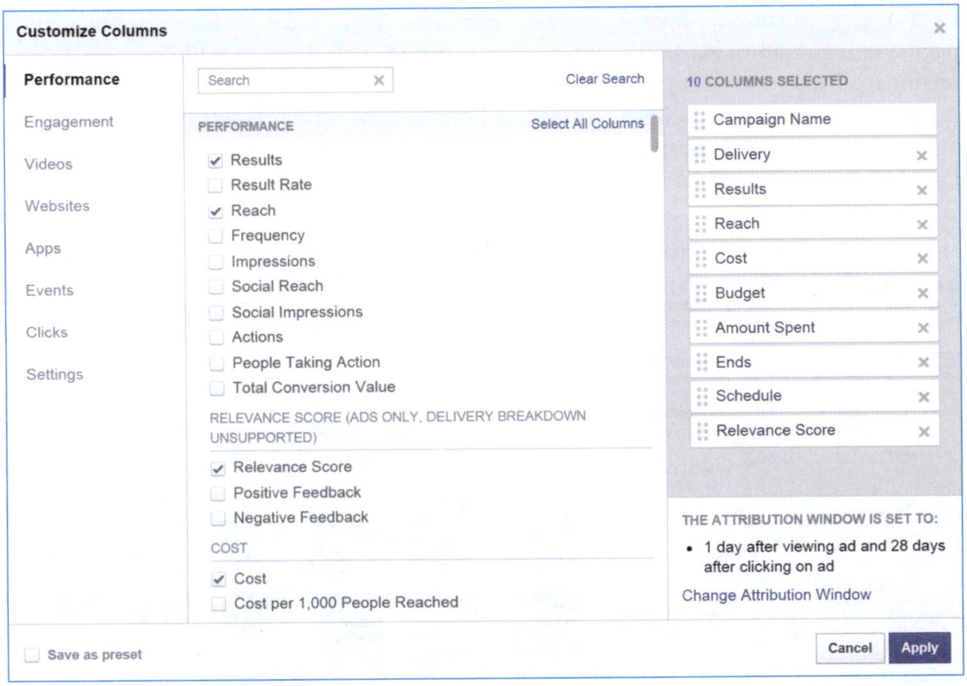

Figura 3.21 La personalizzazione delle colonne su Power Editor.

Come abbiamo visto, anche su *Power Editor*, così come su *Gestione inserzioni*, si può editare velocemente una campagna, creare facilmente delle variazioni di *Campagne*, *Gruppo di inserzioni* o *Inserzioni* già esistenti, apportare modifiche al target, al budget e allo scheduling e, non ultimo, aggiungere elementi creativi alle ads. La differenza è che tutto questo si fa molto più velocemente, perché la piattaforma è disegnata soprattutto per chi implementa centinaia di campagne e necessita di uno strumento per avere un controllo preciso su di esse. Se non si ha questa necessità, lo strumento potrebbe risultare poco utile e meno immediato del "fratellino" *Gestione inserzioni*.

Conoscere il pubblico con gli Insights sul Pubblico

Identificare il target corretto, come abbiamo visto, è un aspetto cruciale per impostare la strategia. Questa identificazione può essere fatta solo se si conosce bene il proprio pubblico, i suoi interessi, le sue preferenze e le sue connessioni. In questo modo siamo in grado non solo di sviluppare il messaggio adatto, ma anche di trovare il posizionamento migliore per le nostre inserzioni. Più sono i dati che conosciamo del nostro target, più riusciamo a veicolare il messaggio giusto alle persone giuste.
Alcuni dati sui fan li possiamo trovare negli Insight della pagina, ma si tratta, per lo più, delle interazioni che questi hanno avuto con i nostri contenuti. Ci sono altri dati, invece, che hanno una profondità maggiore e che ci aiutano a conoscere i trend dei fan attuali, ma anche di quelli potenziali. Tutte queste informazioni si trovano negli *Audience Insight*.

Con questo strumento, infatti, non solo possiamo avere informazione sui fan di una pagina che gestiamo, ma anche di tutta la popolazione di Facebook (italiana, di un determinato Paese o globale).
Lo scopo principale è quello di conoscere le informazioni demografiche e gli interessi di un determinato bacino, per poi andare a creare un'audience specifica.
La schermata principale si presenta come rappresentato nella Figura 3.22.

Figura 3.22 La schermata principale di Audience Insight (https://www.facebook.com/ads/audience-insights).

La prima cosa da fare è capire chi vogliamo studiare. Nella parte inferiore abbiamo la possibilità di selezionare le pagine che gestiamo. Inserendo questa connessione, *Audience Insight* ci restituirà i dati di tutti i nostri fan.
Dopo aver definito se vogliamo studiare i fan di una determinata pagina o meno, andremo a restringere il campo selezionando un Paese. Se la nostra fanpage è costituita per di più da fan italiani, avrà senso selezionare solo l'Italia. Se invece abbiamo una pagina global, sarà meglio studiare i fan di ciascun Paese, per poi diversificare i messaggi.
Dopo aver selezionato il Paese possiamo decidere se restringere ancora di più il nostro bacino, identificando per esempio una sola fascia d'età, di genere o interessi specifici. Possiamo aggiungere anche delle variabili più avanzate, come lingua, comportamenti, educazione, lavoro e così via.
Dopo aver profilato il nostro target, nella schermata centrale abbiamo accesso a sei macro-categorie di informazioni.
Le prime sono le informazioni demografiche (Figura 3.23), relative a età, genere, stili di vita (Figura 3.24), situazione sentimentale e livello d'istruzione (Figura 3.25) infine titolo professionale (Figura 3.26). Tutte le informazioni sono sempre rapportate con i dati medi della popolazione su Facebook (in grigio).

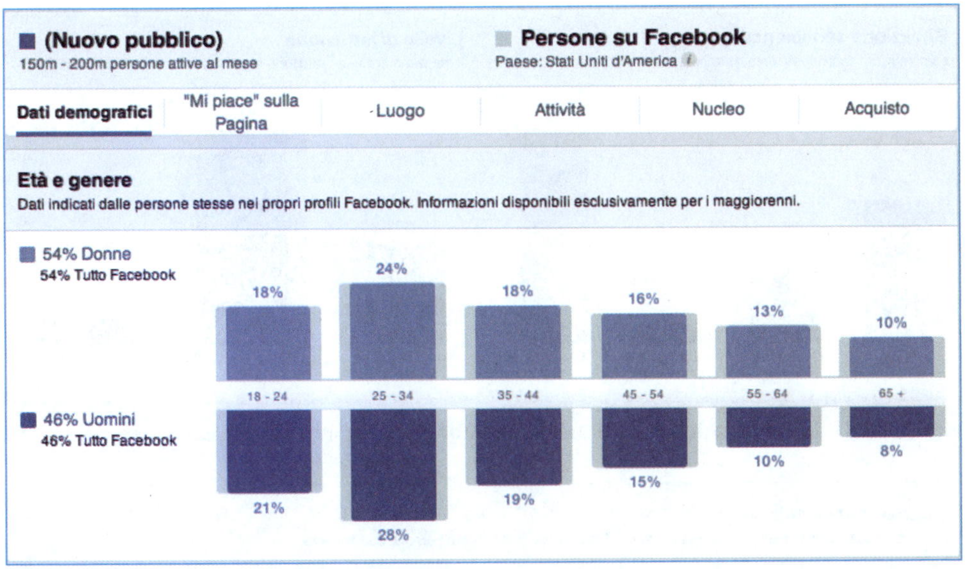

Figura 3.23 Le informazioni demografiche.

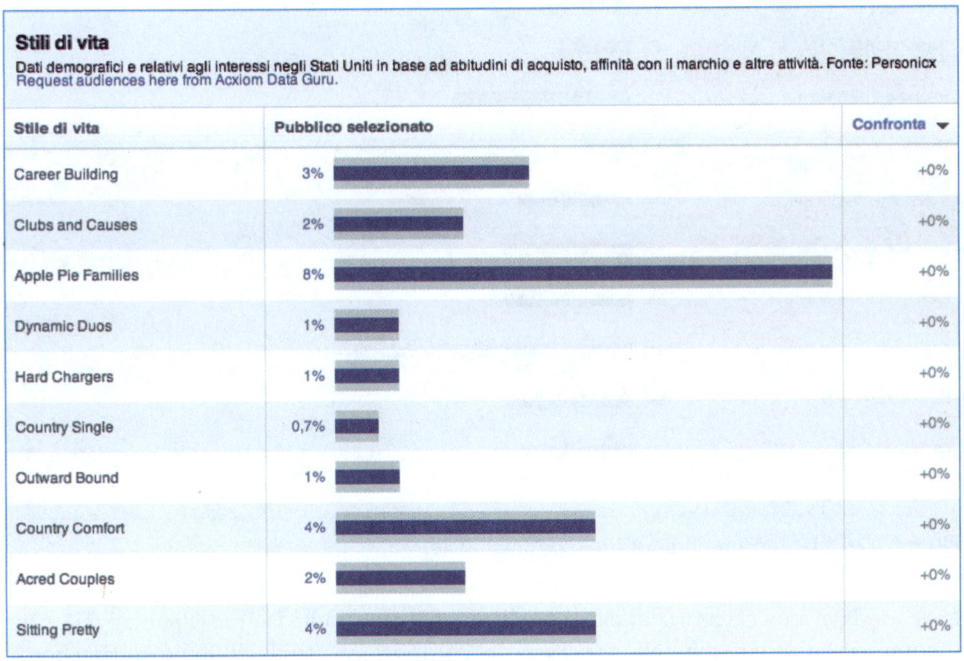

Figura 3.24 Le informazioni sugli stili di vita.

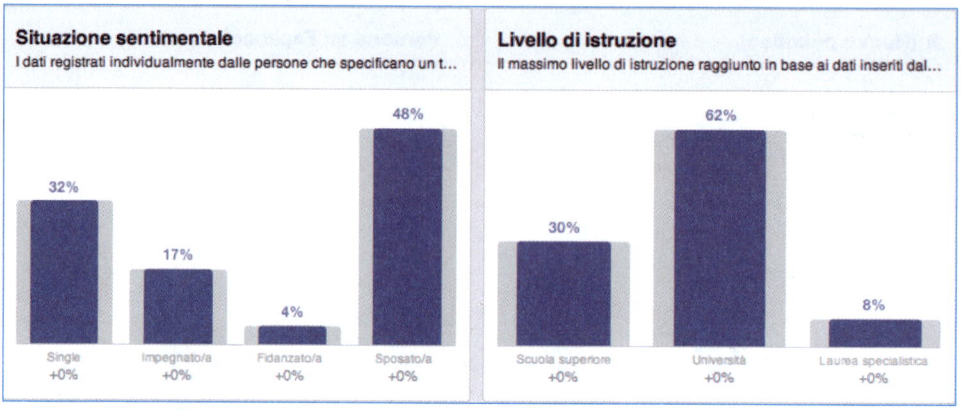

Figura 3.25 Le informazioni sulla Situazione sentimentale e sul Livello di istruzione.

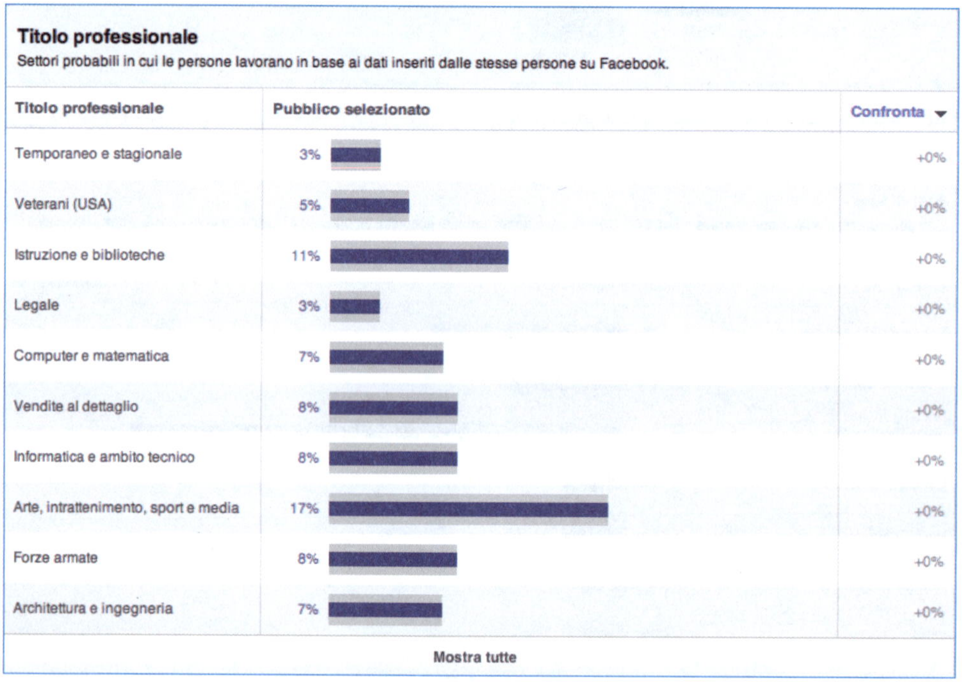

Figura 3.26 Le informazioni sul Titolo professionale.

La seconda macro-categoria di dati è quella dei Mi piace sulla Pagina (Figura 3.27). Qui si comincia ad andare più nello specifico del comportamento degli utenti su Facebook: attraverso queste informazioni si scopre quali sono le pagine più apprezzate dai nostri fan. Sono elencate per rilevanza, ma possiamo riordinarle per penetrazione (cioè quanti dei nostri fan sono presenti nella pagina indicata), per numero di Like assoluti o per affinità (un mix delle precedenti).
Queste informazioni sono utilissime per scegliere il posizionamento di un'inserzione, per valutare operazioni di co-marketing, per allargare il piano editoriale o per definire i premi di un contest.

Categorie principali

1	Media/News/Publishing	Fanpage.it • la Repubblica • Notizie.it • Spettacolo Fanpage • Radio Deejay
2	News/Media	Direttanews.it • Today.it • Corriere della Sera • Il Fatto Quotidiano
3	Personal Blog	VideoNews24
4	Magazine	Vivere più Sani
5	Book Store	Aforismi
6	Travel/Leisure	Spiaggia
7	Community	Expo 2015 Milano
8	Society/Culture	Tra genio e follia
9	Radio Station	Radio Italia solomusicaitaliana
10	Writer	Roberto Saviano

Mostra tutte

Figura 3.27 Categorie principali dei Mi piace sulle Pagine.

Città più popolari | **Paesi principali** | **Lingue principali**

Città	Pubblico selezionato	Confronta ▾
Rome, Lazio, Italy	20%	+0%
Milan, Lombardia, Italy	14%	+0%
Naples, Campania, Italy	7%	+0%
Turin, Piedmont, Italy	5%	+0%
Palermo, Sicilia, Italy	4%	+0%
Florence, Tuscany, Italy	2%	+0%
Bologna, Emilia-Romagna, Italy	2%	+0%
Genova, Liguria, Italy	2%	+0%
Catania, Sicilia, Italy	2%	+0%
Bari, Puglia, Italy	2%	+0%

Mostra tutte

Figura 3.28 Città, paesi e lingue principali.

Il luogo ci dà un'indicazione della distribuzione geografica del nostro bacino (Figura 3.28). La frequenza dell'attività (Figura 3.29) ci dà un'idea di quanto sia attivo il nostro bacino a livello di numero di pagine di cui sono fan, di commenti, like e share medi mensili. Le ultime due colonne indicano la propensione a fare clic su un ads ed è un buon in-

dicatore (anche se non l'unico) per ipotizzare la reattività di una determinata audience alla pubblicità.
Le informazioni sui dispositivi utilizzati (Figura 3.30) sono importanti per definire il posizionamento di una campagna e per valutare i contenuti da creare. Non solo: i device ci danno idea anche dei comportamenti d'acquisto dei nostri fan. Per esempio: si sa che l'acquisto attraverso mobile è molto più basso rispetto a quello da desktop. Se lo scopo della nostra campagna è quello di spingere all'acquisto i miei fan, ma questi accedono soprattutto da mobile, dovremo trovare un modo per facilitare il processo oppure per farli tornare da desktop, così che finalizzino l'acquisto.

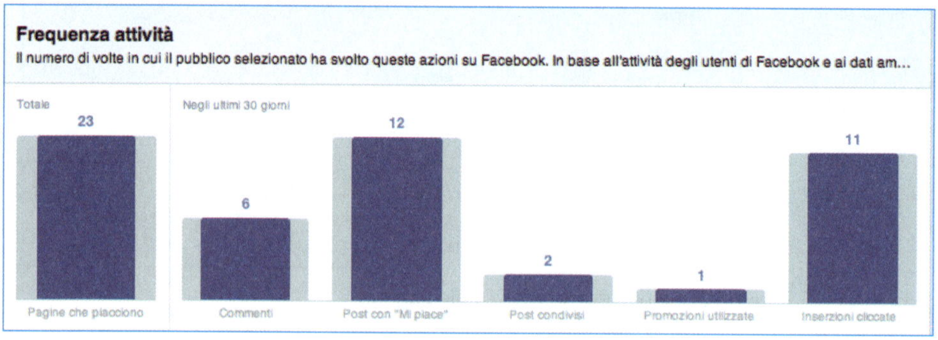

Figura 3.29 La frequenza delle attività.

Household e *Purchase* (Figura 3.31) sono informazioni al momento disponibili solo per gli USA. Ma, per far capire la profondità di analisi che permettono gli *Audience Insight*, ci consentono di avere dati relativi al possesso o meno di una casa, al reddito e al valore della casa (avere quindi un'idea del potenziale di spesa del nostro bacino).

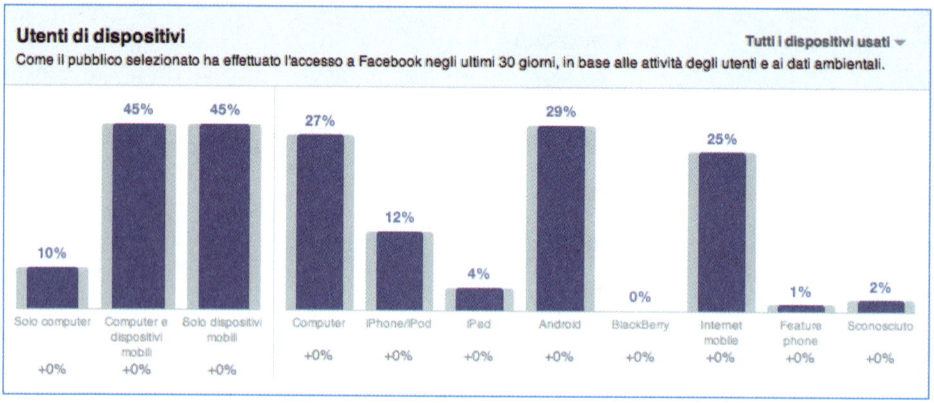

Figura 3.30 I tipi di dispositivi usati.

Una volta che abbiamo individuato e selezionato tutte le caratteristiche del nostro target possiamo salvarlo, così da averlo a disposizione nella sezione *Pubblico* per creare una campagna. Se abbiamo già salvato un'audience su *Gestione inserzioni* o *Power Editor*, possiamo "importarla" su *Audience Insight* per studiarne tutte le caratteristiche viste finora.

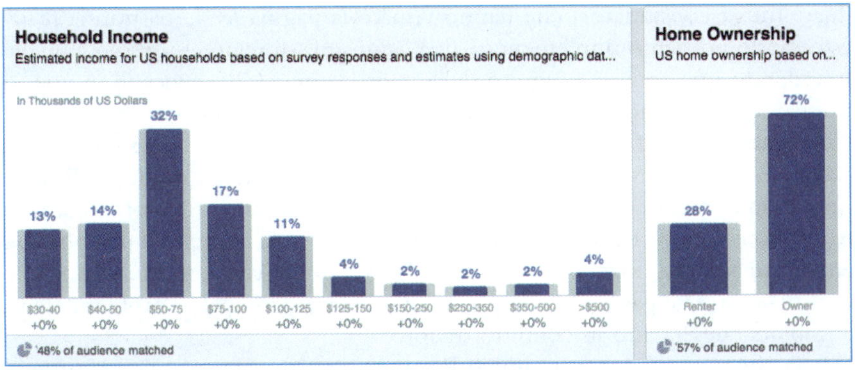

Figura 3.31 Household Income e Home Owenership. Due categorie disponibili solo negli U.S.A.

In queste sei categorie abbiamo tutto ciò che ci serve per conoscere il nostro target. Le informazioni sugli utenti sono il punto di forza di Facebook, quindi possiamo aspettarci in futuro una profondità e un allargamento sempre maggiore di questi dati.

Dal sito a Facebook: i Pixel

Se gli strumenti che abbiamo visto finora sono più o meno conosciuti, più o meno utilizzati, ce n'è uno, invece, che nonostante la sua importanza è sicuramente il meno sfruttato: il Pixel.

Partiamo subito col dire che Facebook sta apportando delle modifiche ai vecchi *Pixel di conversione* e monitoraggio e che, data la possibilità, già ora, di utilizzare il nuovo Pixel, parleremo proprio di quest'ultimo.

Abbiamo appena visto che il vero punto di forza di una campagna di advertising su Facebook sta nella possibilità di individuare, puntualmente, il proprio target. Certo, anche tutti gli altri elementi sono importanti, ma un'immagine accattivante è nulla se non viene veicolata alle persone giuste. Facebook fornisce tutte le informazioni importanti sugli utenti e sui loro comportamenti sul social network, ma ci sono altre informazioni che possono essere integrate con queste ultime: i comportamenti di navigazione dei fan sui nostri siti. Integrare ciò che una persona fa su Facebook con quello che fa sul nostro sito ci garantisce un maggiore livello di profondità della conoscenza. Ed è proprio qui che entrano in campo i Pixel. Se sappiamo chi sono i nostri navigatori, cosa fanno, cosa hanno apprezzato e cosa no, possiamo andare a riprenderli su Facebook con un'inserzione *ad hoc*. Il retargeting ci consente di mostrare delle ads alle persone che hanno visitato precedentemente il sito (o solo alcune pagine di esso). Per fare questo basta inserire nel codice HTML della pagina un frammento di codice (il Pixel) che consente di registrare informazioni con questo scopo. Una volta che il Pixel viene attivato, Facebook notifica tutte le visite dei nostri fan, con la possibilità di aggiungere determinate regole (per esempio: utenti che hanno visitato la home page, ma non la pagina prodotti) così da determinare se l'utente rientra o meno nel target che vogliamo individuare. La creazione delle regole è estremamente importante per l'obiettivo che intendiamo raggiungere. Per esempio, se vogliamo aumentare gli iscritti alla newsletter, possiamo creare la regola con

cui individuare tutti i consumatori che hanno visitato la pagina *form*, ma non la *thank you*; in questo modo possiamo implementare una campagna di retargeting solo a quelle persone, prevedendo uno sconto a seguito della registrazione. Cosa succede in questo modo? Eliminiamo dal bacino chi è già registrato e ottimizziamo il nostro budget.
Facebook consente (almeno fino alla fine del 2016) di utilizzare i vecchi Pixel che sono distinti in *Audience Pixel* (con cui analizzare il comportamento degli utenti) e *Pixel di conversione* (per monitorare le conversioni sul sito). Questi ultimi sono utilizzati soprattutto per valutare il risultato di una campagna, dato che restituiscono il numero di persone che hanno effettuato una determinata azione sul sito. I Pixel di conversione sono univoci e vanno inseriti nelle diverse pagine che vogliamo monitorare, con palesi problematiche, tra cui la possibilità che entrino in conflitto tra loro.
Da qui è nata la necessità di creare un unico Pixel che non solo fosse attivo su tutte le pagine del sito, ma che combinasse i due precedenti.
Una volta inserito il Pixel tra la head e il template della pagina, possiamo creare un'audience. Questo può essere fatto in due modi: facendo clic su *Crea pubblico* dalla schermata dei *Pixel* come si può vedere nella Figura 3.32.

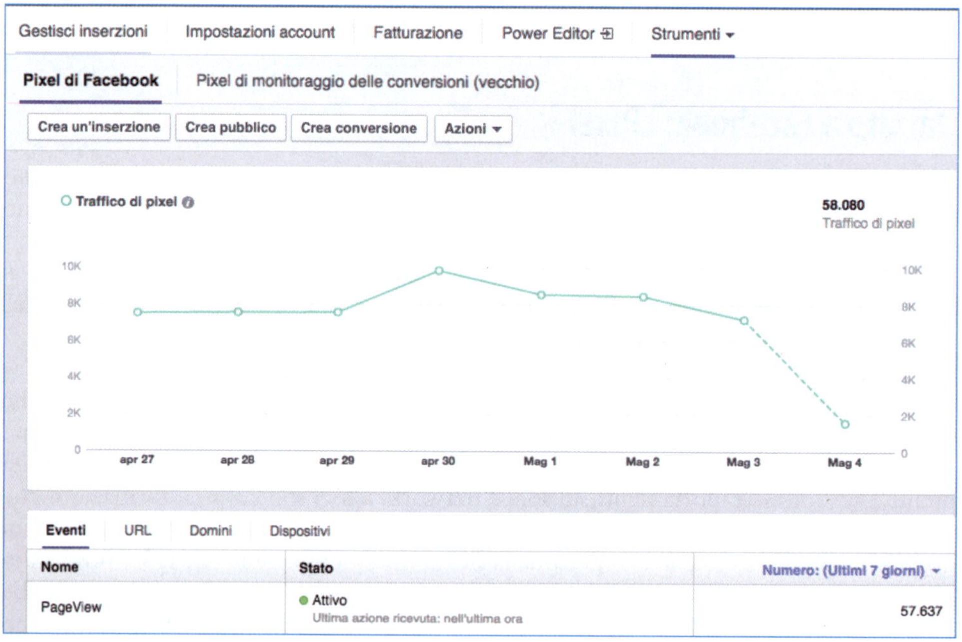

Figura 3.32 Schermata principale dei Pixel (https://business.facebook.com/ads/manager/pixel/facebook_pixel/).

Oppure direttamente da *Pubblico* (Figura 3.33), facendo clic su *Crea un pubblico personalizzato* e poi su *Visite sul sito web*.
In entrambi i casi giungiamo alla Figura 3.34, dove abbiamo la possibilità di inserire le regole che vogliamo analizzare.

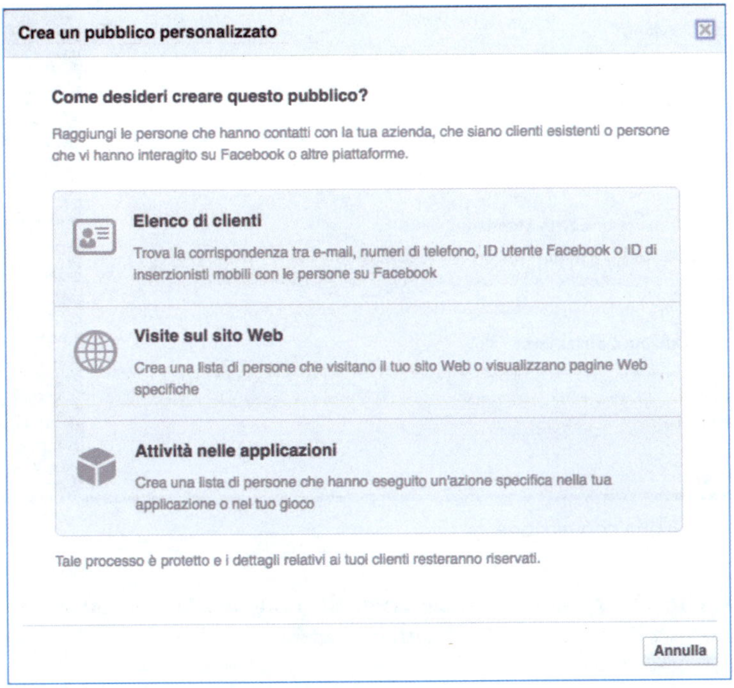

Figura 3.33 L'accesso ai Pixel attraverso la schermata Pubblico.

Figura 3.34 La creazione delle regole da inserire nel Pixel.

Dopo aver creato il nostro pubblico, Facebook comincia a tracciare gli utenti che rispondono alle nostre regole, finché il bacino non diviene abbastanza grande da poter impostare una campagna solo su di esso.
Per creare una conversione, invece, basta fare clic sul pulsante relativo nella pagina dei *Pixel* e scegliere le azioni *Custom Conversions* o *Conversions With Standard Events* (Figura 3.35).

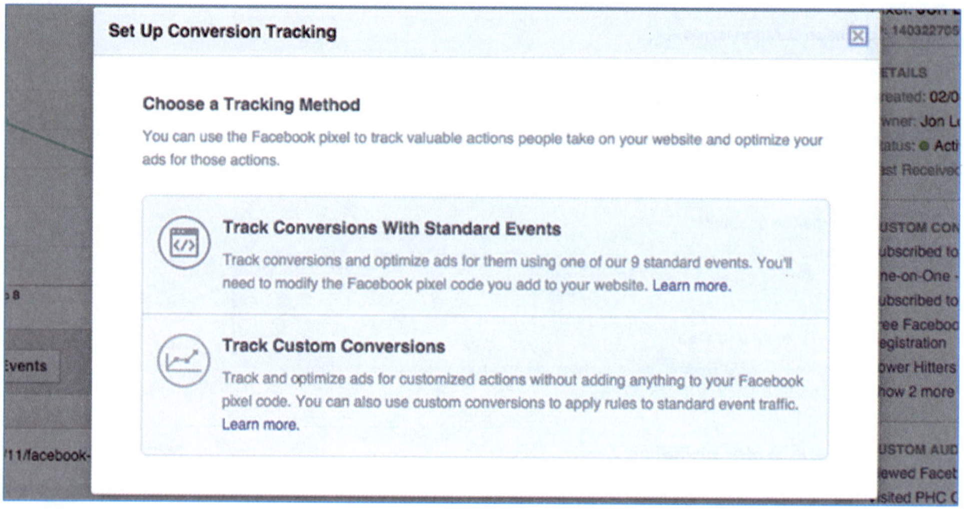

Figura 3.35 La creazione di una conversione.

Qui inseriamo l'URL che può contenere o essere uguale a quello che vogliamo monitorare e aggiungiamo una categoria, solo per aiutare Facebook a descrivere la regola che abbiamo inserito (Figura 3.36).

Figura 3.36 Le regole per una Conversione con Eventi standard.

Se i *Pixel di conversione* custom non necessitano di modificare il codice che abbiamo inserito nel sito, quando si crea un Pixel con *Standard Events* si deve modificare il codice a seconda della pagina.
Gli eventi che si possono tracciare sono nove e ciascuno ha una propria stringa di codice (Figura 3.37).

Website action	Standard event code
Key page view	fbq('track', 'ViewContent');
Search	fbq('track', 'Search');
Add to cart	fbq('track', 'AddToCart');
Add to wishlist	fbq('track', 'AddToWishlist');
Initiate checkout	fbq('track', 'InitiateCheckout');
Add payment info	fbq('track', 'AddPaymentInfo');
Make purchase	fbq('track', 'Purchase', {value: '0.00', currency: 'USD'});
Lead	fbq('track', 'Lead');
Complete registration	fbq('track', 'CompleteRegistration');

Figura 3.37 I diversi eventi e il relativo codice.

Questo è uno degli strumenti più utili e importanti messi a disposizione da Facebook. Può sembrare complicato, ma solo perché viene utilizzato poco. Se si possiede un sito di e-commerce non si può fare a meno del Pixel, ma anche chi non vende online, ma possiede un sito dovrebbe implementarlo. Le informazioni che restituisce sui navigatori, infatti, sono utili a chiunque.

Capitolo 4

Individuare il target

In questo capitolo

- **Studiare e conoscere il pubblico**
- **Definire il target**
- **Pubblico salvato**
- **Pubblico personalizzato**
- **Pubblico simile**

Nel secondo capitolo abbiamo detto che il punto di partenza per l'elaborazione di una buona strategia è l'individuazione del target. È importante capire a chi vogliamo rivolgerci, perché una bella creatività, unita a un messaggio corretto, saranno comunque inefficienti se non incontreranno le persone giuste. Troppo spesso i target delle campagne vengono individuati sulla base di poche componenti (spesso solo demografiche), senza prendere in considerazione altre caratteristiche più rilevanti, ma anche più difficili da definire. Promuovere un'inserzione in questo modo non è solo uno spreco, ma potrebbe trasformarsi anche in un potenziale danno: se sono il soggetto di un annuncio che non mi interessa, molto probabilmente lo nasconderò, andando a incidere, così, sui risultati di tutta la campagna che sarà mostrata a sempre meno persone (per il funzionamento della pubblicità su Facebook che abbiamo visto nel primo capitolo).
In questo senso l'importanza di piazzare il messaggio giusto davanti agli occhi dell'audience corretto non può essere sottovalutata. Un messaggio rilevante che incontra gli interessi di un target preciso sarà sempre più forte di una "pesca a strascico" che cerca di "raccattare qualcosa" tra milioni di persone scelte senza distinzione.
Facebook permette di operare una selezione granulare del profilo del nostro target, grazie a uno dei più grandi agglomerati di dati disponibili su Internet: età, sesso, comportamenti e preferenze di qualcosa come un miliardo e mezzo di persone. Non solo:

un miliardo e mezzo di persone che passano molto tempo su Facebook e Instagram e che, ogni giorno, lasciano sempre nuove informazioni.
Secondo i dati Audiweb, in un giorno medio gli italiani navigano in rete da mobile per 1 ora e 37 minuti, cioè 2.910 minuti al mese. Di questi, 740 minuti li passano su Facebook e 80 su Instagram, cioè quasi il 30 percento di tutti i minuti passati online (Figura 4.1).

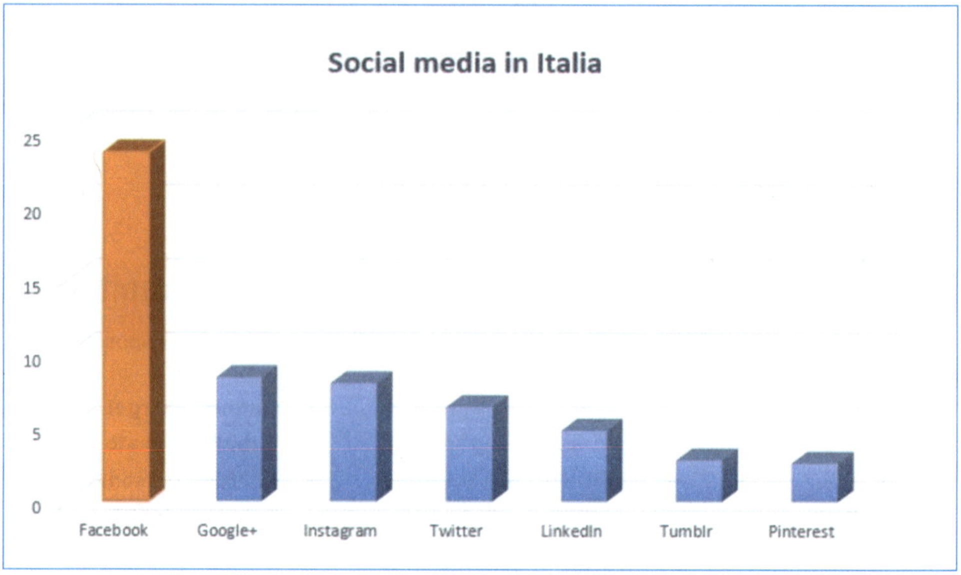

Figura 4.1 I minuti medi passati sui social network in Italia (https://www.webnews.it/2016/04/05/social-media-italia/).

Vi ricordate quando nel primo capitolo dicevamo che tutti i consumatori transitano da Facebook? Ecco.
Facebook in più raggiunge i consumatori a prescindere dal dispositivo che stanno usando (cioè è *cross-device*) e questo da un lato consente di aggregare sempre e comunque i dati di un utente e dall'atro permette agli advertiser di raggiungere le persone ovunque esse siano. Da queste potenzialità derivano possibilità di individuazione del target che vanno ben oltre la mera scelta delle anagrafiche e che dovrebbero essere conosciute e studiate per poter individuare con oculatezza le persone rilevanti a cui vogliamo rivolgerci.

Studiare e conoscere il pubblico

La definizione del target è la circoscrizione di un bacino più ampio sulla base di parametri che riteniamo, di volta in volta, rilevanti. La scelta dei criteri varia a seconda che vogliamo raggiungere le persone che già sono entrate in contatto con noi oppure quelle che ancora non ci conoscono.
Nel caso volessimo parlare a chi è già fan della pagina Facebook o del profilo Instagram – oppure ha visitato il nostro sito web – andremo a prendere proprio quelle persone.

Ovviamente non potremo conoscere nome e cognome, ma grazie ad alcuni strumenti (come i Pixel, per esempio), sapremo per certo che saranno proprio loro i soggetti che già ci hanno fatto visita. Lo studio del target, in questo senso, è più rapido e sicuramente più puntuale.
Se invece vogliamo parlare a persone che non ci conoscono, la situazione cambia. Qui è necessario prima uno studio dei fan e delle loro caratteristiche, per capire quali sono le peculiarità del rapporto tra loro e noi. Dovremo analizzare i dati che abbiamo a disposizione (attraverso gli *Audience Insight* e i *Facebook Insight*) e mediarli con la nostra sensibilità, in modo da trasformarli in informazioni che costituiranno il punto di partenza per scegliere il target. Attraverso Facebook possiamo raggiungere potenzialmente chiunque, ma questo potrebbe essere rischioso. Per non sprecare il budget e avere un costo più basso, il messaggio dovrebbe essere veicolato solo alle persone che con più probabilità effettueranno l'azione richiesta, quindi i cui comportamenti sono più simili a quelli di chi già interagisce con noi: i nostri fan.
Vedremo nelle prossime pagine che le informazioni per segmentare un bacino sono tante (dai dati "classici", come età, genere e localizzazione, fino a quelli più complessi, come interessi e comportamenti) e che potremo districarci tra tutte queste opzioni solo dopo averle apprese a fondo.
Potrebbe succedere, però, che anche dopo aver studiato il nostro pubblico persistano dubbi su quale siano le caratteristiche più rimarchevoli da utilizzare. In questo caso utilizzare gli A/B Test ci aiuta a confrontare uno o più target per individuare quello più ricettivo e, consequenzialmente, concentrare su di esso tutti gli sforzi. Possiamo fare test, dividere i target, raccogliere informazioni con una campagna *drive-to-site* e sfruttare i Pixel per mettere insieme maggiori dati.
Se non abbiamo mai implementato alcuna campagna, se siamo incerti su chi siano davvero le persone che vogliamo andare a colpire, possiamo tranquillamente fare prove e lavorare per ipotesi. L'abbiamo visto parlando di *Gestione inserzioni* e *Power Editor*: la struttura di questi strumenti consente proprio questo: provare, provare e provare ancora, ed è questo il modo migliore per raggiungere l'audience giusta.

Definire il target

Dopo aver studiato il nostro pubblico e averne estratto le caratteristiche peculiari, siamo pronti per definire il target. L'operazione teorica è di trasposizione di quelle caratteristiche su un bacino più ampio, per andare a segmentarlo in modo che siano comprese solo le persone che con maggiore probabilità compiranno l'azione richiesta.
Per individuare il target possiamo far riferimento a due categorie di dati: quelli di Facebook e di società terze oppure quelli posseduti da noi (Figura 4.2).
Sfruttando la prima categoria andiamo a creare quello che Facebook chiama un *Pubblico Salvato* cioè un'audience creata da noi che poi potremo salvare e modificare; con la seconda abbiamo un *Pubblico personalizzato,* ovvero un gruppo di persone di cui abbiamo raccolto informazioni fuori da Facebook. A questi si aggiunge una terza tipologia, che è il *Pubblico simile*: partendo dai nostri dati, Facebook individua automaticamente una nuova audience sulla base di alcune similitudini (Figura 4.3).

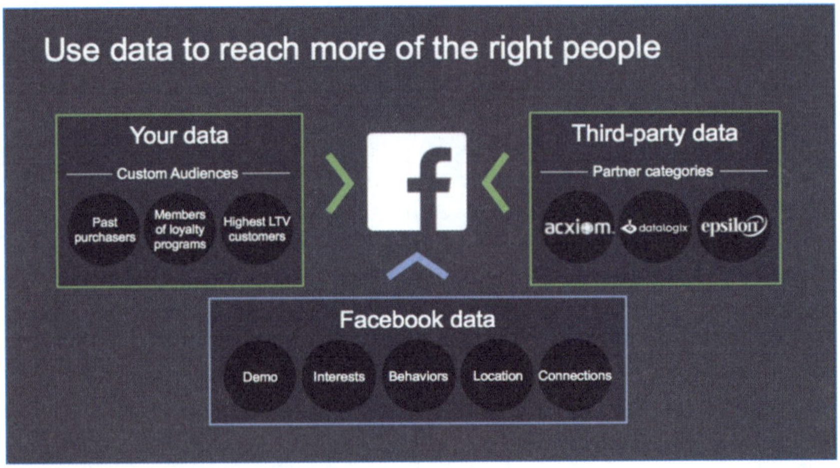

Figura 4.2 Le diverse categorie di dati utilizzate da Facebook per profilare gli utenti (https://www.facebook.com/blueprint).

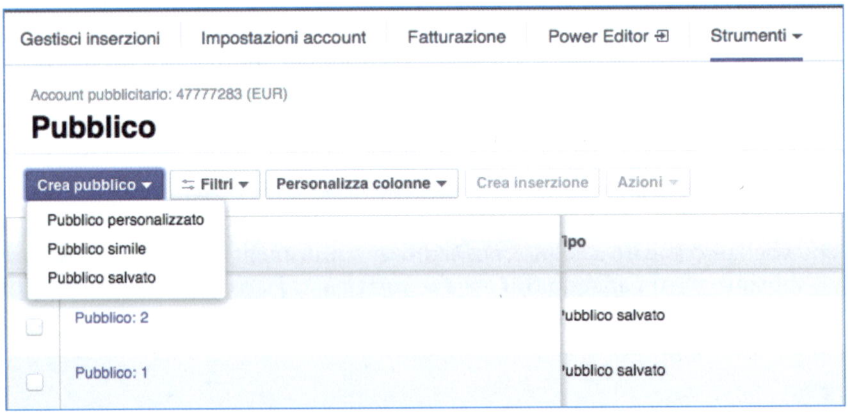

Figura 4.3 La creazione dei diversi pubblici su Facebook (https://business.facebook.com/ads/manager/audiences/).

Il target può essere impostato in fase di implementazione della campagna, quindi attraverso i pannelli di *Power Editor* o *Gestione inserzioni*, oppure attraverso lo strumento *Pubblico*. È consigliabile farlo in quest'ultimo modo, così da poterlo sfruttare anche in futuro e, in caso di A/B Test, da poterlo recuperare velocemente per apportare le opportune modifiche, se necessarie.

Pubblico salvato

Come abbiamo visto poco fa, i pubblici salvati sono quelli che creiamo sfruttando le opzioni di segmentazione messe a disposizione da Facebook. I dati che usa Facebook per generare un *Pubblico salvato* derivano direttamente dalle informazioni che gli utenti

condividono sul proprio profilo e dai comportamenti (apprezzamenti, *in primis*) che mostrano su Facebook. A questi dati si aggiungono quelli delle società terze, che vanno a completare le informazioni con i comportamenti degli utenti anche al di fuori del social network.
Le principali variabili che possiamo utilizzare sono il luogo, le informazioni demografiche, gli interessi, i comportamenti e le connessioni.

Per luogo

Il targeting per luogo permette di individuare solo quelle persone che risiedono in una determinato Paese, regione, provincia o città (o solo una porzione di città).
Queste informazioni provengono dai dati che gli utenti hanno inserito nel proprio profilo e vengono incrociate successivamente con i loro IP, per cui non solo il margine di errore è minimo, ma questo permette di scegliere tra quattro diverse opzioni di localizzazione: selezionare chiunque si trovi in uno specifico luogo, solo chi vive lì, soltanto le persone che si sono trasferite da poco oppure la gente che è lì solo di passaggio (Figura 4.4).

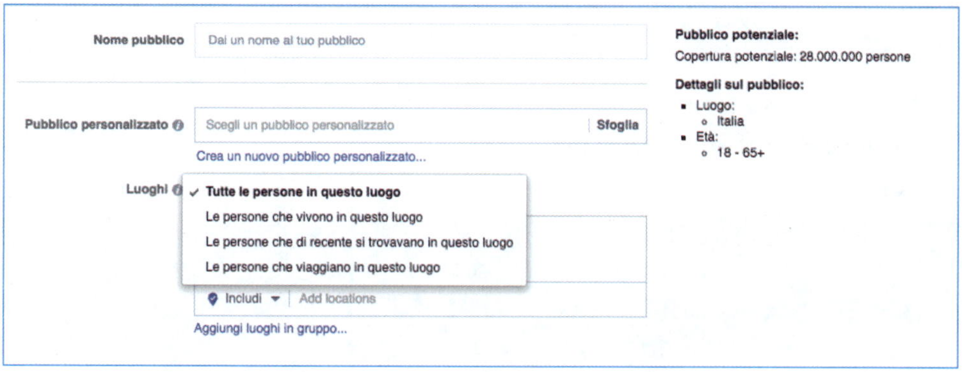

Figura 4.4 La scelta del pubblico sulla base del luogo.

Dopo aver selezionato l'opzione che è più congrua al nostro obiettivo (la minore o maggiore ampiezza del raggio dipende da quello che vorremo comunicare), possiamo andare ad aggiungere o escludere ulteriori luoghi (Figura 4.5). Anche in questo caso il raggio può essere ampliato o diminuito o spostato sulla mappa.
Il livello di profondità al quale possiamo arrivare è molto specifico. Infatti, come possiamo vedere nella Figura 4.6, possiamo decidere di escludere (o includere) anche una precisa via di una città.
Scegliere la localizzazione del nostro target è molto importante e per questo, infatti, è la prima variabile che andiamo a selezionare. Quanto deve essere ampia questa localizzazione dipende da cosa stiamo promuovendo, da quanto è diffuso il nostro business e dal messaggio che vogliamo veicolare. Se, per esempio, abbiamo un prodotto venduto in tutta Italia, possiamo decidere di suddividere i target per zone (Nord, Centro e Sud), così da diversificare i messaggi ed essere più rilevanti. Se abbiamo punti vendita che coprono solo alcune città e vogliamo promuoverli, lo faremo solo su quelle città, escludendo quei consumatori che non potranno poi trovarci nel negozio fisico.

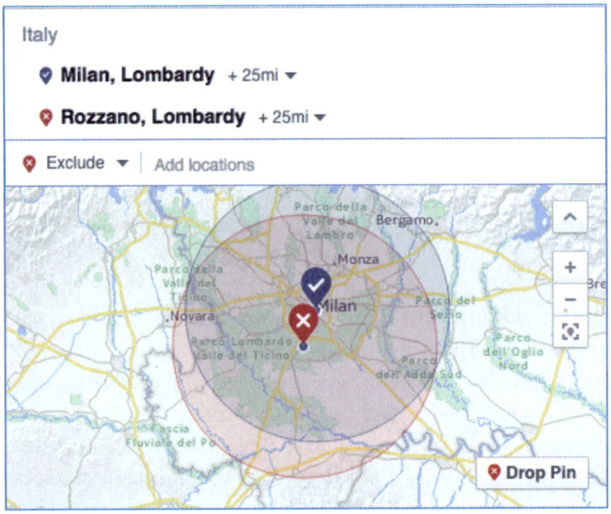

Figura 4.5 La schermata relativa alla definizione del luogo.

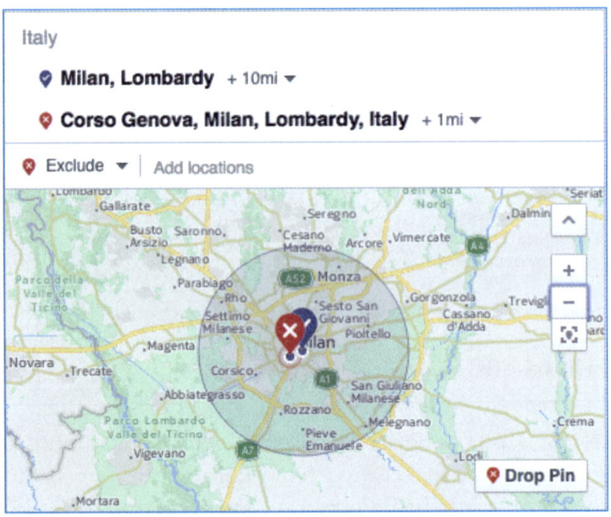

Figura 4.6 Un maggior livello di approfondimento della scelta del luogo.

Per informazioni demografiche

Dopo aver definito in quale luogo si trova il nostro target, andiamo a selezionare le prime caratteristiche demografiche che deve possedere. Come in una piramide rovesciata, si parte dai dati più generici (età, sesso, lingua) per arrivare a quelli più specifici (livello di istruzione, lavoro, stato sentimentale e altri).

Partiamo dal primo pannello: qui selezioniamo prima la fascia d'età sulla quale vogliamo concentrarci, poi se vogliamo includere solo uomini, donne oppure entrambi e infine la lingua (Figura 4.7).

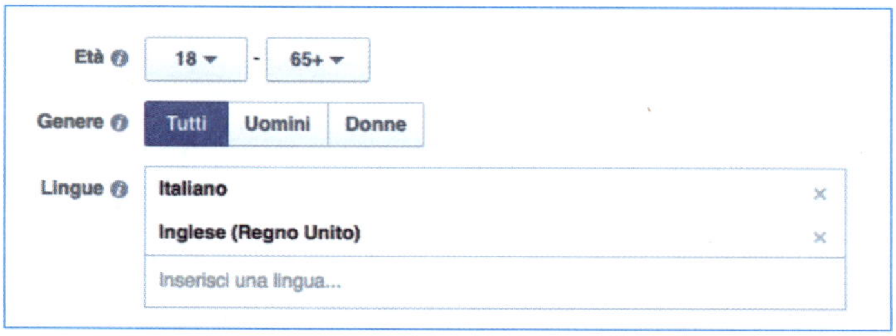

Figura 4.7 Schermata per la selezione delle informazioni demografiche.

La selezione di più lingue, come nella Figura 4.7, è sempre sconsigliata per un problema di messaggio. Piuttosto è meglio identificare due audience differenti sulla base della lingua e andare poi a tradurre i testi per ciascuna di esse. Allo stesso modo, scegliere un target di soli uomini o sole donne ha senso se il contenuto che promuoviamo ha una specificità di genere. Se invece questo si presta bene a una scissione del messaggio a seconda del sesso, è consigliabile creare due audience distinte (stesso ragionamento che può essere fatto con le fasce d'età) per recapitare un messaggio più pregnante a ciascuno gruppo.
Terminata l'identificazione di queste prime tre caratteristiche demografiche, possiamo completare i profili con le altre informazioni che troviamo nel pannello della Targetizzazione dettagliata (Figura 4.8).

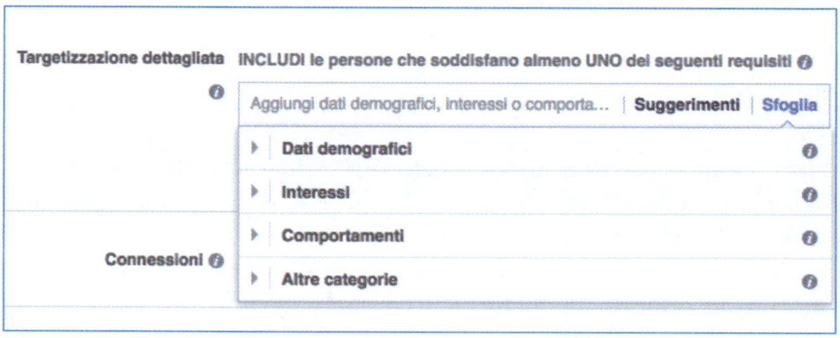

Figura 4.8 La schermata della Targetizzazione dettagliata.

Si tratta di nove categorie che vanno dal titolo di studio alla situazione sentimentale, passando per l'affinità etnica. Queste sono caratteristiche molto specifiche (e con un grado di profondità di scelta maggiore rispetto a quelle viste sopra) che da un lato rappresentano una grande opportunità, ma dall'altro possono costituire un rischio di ipersegmentazione. È importante valutare bene il loro utilizzo e sfruttarle solo nel caso in cui si ritrovasse una piena concordanza con ciò che stiamo promuovendo (Figura 4.9).
La prima selezione che possiamo effettuare è quella relativa agli studi. Facendovi clic si apre un menu a tendina che dà accesso ad altre variabili, per restringere ulteriormente il bacino (Figura 4.10).

Figura 4.9 Le diverse classi per le informazioni demografiche dettagliate.

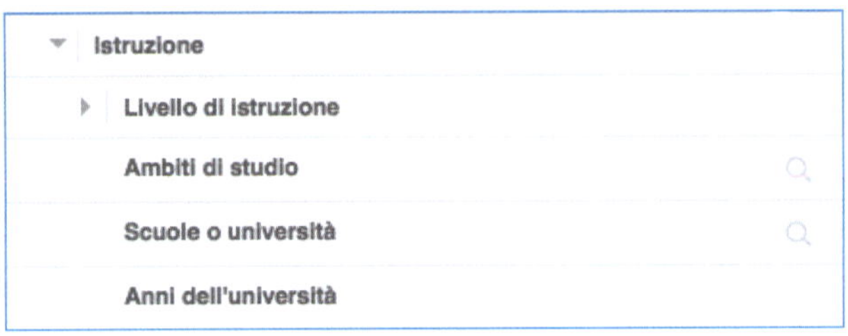

Figura 4.10 Il pannello Istruzione.

Qui possiamo decidere a quali persone e con quale titolo di studio (laureati, master, scuole superiori, dottorandi e così via) vogliamo rivolgere il nostro messaggio. Non solo, attraverso il Livello di istruzione possiamo definire anche il campo specifico dei loro studi. In alternativa possiamo scegliere una scuola precisa, così come individuare gli studenti non ancora laureati oppure quelli che rientrano in determinati anni di corso.

L'*Affinità di etnia* (Figura 4.11) ci permette di scegliere una o più affinità etniche del nostro target. Si tratta di categorie sfruttabili molto più all'estero che in Italia e che, se selezionate, andrebbero a restringere molto il bacino, fino a renderlo inefficace per una campagna.

Figura 4.11 Il pannello Affinità di etnia.

Attraverso la stringa *Generazione* (Figura 4.12) possiamo individuare tre intervalli di età predefiniti in modo automatico e veloce. Selezionando una specifica generazione vengono selezionate tutte quelle persone nate entro una particolare fascia di anni: i *baby boomers* sono quelli nati tra il 1946 e il 1964 (molto pochi in Italia); la generazione nata tra il 1961 e il 1981 rientra nella *Generazione X*; la *Generazione Y* è composta dagli utenti nati tra il 1982 e il 2004, cioè gran parte della popolazione di Facebook.

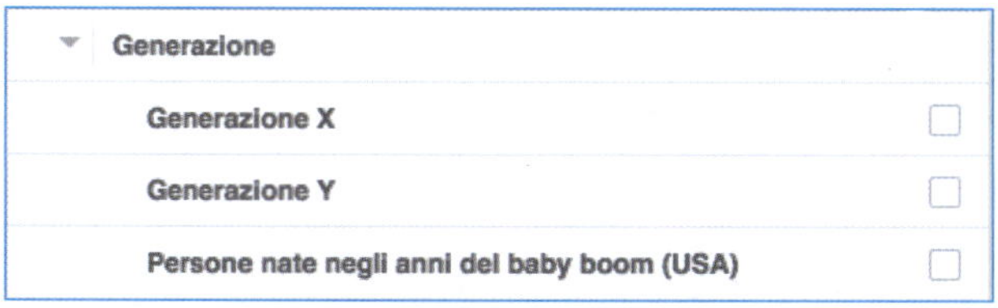

Figura 4.12 Il pannello Generazione.

È un'opzione molto comoda da utilizzare se il nostro business si rivolge a una generazione piuttosto che a diverse fasce d'età.
Facendo clic su *Casa* (Figura 4.13) si apre la riga relativa alla composizione domestica da cui potremo distinguere le persone che vivono in famiglia da quelle che vivono con coinquilini.

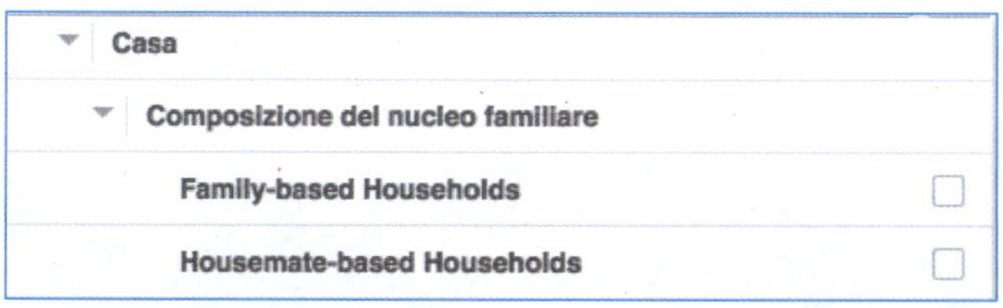

Figura 4.13 Il pannello Casa.

Uno degli aspetti più interessanti delle informazioni demografiche avanzate è quello relativo agli *Avvenimenti importanti* (Figura 4.14). Questi racchiudono alcuni degli eventi più importanti che possono capitare nella vita di una persona e che possono essere oggetto di una campagna *ad hoc* (promozioni, sconti, idee regalo e così via). Oltre che indirizzare la comunicazione proprio a loro, cioè a chi ha appena vissuto un cambiamento importante, possiamo raggiungere anche (o solo) i loro amici (Figura 4.15).
Se abbiamo un prodotto che si rivolge a una particolare fascia d'età che non può essere su Facebook (i bambini fino a tredici anni), possiamo andare a prendere con la nostra inserzione direttamente i loro genitori. Dal pannello *Genitori* (Figura 4.16) abbiamo a disposizione diverse opzioni tra cui scegliere, sulla base della fascia d'età dei figli.

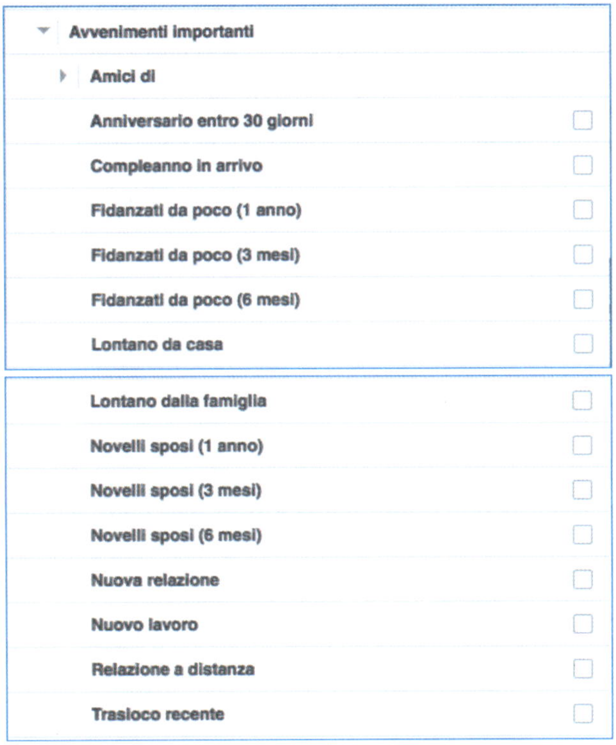

Figura 4.14 Il pannello Avvenimenti importanti.

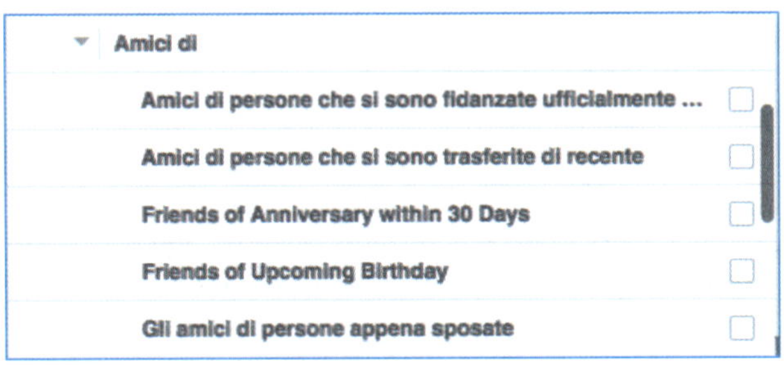

Figura 4.15 Le connessioni per gli Avvenimenti importanti.

Le informazioni demografiche che seguono raggiungono un alto livello di specificità ed è consigliabile usarle solo se costituiscono, effettivamente, una discriminante importante del nostro target.

La situazione sentimentale (Figura 4.17) è divisa in due categorie: da una parte ci sono le preferenze sessuali (Figura 4.18), dall'altra il tipo di relazione in cui si trova una persona (Figura 4.19).

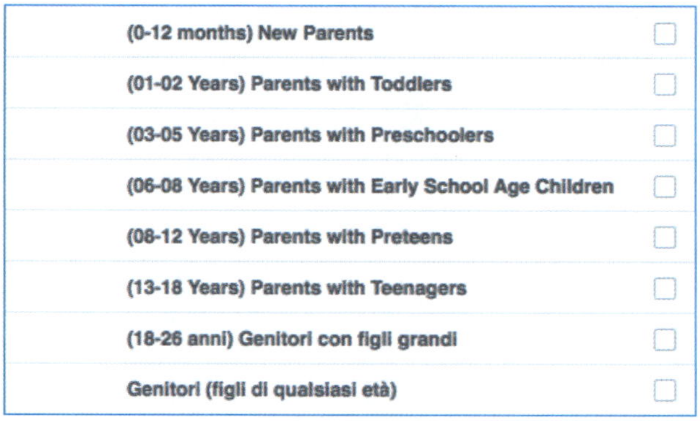

Figura 4.16 Il pannello Genitori.

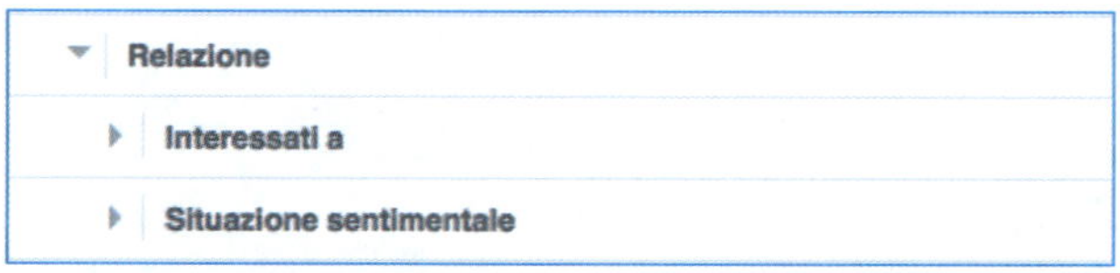

Figura 4.17 Le due categorie del pannello Relazioni.

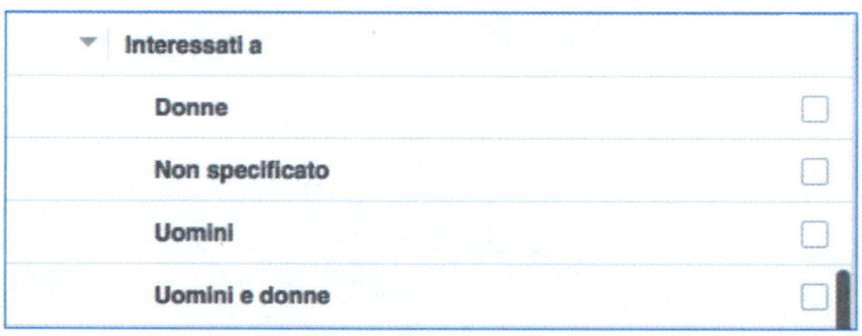

Figura 4.18 La schermata Interessati a.

Figura 4.19 La schermata relativa alla Situazione sentimentale.

Per il lavoro possiamo selezionare una specifica azienda oppure un settore generico, così come il tipo e grado di mansione (Figura 4.20).

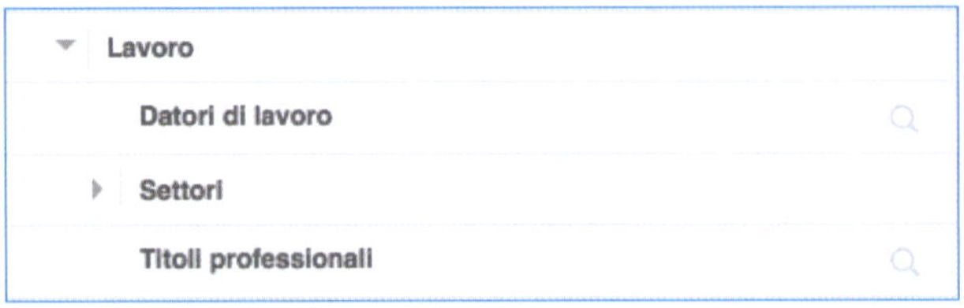

Figura 4.20 La categoria Lavoro.

In ultimo, un'informazione demografica disponibile sono negli USA è quella relativa alle preferenze politiche (Figura 4.21):

Figura 4.21 La schermata Politics.

Nella scelta delle informazioni demografiche (e in generale di ogni variabile per selezionare il target) dobbiamo prestare attenzione al fatto che l'unione di più caratteristiche amplia il target e non lo restringe. Per fare un esempio, selezionando tutti i genitori e tutte le persone che sono divorziate, andiamo a creare un target composto non da tutti i genitori che sono divorziati, bensì dall'unione delle due audience: quindi l'una più l'altra. È importante considerare questo meccanismo di combinazione delle caratteristiche, per evitare di creare un messaggio sbagliato. Qualora volessimo comunicare ai genitori divorziati, sarà meglio creare un target che abbia come sola caratteristica quella di essere divorziato, escludendo i genitori.

Per interessi

Oltre che per luogo e informazioni demografiche, possiamo definire il nostro target in base ai loro interessi. Questi vengono individuati sulla base di quello che le persone condividono sulla propria Timeline, delle pagine di cui sono fan, delle app che hanno usato, delle *Inserzioni* con cui hanno interagito e di altre attività che sono dentro e fuori Facebook e Instagram.

Il pannello da cui sceglierli è lo stesso visto in precedenza, quello della targetizzazione dettagliata (Figura 4.22).

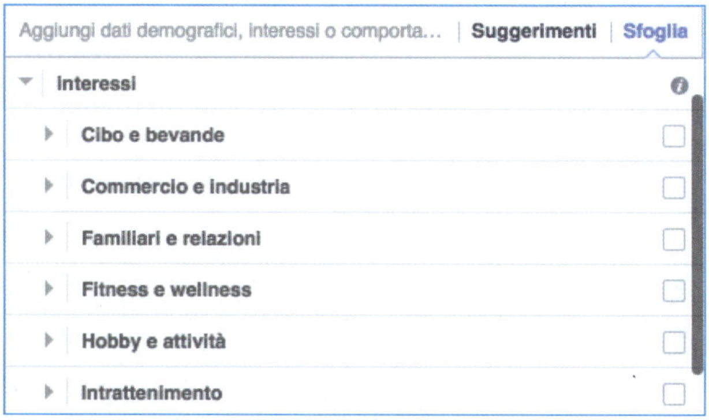

Figura 4.22 Alcuni esempi di Interessi.

Le macro-categorie in cui è possibile navigare sono nove, ma ciascuna ha al suo interno livelli secondari sempre più profondi che sarebbe impossibile (e anche un po' inutile) elencare qui. Ci sono letteralmente milioni di interessi che vanno dai più generici ai più specifici (molto specifici) e il modo migliore per rintracciare quelli che fanno al caso nostro è farsi aiutare dalla stringa di ricerca inserendo le parole chiavi.
Una volta selezionato uno o più interessi, Facebook ci suggerisce tutte le altre possibili combinazioni. Inserendo per esempio la parola "food", abbiamo suggerimenti generici che contengono quella parola (*Fast food*, *Organic Food*) oppure sottocategorie come *Snack* (Figura 4.23).

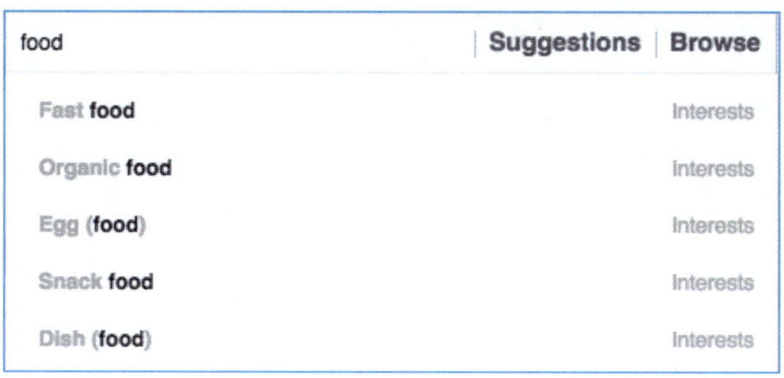

Figura 4.23 Esempio di suggerimenti per parole chiavi.

Gli interessi sono tra le opzioni più utili del Facebook targeting. Ogni volta che implementiamo una campagna, dobbiamo sempre valutare l'inserimento di quelli vicini al nostro business, ma non solo: se abbiamo studiato bene il target possiamo valutare se integrarli con gli altri interessi che lo caratterizzano. Per esempio, se il nostro business riguarda il mondo della cucina, senz'altro inseriremo tra gli interessi tutti quelli legati al food; se attraverso gli *Audience Insight* abbiamo visto, però, che molti dei nostri fan sono anche fan di una pagina di bricolage, possiamo ipotizzare che tra i due interessi (appartenenti a mondi merceologici differenti) ci sia una correlazione e decidere di inserire anche il bricolage come discriminante per la scelta dell'audience.

Per comportamenti

Il modo in cui gli utenti interagiscono online è un indicatore dei loro interessi: attraverso quali dispositivi, quanto spesso e in che modo, ci mostrano il loro comportamento. Queste informazioni vengono elaborate incrociando sia le attività su Facebook sia quelle offline fornite da partner terzi.
Le categorie riguardano la *Consumer Classification,* le *Attività digitali*, gli *Espatriati*, *Utente di dispositivi mobili*, informazioni su *Attività stagionali ed eventi* e, in ultimo, i *Viaggi* (Figura 4.24).

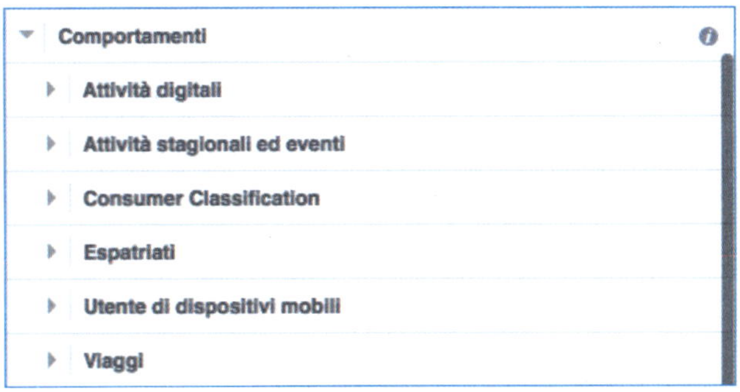

Figura 4.24 Le categorie relative ai Comportamenti.

La prima categoria, quella della classificazione dei consumatori, purtroppo riguarda solo il mercato indiano e non può essere sfruttata pertanto in Italia.
Le *Attività digitali* (Figura 4.25) cominciano a dare un'idea del comportamento digitale dei consumatori tra cui quale sistema operativo usano, se e quanto giocano online, quanto spendono su Facebook e se sono attivi sul social network (essendo amministratori di una pagina oppure creatori di eventi).

Figura 4.25 Pannello delle Attività digitali.

Dopodiché possiamo selezionare altre variabili, come il browser utilizzato, il dominio dell'email, se caricano foto sui profili Facebook, se sono invasati di tecnologia (quindi *Primi utilizzatori delle tecnologie*) e se sono proprietari di un piccolo business (Figura 4.26).

Figura 4.26 Le categorie relative alle Attività digitali.

Continuando sempre con le prime categorie di comportamenti, possiamo selezionare se andare a raggiungere gli espatriati (e in quale nazione) e selezionare il tipo di mobile user a cui vogliamo parlare (Figura 4.27).

Figura 4.27 Schermata relativa a Utente di dispositivi mobile.

Un'ultima categoria è quella dei *Viaggi*, tra cui potremo distinguere chi lo fa per lavoro, i pendolari e i turisti (Figura 4.28).

L'applicazione dei filtri per comportamenti è un po' meno trasversale rispetto a quelle che abbiamo visto finora. Gli aspetti più interessanti dei comportamenti sono quelli che si avvicinano di più agli interessi (come per esempio la sezione dei viaggi o della spesa su Facebook) mentre le altre ci tornano utili se vogliamo filtrare l'audience su particolari dispositivi. Per esempio, se l'app che vogliamo pubblicizzare è disponibile solo per dispositivi iOS, allora avrà senso filtrare gli utenti per dispositivo mobile utilizzato.

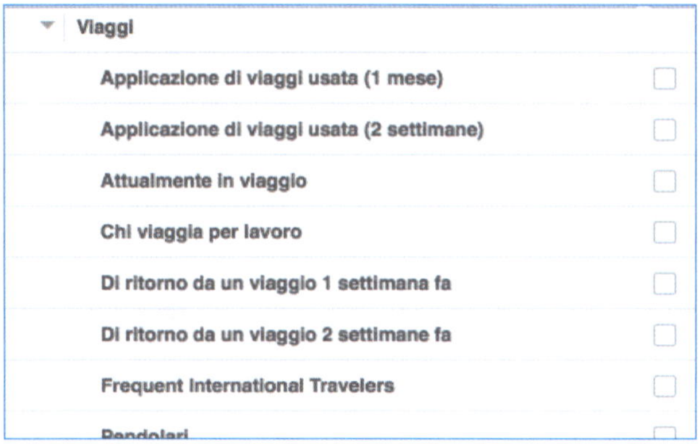

Figura 4.28 Schermata dei Viaggi.

Per connessioni

Le connessioni sono uno strumento molto potente e ci consentono di decidere se includere o escludere dal target le persone che sono in qualche modo collegate con noi. La connessione può riguardare le pagine di cui siamo admin, le app o gli eventi che abbiamo creato. Per tutti e tre questi legami abbiamo tre tipi di opzioni: includere i fan, escluderli, includere gli amici dei fan (Figura 4.29).
È importante sottolineare che le connessioni possono essere attivate per tutte le pagine, eventi o app di cui siamo admin, a prescindere da quella con cui vogliamo fare l'inserzione.

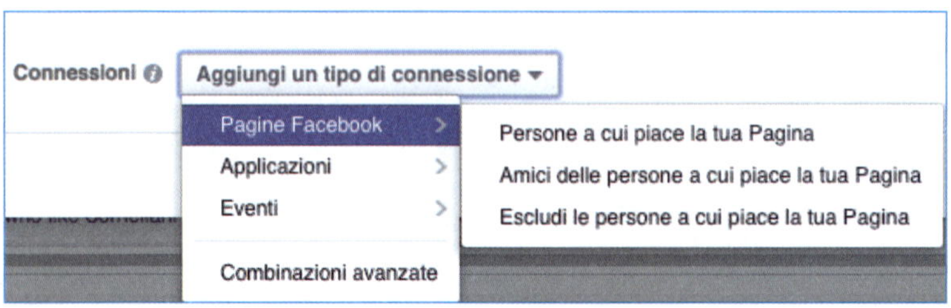

Figura 4.29 Le diverse tipologie di Connessioni.

Oltre alle connessioni standard, Facebook ci consente di creare *Combinazioni avanzate* (Figura 4.30) con cui connettere le opzioni che abbiamo appena visto per diverse pagine, app o eventi.
Il motivo per cui le connessioni sono uno strumento potente risiede nel fatto che ci permettono, innanzitutto, di connetterci automaticamente con tutti i nostri fan. È un aspetto positivo non solo per la riduzione della *reach* organica, ma anche perché rivolgendoci ai nostri fan parleremo soltanto a persone che hanno già espresso un apprezzamento per il nostro brand e per i nostri contenuti, rendendo la comunicazione più facile. D'altro canto, se volessimo promuovere contenuti che i nostri fan hanno già visto, potremo escluderli dal target, così da non tartassarli con una comunicazione che potrebbe essere fastidiosa in quanto già vista.

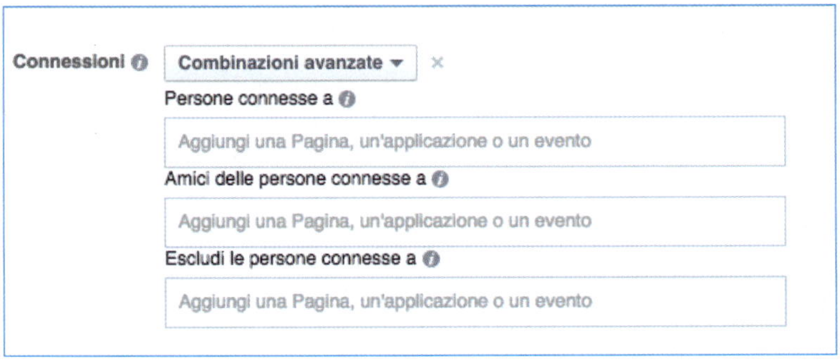

Figura 4.30 Combinazioni avanzate per le Connessioni.

La possibilità di connettersi agli amici dei nostri fan, invece, gioca sul forte impatto che ha il passaparola. Quando sul News Feed vediamo che un nostro amico ha fatto Like o ha commentato un contenuto di una pagina di cui non siamo fan, questo ha un colpo d'occhio maggiore rispetto a una qualsiasi inserzione che ci passi davanti. In questo modo la nostra campagna ha più probabilità di essere notata. Le connessioni possono anche essere combinate con le opzioni di segmentazione che abbiamo visto precedentemente. Poiché è importante fornire solo messaggi rilevanti, grazie a loro possiamo segmentare velocemente i nostri fan in base ad altre caratteristiche (banalmente quelle demografiche) così da ottimizzare il budget. Pensiamo, per esempio, a un'inserzione per un regalo per la festa della donna: converrà includere nel target solo i nostri fan uomini e ottimizzare il budget solo su di loro.

Pubblico personalizzato

Oltre che connettersi con i fan, è possibile individuare un target composto da persone che, in un modo o nell'altro, sono entrate in contatto con il nostro business fuori dal social network e che possiamo far diventare il target della nostra campagna su Facebook. Con un *Pubblico personalizzato* andiamo a creare un'audience che converte di più e con un livello di specificità maggiore, in quanto composto da persone che hanno una connessione con noi e che già conosciamo. Questo può essere creato in tre modi (Figura 4.31): da un database di dati (*Elenco clienti*); dai visitatori del nostro sito (*Visite sul sito web*); dagli utilizzatori della nostra app (*Attività nelle applicazioni*).

Elenco di clienti

Sono molti i dati dei nostri consumatori che possiamo avere: indirizzi mail da precedenti iscrizioni, numeri di telefono, liste di consumatori potenziali. Queste informazioni possono essere caricate su Facebook per effettuare un confronto con gli iscritti al social network e rintracciare una concordanza tra i due gruppi. Quando il processo di confronto sarà terminato, verrà creata automaticamente un'*audience salvata* sul nostro pannello e tutti i dati criptati che abbiamo caricato saranno cancellati (per preservare la privacy). Pertanto, non possiamo avere i dati specifici delle persone che lo compongono, ma sappiamo per certo che saranno proprio loro.

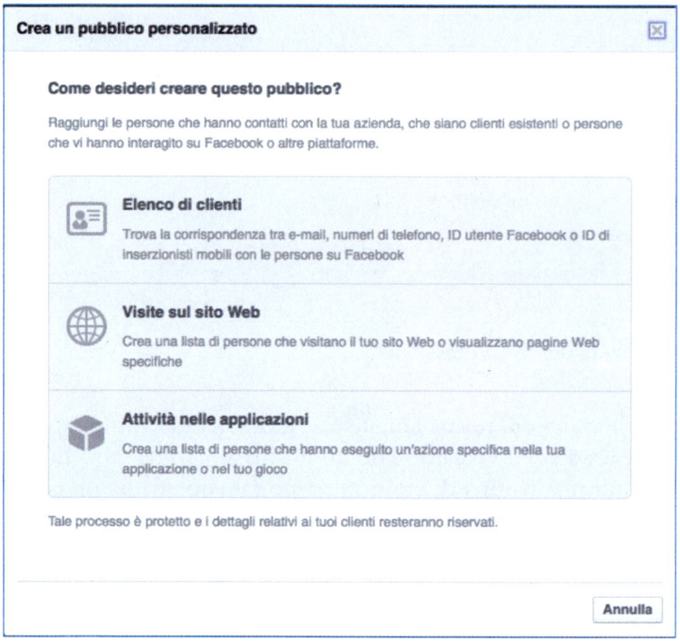

Figura 4.31 Schermata per la creazione di un Pubblico personalizzato.

Ma come funziona nello specifico?
Dopo aver selezionato *Elenco di clienti* dal pannello che abbiamo visto poco fa, scegliamo quali dati inserire.

Figura 4.32 Come creare un Pubblico personalizzato da un Elenco di clienti.

Possiamo caricare un file testo o un documento CSV (Figura 4.33), copiare direttamente nel box i nostri dati (Figura 4.34) oppure importarli dal servizio MailChimp (Figura 4.35).

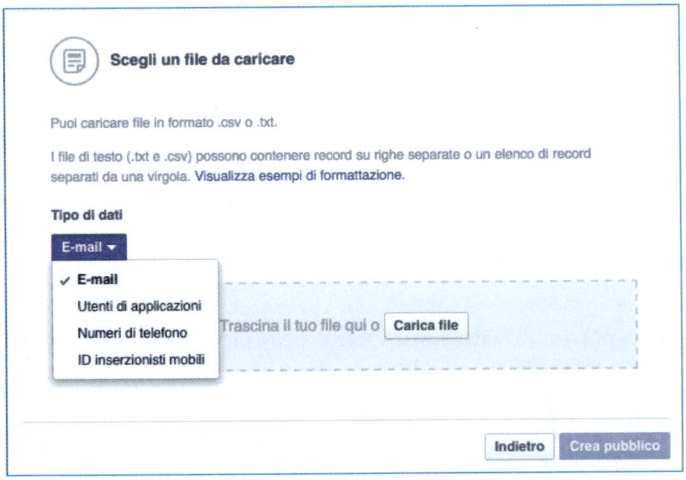

Figura 4.33 La schermata di upload degli Elenchi di clienti.

Figura 4.34 La schermata per copiare e incollare un elenco di clienti.

Dopo aver creato e salvato l'audience, possiamo combinarlo con i filtri che abbiamo visto nelle precedenti pagine, raffinando così ancora di più il bacino. In alternativa, qualora volessimo evitare di recapitare loro un messaggio possiamo escluderlo dalla campagna per ottimizzare il budget.

Figura 4.35 La schermata per importare l'Elenco di clienti da MailChimp.

Le applicazioni di un pubblico personalizzato sono varie e possono rispondere a molti obiettivi. Pensiamo, per esempio, a una campagna di acquisizione fan. Se abbiamo appena aperto la pagina Facebook, ci sono molte probabilità che chi ci ha già lasciato un indirizzo mail (o altri dati) sia interessato a restare in contatto con noi. Impostando la campagna su questo target, quindi, potremo avere costi più bassi raggiungendo risultati migliori.

Visite sul sito web e Attività nell'applicazione

Abbiamo visto nel capitolo dedicato agli strumenti a cosa servono i Pixel e come installarli. Grazie a loro possiamo creare un'audience formata dai visitatori del nostro sito (o solo da quelli che hanno compiuto determinate azioni sulle pagine) per trasformarli in target di una nostra campagna.
Un equivalente dei Pixel utilizzabile per le app è il Facebook SDK, un *Software Development Kit* che integra facilmente la nostra app con Facebook e ci consente di creare un *Pubblico personalizzato*.
In entrambi i casi lo scopo è quello di collegare Facebook con i dispositivi esterni, per poi rintracciare le persone giuste e inviare loro il nostro messaggio.
Come tracciare i comportamenti sui siti con i Pixel l'abbiamo già visto, vediamo invece ora come farlo per un'app.
Dopo aver selezionato *Attività nell'applicazione* dal pannello di creazione di un *Pubblico personalizzato*, andiamo a selezionare il tipo di azioni che vogliamo tracciare. Per esempio possiamo decidere di rintracciare tutti quegli utenti che hanno installato l'app, ma non l'hanno mai avviata. Dopo selezioniamo da quando, indietro nel tempo, vogliamo misurare i risultati. Una volta che abbiamo settato gli eventi, l'audience verrà salvata e comincerà a registrare i risultati (Figura 4.36).

Pubblico simile

All'inizio di questo capitolo abbiamo detto che, quando andiamo a rintracciare un nuovo target, questo dovrebbe avere caratteristiche simili ai nostri fan attuali. In questo modo, infatti, aumentiamo le probabilità che tra i due gruppi ci siano somiglianze e, di conseguenza, aumentiamo anche la probabilità (o, almeno, così auspichiamo) che il nuovo target risponda in maniera positiva alla nostra campagna.

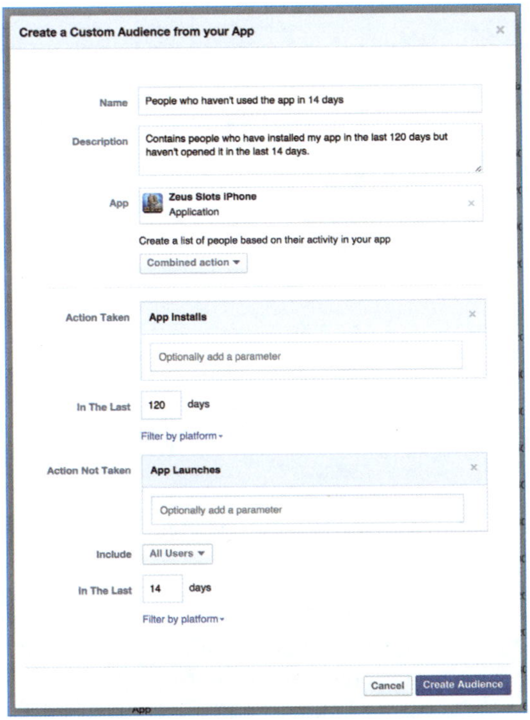

Figura 4.36 Come creare un Pubblico personalizzato dalle Attività nell'applicazione.

Facebook mette a disposizione uno strumento che facilita questo processo e lo automatizza. Il *Pubblico simile*, difatti, è un modo per raggiungere nuove persone che è probabile siano interessate al nostro business, perché hanno caratteristiche simili a quelle dei nostri fan. Queste somiglianze vengono confrontate direttamente da Facebook, quindi non dobbiamo impostare nulla né applicare filtri.

Il *Pubblico simile* può essere costruito a partire da un *Pubblico personalizzato* oppure da una pagina che gestiamo (Figura 4.37).

Il processo di costruzione è automatico e può essere integrato con ulteriori opzioni di segmentazione, che andremo a definire a posteriori.

Possiamo scegliere di creare un'audience simile a quella dei visitatori del nostro sito, oppure scegliere solo coloro che hanno visitato una particolare pagina o che hanno effettuato determinate azioni. Insomma, in base alle regole che abbiamo definito per il nostro Pixel, ritroveremo così il target somigliante. Questo, quindi, significa che possiamo concentrarci anche solo su quelle persone che hanno voluto convergere maggiormente sul sito, per aumentare, con il *Pubblico simile*, quelle conversioni.

La seconda fonte da cui partire può essere una delle Fanpage che gestiamo. In questo modo andiamo a identificare quelle persone che condividono con i nostri fan similitudini in termini di pagine di cui sono fan, interessi e caratteristiche. Questo target, poi, può essere profilato ancora di più con le informazioni ricavate dagli *Audience Insight*.

Dopo aver scelto la fonte primaria da cui partire per creare il pubblico, possiamo selezionare il Paese e la dimensione che l'audience dovrà avere.

Figura 4.37 La creazione di un Pubblico simile.

Se restiamo nell'1 percento, ottimizziamo per somiglianza, ma abbiamo una *reach* stimata più bassa. Se invece vogliamo aumentare il bacino, alzeremo la percentuale.
Completati questi passaggi, il nostro nuovo target sarà pronto per essere bersagliato dalla nostra campagna.

Capitolo 5

Definire gli obiettivi da raggiungere

In questo capitolo

- **Conoscere gli obiettivi e scegliere le inserzioni più corrette**

Quando abbiamo parlato di strategia, nel Capitolo 2, abbiamo sottolineato che gli obiettivi delle Facebook Ads non sono i nostri obiettivi di business, bensì i mezzi che ci aiuteranno a raggiungerli. Un obiettivo aziendale, infatti, non è legato in modo univoco a un solo obiettivo Ads, ma può essere raggiunto con formati differenti (oppure con una combinazione di più campagne). Pensiamo per esempio all'aumento delle vendite del prodotto: possiamo attivare una promozione in-store da comunicare con un "Raggiungi le persone vicine alla tua azienda" così come optare per un "Richiedi offerta" da redimere online oppure in negozio. Stesso obiettivo di business, due obiettivi di Ads. Quindi, nella definizione degli obiettivi, questi dovranno essere scelti valutando quelli che secondo noi ci porteranno nel modo più efficiente (quindi col costo minore) al risultato voluto.

Prendiamo un altro esempio. Se volessimo aumentare la brand awareness del nostro marchio o prodotto, ci potremmo trovare a dover scegliere fra tre obiettivi Facebook differenti: potremmo scegliere il formato di *Brand Awareness* (quello che, già dalla definizione, sembrerebbe il più corretto), ma anche quello di *Promuovi la tua pagina*, oppure *Metti in evidenza i tuoi post*. In tutti e tre i casi raggiungeremo nuove persone con lo scopo di renderle consce della nostra esistenza. I tre obiettivi, però, hanno costi e respiri temporali differenti. Promuovere un post costa meno che portare un nuovo fan sulla pagina, ma con il secondo avremo la possibilità di coinvolgere a lungo termine la persona con uno storytelling più affinato. Se invece non cerchiamo una relazione duratura, ma pensiamo che un "bombardamento" mirato e

limitato a un periodo temporale breve sia ciò che meglio farà espandere l'*awareness* del nostro brand, investiremo il budget su un obiettivo di *Brand Awareness* o di promozione del post. Allo stesso modo, se abbiamo a disposizione un budget poco cospicuo, il fatto di attivare una campagna di acquisizione fan per aumentare l'*awareness* potrebbe essere poco efficiente, perché troppo dispendioso. Torna ancora una volta la dimostrazione che Target-Obiettivi-Costi sono un trittico legato da un filo diretto e inscindibile.
Dopo aver creato e salvato i nostri target, possiamo scegliere per ciascuno di essi l'obiettivo più corretto in base a quanto budget abbiamo a disposizione. Infatti se sappiamo (perché lo abbiamo studiato) che il nostro target ha tassi di conversione limitati, creare una campagna con obiettivo *drive-to-site* potrebbe non essere la scelta giusta. Dovremmo trovare una soluzione differente (per esempio una Canvas Ads) per far sì che le persone siano colpite dal nostro messaggio, trovino tutte le informazioni che avrebbero trovato sul nostro sito, e compiano l'azione che ci aspettiamo, il tutto a un costo minore.

Conoscere gli obiettivi e scegliere le inserzioni più corrette

Per scegliere la campagna più corretta, in modo che ci sia una concordanza con gli obiettivi aziendali e un'ottimizzazione del budget, dobbiamo prima capire come sono "costruiti" gli obiettivi delle Facebook Ads. Queste non sono tutte uguali e sono create ciascuna con un proprio scopo, cioè sono strettamente legate all'azione che vogliamo che il nostro target compia e, di conseguenza, alle specifiche della creatività. Questa diversificazione è stata sviluppata per assecondare le diverse necessità che noi advertiser potremmo avere. Infatti, se abbiamo la necessità di mandare gente sul sito, vogliamo che i clic non vengano dispersi: il formato *drive-to-site*, pertanto, è costruito in modo che ogni azione intrapresa sugli elementi della creatività riconduca l'utente alla pagina web, massimizzando così i clic al sito. La promozione di un'offerta renderà più facile e immediata la sua richiesta, così come un Page Likes sarà invece impostato in modo da rendere palese la promozione della pagina.
Perciò, prima di scegliere l'obiettivo, dobbiamo chiederci cosa vogliamo raggiungere con la nostra inserzione e qual è il risultato auspicato, cioè che azione ci aspettiamo venga compiuta sulla nostra campagna. Questa è una risposta alla domanda che abbiamo scritto nelle righe precedenti, cioè qual è il risultato di business che ci aspettiamo scaturisca dalla nostra inserzione. Una volta che abbiamo trovato la risposta, la confrontiamo con gli obiettivi disponibili e andiamo a scegliere quello più giusto per noi.
Come abbiamo già visto, la scelta dell'obiettivo è il primo passo operativo nella creazione di una pubblicità su Facebook e nel pannello di *Gestione inserzioni* si ritrova sotto il "cappello" della *Campagna* (Figura 5.1).
A giugno 2016 Facebook ha modificato la schermata relativa agli obiettivi, raggruppandoli per obiettivi di business, come in Figura 5.2. Questa nuova visualizzazione è ancora in fase di implementazione, pertanto potrebbe non essere visibile a tutti.
La differenza con la schermata di Figura 5.1 è solo nell'organizzazione che, in questo modo, rende più chiaro a quali obiettivi di business rispondono gli obiettivi di advertising su Facebook. La differenza sostanziale che va notata è che è possibile indicare già a livello di *Campagna* che tipo di costo vogliamo scegliere, se per *Asta* oppure per *Reach and Frequency*.

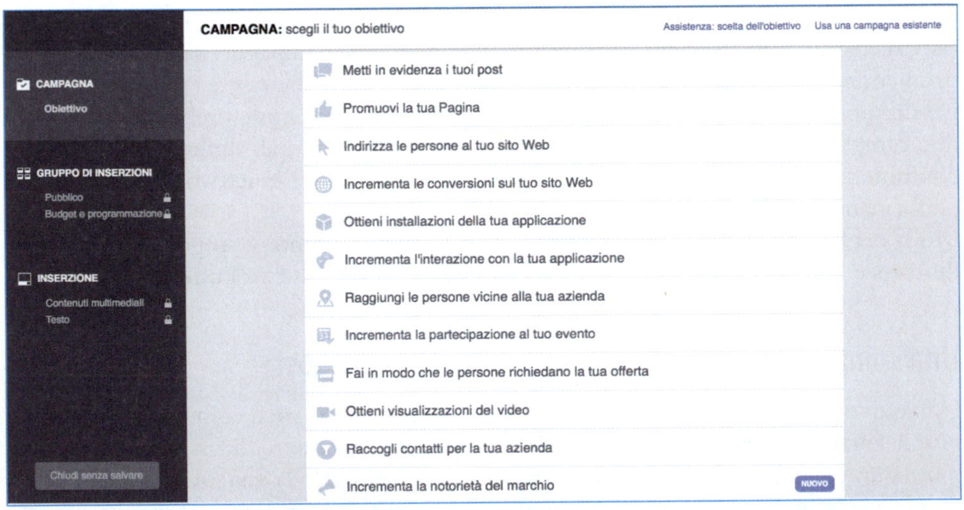

Figura 5.1 Gli obiettivi di una campagna (https://business.facebook.com/ads/manager/).

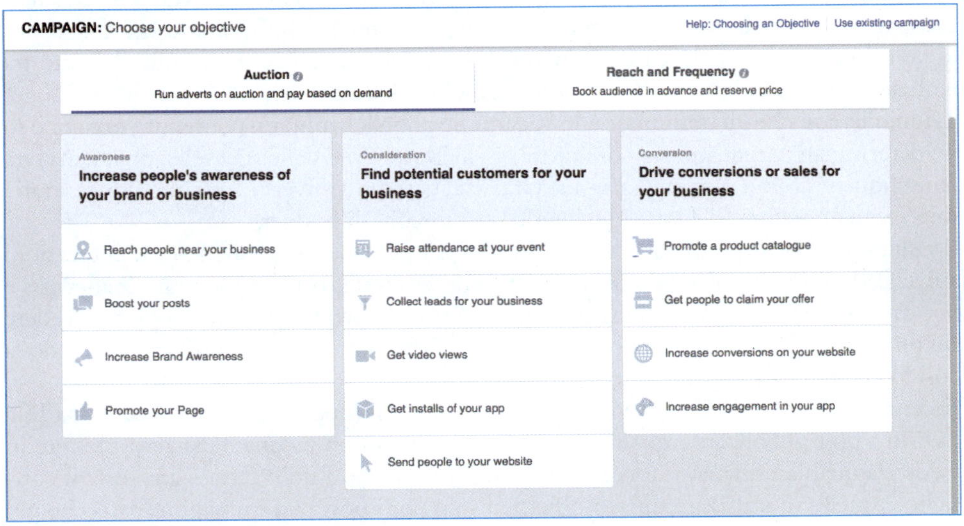

Figura 5.2 La nuova schermata degli obiettivi in roll out da giugno 2016.

NOTA

La *Reach and Frequency* è un tipo di costo molto simile a quello usato in ambito televisivo. Qui, infatti, l'acquisto degli spazi media avviene concentrandosi sul numero di persone che l'inserzione può raggiungere e sul numero di volte che il target sarà esposto al messaggio. Facebook, con l'importanza sempre maggiore dei video, ha deciso di introdurre questa possibilità anche sul suo Social Network. Così gli advertiser potranno prevedere il numero di persone da raggiungere, controllando la frequenza delle inserzioni.

Gli obiettivi tra cui possiamo scegliere sono dodici e per ciascuna campagna possiamo associarne solo uno. Pertanto, se volessimo testare diverse campagne, ne dovremo creare una per ciascun obiettivo. Tuttavia, un test del genere, potrebbe essere controproducente per una possibile sovrapposizione del target. A questo scopo, quindi, sarebbe meglio creare due campagne con due obiettivi diversi in due archi temporali differenti. Dopodiché confrontare i risultati e impostare una terza campagna con l'obiettivo che ha avuto le performance migliori.
Molti degli obiettivi sono abbastanza intuitivi; ciononostante è importante capire le differenze e le peculiarità di ciascuno di essi per poterne valutare l'utilizzo.

Una spinta ai contenuti, mettendo in evidenza i post

L'obiettivo del *Metti in evidenza i tuoi post* è quello di aumentare il coinvolgimento di un post del piano editoriale pubblicato sulla nostra pagina. Il numero di fan non corrisponde più al numero di persone che possiamo raggiungere, in quanto la *reach* organica si è ridotta sensibilmente e pertanto i nostri contenuti raggiungono una porzione sempre minore della fanbase. Per garantire una copertura maggiore, spesso risulta necessario mettere in evidenza il post. Attraverso *Power Editor* possiamo creare anche un dark post che non compare sulla pagina, ma viene utilizzato esclusivamente per l'inserzione. Immaginiamo di voler mettere in evidenza un contenuto solo per l'audience femminile della nostra fanbase. Creando un dark post avremo la possibilità di metterlo in evidenza solo sul target femminile, così che gli uomini non lo vedano. Se pubblichiamo un contenuto organico su un determinato target, questo comparirà, sì, sul News Feed del target selezionato, ma sarà comunque visibile a tutti sulla pagina. Grazie ai dark post, invece, possiamo concentrarci solo su una porzione del target, evitando così sprechi di budget.
Il risultato auspicato è quello di raggiungere più persone per aumentare le interazioni a livello di like, commenti e share. Questo può essere fatto per aumentare l'*awareness* e per dare consistenza alla nostra storia. Inoltre gli amici del nostro target possono vedere sul proprio Feed le azioni intraprese dai loro contatti con il nostro post, aumentando la cosiddetta viralità del contenuto.
Facendo clic sull'obiettivo *Metti in evidenza il post*, compare una stringa con una lista di tutti i post pubblicati e quelli programmati sulla nostra pagina. Possiamo mettere in evidenza qualsiasi formato di post – da uno solo testuale a un'offerta – anche se il consiglio è quello di utilizzare questo obiettivo solo per i post con immagine, dato che per gli altri formati (video, link, offerta) esistono obiettivi specifici.
Dopo aver selezionato il target, la pianificazione e il budget, la nostra campagna è pronta, e si presenta come in Figura 5.3 sul desktop e come in Figura 5.4 sul mobile.
Se il target selezionato comprende anche i non fan, nella parte superiore sulla nostra inserzione compare il pulsante *Diventa Fan*. Per quanto questo non sia l'obiettivo primario di un Boost Post, si tratta comunque di un vantaggio non da poco, utile a portare nuovi fan sulla pagina.
La promozione di un contenuto può essere selezionata anche (o solo) su Instagram.
In questo caso, però, la campagna non ha un pulsante per seguire il profilo (anche se il target è di non fan), ma si presenta solo come un'immagine sponsorizzata (Figura 5.5).

Figura 5.3 Esempio di un Metti in evidenza i tuoi post sul desktop.

Figura 5.4 Esempio di un post messo in evidenza su mobile (https://www.facebook.com/business/ads-guide).

Figura 5.5 Esempio di un post messo in evidenza su Instagram.

Raggiungere nuove persone e far conoscere la pagina

Quando si apre una nuova pagina Facebook, lo si fa principalmente per creare un luogo di condivisione e di interazione con le persone che sono interessate a noi. Un luogo in cui persone e azienda possano conversare. Non si tratta del solo obiettivo, ma è sicuramente tra i più importanti. Avere un alto numero di fan ci aiuta a dare consistenza alla nostra comunicazione (non solo social) e ad aumentare le probabilità di un passaparola positivo che apporti valore alla nostra azienda. Se da una parte ci sono le persone che ci vengono a cercare, e che già ci conoscono, dall'altra ci sono tante altre persone che potrebbero non essere a conoscenza della nostra azienda e che, pertanto, andranno ricercate e raggiunte. I Page Likes, quindi, sono il punto di partenza per costruire una relazione con le persone che sono (o potrebbero essere) interessate a noi. Raggiungere nuovi fan è un obiettivo a lungo termine che deve essere tenuto vivo, quotidianamente, con il nostro storytelling. Infatti se da un lato non è così difficile aumentare la fanbase, è senz'altro più difficile fidelizzarla, mantenerla viva e desiderosa di conversare con noi. Come dicevamo prima, bisogna valutare questo aspetto prima di decidere se vogliamo avere più fan o meno. Altrimenti, per farci conoscere, possiamo scegliere altri obiettivi. Come ci suggerisce Facebook stesso, se il nostro scopo è quello di raggiungere nuove persone per catturare la loro attenzione, possiamo prendere in considerazione anche il formato *Brand Awareness*.

La scelta dell'uno o dell'altro dipende dal tipo di comunicazione che vogliamo promuovere, da quanto è a lungo respiro e dal desiderio o meno di voler intraprendere con i nuovi utenti una relazione più o meno duratura. Come si diceva qualche pagina

prima, Facebook andrebbe riconsiderato come un luogo in cui ci sono 28 milioni di potenziali consumatori e non c'è bisogno che siano nostri fan per comunicare con loro, ma possiamo farlo, di volta in volta, scegliendo l'obiettivo Ads più corretto.
Quando si sceglie di promuovere la propria pagina, la campagna viene ottimizzata per raggiungere quella porzione di target che con maggiore probabilità compirà l'azione richiesta e si presenterà con il pulsante Diventa fan bene in vista per aumentare questa probabilità (Figura 5.6).

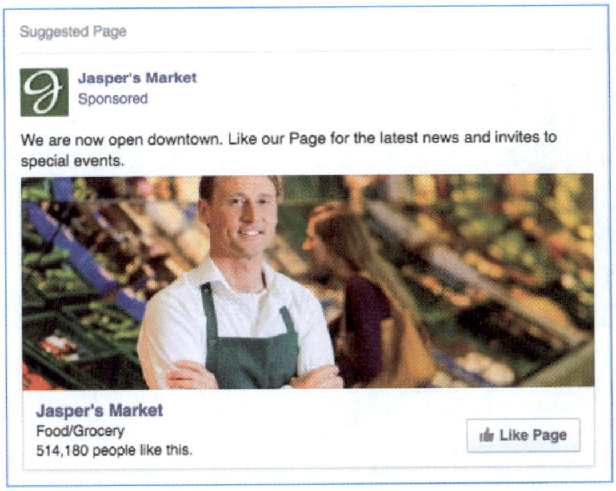

Figura 5.6 Esempio di un'inserzione che ha l'obiettivo di promuovere la pagina.

Quando un utente diventa fan della nostra pagina, l'azione viene mostrata sul suo profilo ed è visibile anche ai suoi amici, aumentando in questo modo la probabilità di generare nuovi Mi piace. Al momento questo obiettivo non è disponibile per Instagram, pertanto se volessimo aumentare i nostri follower con una campagna pubblicitaria, dovremo farlo utilizzando formati differenti.

Da utenti a visitatori: traghettare i fan al sito

Facebook è un ottimo luogo per generare conversazioni, fare storytelling e attivare comunicazioni tattiche; tuttavia non può prescindere da altri mezzi proprietari, tra cui spicca il sito web. Per quanto la tendenza del Social Network sia quella di essere autosufficiente e tenere gli utenti sempre al suo interno (pensiamo agli Instant Articles, che danno la possibilità di leggere direttamente su Facebook gli articoli degli editori, oppure ai Canvas Post, che sono mini-siti in cui è possibile inserire molte più informazioni che in un semplice post) il sito web resta la fonte primaria per dare ai nostri utenti gli approfondimenti necessari sui nostri prodotti e sulla nostra azienda.
Facebook funziona molto bene come trampolino di lancio per portare i fan al nostro sito. I clic sono più alti che su altri Social Network e il costo per raggiungere un utente è più basso rispetto ad altri strumenti, quali per esempio AdWords.
Dopo aver inserito il link del nostro sito web (o della pagina specifica su cui vogliamo rimandare gli utenti), abbiamo la possibilità di associare alla campagna un Pixel per monitorare le conversioni e per tracciare il comportamento degli utenti.

Oltre a scegliere di promuovere un solo link (Figura 5.7), con il formato creativo del Carosello possiamo mostrare più immagini e associare a ciascuna di essa un link univoco (Figure 5.8 e 5.9).

Figura 5.7 Esempio di un'inserzione con obiettivo Indirizza le persone al tuo sito web.

Figura 5.8 Utilizzo del formato Carosello per un'inserzione su desktop.

Figura 5.9 Esempio mobile di un'ads con obiettivo drive-to-site con creatività carosello.

Inoltre, possiamo anche utilizzare un video per spingere le persone a visitare il nostro sito (Figura 5.10).

Figura 5.10 Esempio di inserzione drive-to-site con l'utilizzo di un video.

Nell'inserzione possiamo aggiungere un pulsante di *call to action*, così che gli utenti siano spronati maggiormente a fare clic (li vedremo nello specifico parlando dei formati e delle creatività). Questo obiettivo può essere selezionato anche su Instagram. Il Social Network non permette ai post organici di avere un link sul quale fare clic; in questo modo, invece, possiamo ovviare a questa impossibilità e utilizzarlo come canale *drive-to-site*. Una creatività di questo genere si differenzia da un contenuto sponsorizzato proprio per la presenza del pulsante di *call to action* (Figura 5.11).

Figura 5.11 Inserzione drive-to-site su Instagram.

Tracciare e aumentare le azioni dei fan sul sito

Un obiettivo simile a quello appena visto è quello relativo alle conversioni. Mentre con l'obiettivo precedente il nostro scopo primario era quello di mandare le persone su una particolare pagina del nostro sito che poi possiamo monitorare inserendo il Pixel, qui l'inserimento del pixel è necessario, perché il nostro scopo è quello di tracciare le azioni del pubblico sul nostro sito. Nel primo caso, quindi, l'analisi dei costi è sui clic al sito, nel secondo è sulle conversioni. Una conversione è, per l'appunto, un'azione specifica compiuta sul sito, come per esempio effettuare una registrazione, aggiungere un prodotto al carrello o completare un acquisto. Se lo scopo della nostra campagna non è semplicemente quello di portare visitatori al sito, ma di fargli effettuare una di queste azioni, allora questo è l'obiettivo giusto per noi.

Scegliendo questo obiettivo dobbiamo necessariamente inserire un Pixel con *Standard Events*. Li abbiamo già visti, si tratta di quei frammenti di codice univoci e diversificati sulla base dell'azione che vorremmo tracciare.

Da un punto di vista di immagine, l'Ad si presenta come quella che abbiamo visto in precedenza e, in questo caso, l'inserimento di una *call to action* è ancora più importante, dato che anticiperà all'utente l'azione che gli stiamo richiedendo.

Avete sviluppato un'app? Fatela conoscere!

Se abbiamo creato un'app, il nostro obiettivo è innanzitutto quello di trovare nuovi utenti, di allargare il più possibile il bacino degli utilizzatori spingendo quante più persone possibile a installarla. Lo possiamo fare sia con un'immagine sia con un video e, in entrambi i casi, possiamo aggiungere una *call to action* per spingere le persone a compiere una determinata azione. Potremo scegliere tra le seguenti opzioni.

- *Installa subito.*
- *Usa.*
- *Acquista.*
- *Prenota ora*: per consentire agli utenti di prenotare qualcosa attraverso la nostra app.
- *Gioca.*
- *Ascolta.*
- *Guarda di più.*
- *Scarica.*
- *Scopri di più.*
- *Registrati.*

Se pubblicizziamo un'app desktop, la relativa campagna compare sul News Feed del nostro target come in Figura 5.12.

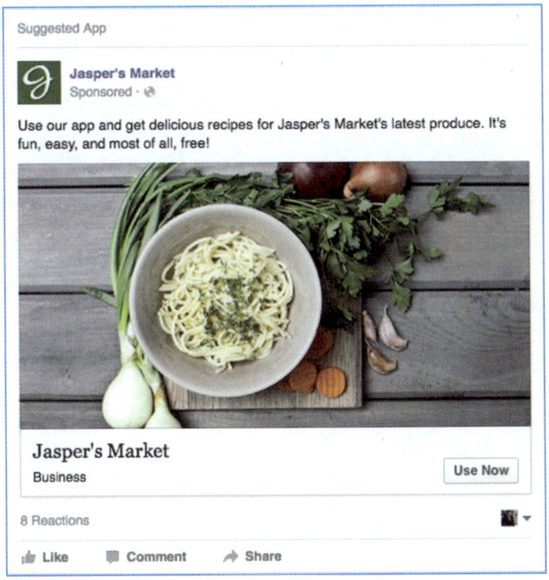

Figura 5.12 Esempio di una campagna con obiettivo Ottieni installazioni sulla tua applicazione.

Se invece la nostra app è mobile, sul *News Feed mobile* del target compare come in Figura 5.13.

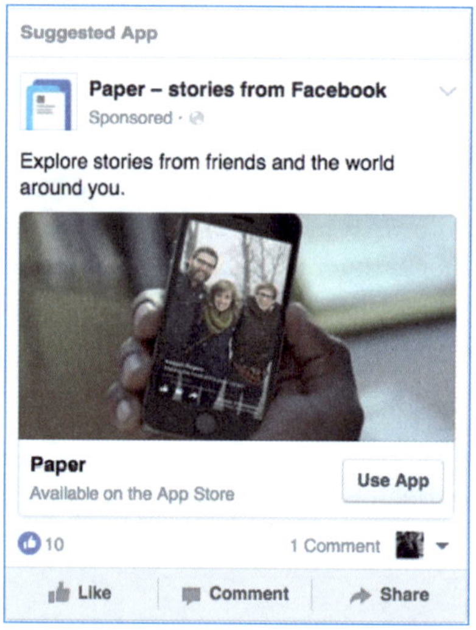

Figura 5.13 Esempio del formato mobile di una campagna per ottenere installazioni dell'app.

Per quanto riguarda Instagram, invece, in entrambi i casi la campagna si vede come nella Figura 5.14 oppure con un *Carousel*, qualora avessimo scelto più immagini per sponsorizzarla.

Figura 5.14 Esempio del formato Instagram.

Trovare nuovi utilizzatori della nostra app

Un altro obiettivo riguardante la nostra app è quello di aumentare il livello di coinvolgimento degli utenti che l'hanno già scaricata. Se nel caso precedente abbiamo incoraggiato le persone a scaricarla, qui vogliamo persuaderli a usarla.
Attraverso il pannello di *App Engagement* possiamo inserire il link di un'area specifica (per esempio la pagina di registrazione), in modo da spingere il target a compiere una particolare azione. In questo modo gli utenti non atterrano sulla pagina di installazione (poiché l'hanno già fatto), ma direttamente sulla schermata per noi rilevante. Qualora dovessimo raggiungere anche chi non l'ha ancora scaricata, questi vengono ricondotti automaticamente alla pagina di download.
Anche in questo caso, come per l'obiettivo precedente, possiamo aggiungere dei pulsanti di *call to action* per dare maggiore forza alla nostra campagna.

Raggiungere nuove persone vicine al nostro punto vendita

Facebook non è solo un canale buono per comunicare promozioni o attività online; può servire anche per portare gente nei nostri negozi fisici. Se abbiamo un punto vendita e vogliamo trovare nuovi clienti oppure comunicare un'offerta speciale, Facebook mette a disposizione un formato che ci permette di raggiungere, automaticamente, tutte le persone che si trovano entro un determinato raggio da noi. Rispetto agli altri obiettivi, dove possiamo selezionare un target che abbiamo salvato oppure impostarlo sulla base di alcune caratteristiche come gli interessi o i comportamenti, qui lo possiamo fare esclusivamente sulla base del luogo (Figura 5.15).

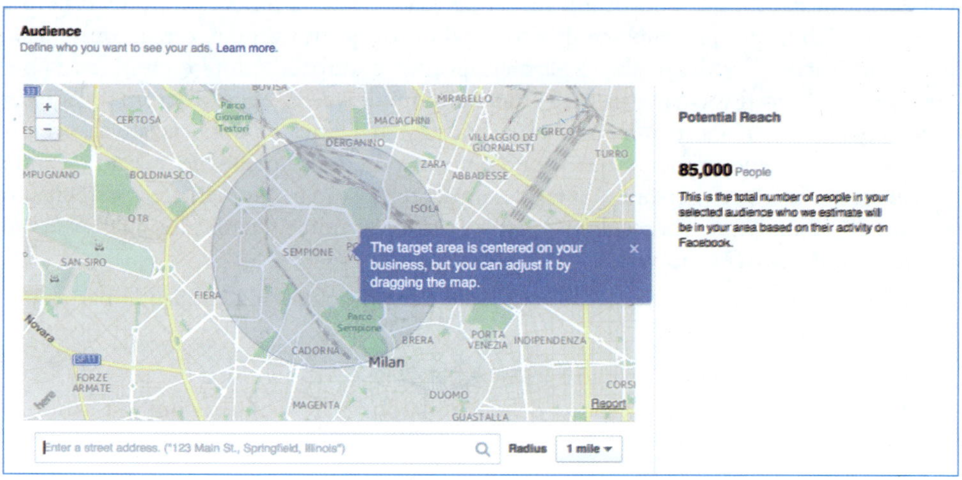

Figura 5.15 Selezione del target per una campagna con obiettivo Raggiungi nuove persone vicine al tuo punto vendita (https://business.facebook.com/ads/manager/).

Questo formato di campagna, quindi, facilita la selezione dell'audience sulla base del luogo e ci restituisce un'indicazione di quante persone si trovano entro il raggio selezionato. Come detto, quindi, scegliendo questo obiettivo non possiamo aggiungere altri filtri se non quello geografico.

L'inserzione si presenta con un pulsante nella parte inferiore (Figura 5.16) che consente di ottenere le informazioni utili per raggiungere il punto vendita.

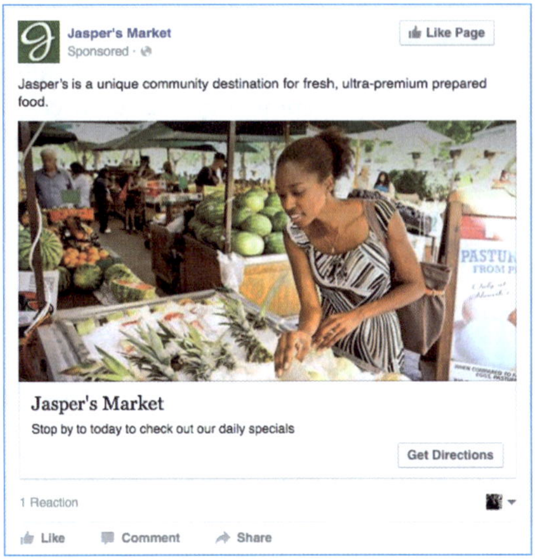

Figura 5.16 Visualizzazione di un'inserzione.

È qui la festa? Aumentare i partecipanti al nostro evento

Gli eventi su Facebook sono ottimi mezzi per dare risalto a un'occasione speciale per la nostra azienda, per promuovere qualcosa nel nostro punto vendita o per comunicare un evento particolare di cui siamo partner, sponsor o altro. Gli scopi e gli obiettivi per crearne uno sono diversi, ma in ogni caso potremmo aver bisogno di promuoverli per raggiungere più persone e farlo conoscere ai nostri fan. Prima di pubblicizzare un evento, dobbiamo aver bene in mente quali sono i nostri obiettivi e perché lo stiamo creando (se per raggiungere più persone, per farlo conoscere oppure per aumentare i partecipanti potenziali), di conseguenza scegliere la giusta ottimizzazione. Difatti gli obiettivi su cui possiamo focalizzarci sono vari.

- *Risposte agli eventi*: l'ad viene mostrata alle persone che è più probabile parteciperanno al nostro evento.
- *Impressions*: l'inserzione viene mostrata a più persone possibili.
- *Post Engagement*: l'ottimizzazione è volta a massimizzare le interazioni in termini di like, commenti e share.
- *Reach giornaliera*: la campagna viene mostrata a quante più persone possibili, ma con una frequenza minore, quindi al massimo una volta al giorno.
- *Aumentare le vendite dei biglietti*: qualora con il nostro evento volessimo vendere dei biglietti, l'ad sarà ottimizzata per questo scopo.

Per pubblicizzare un evento dobbiamo prima crearne uno; lo possiamo fare direttamente attraverso la nostra pagina inserendo tutte le informazioni necessarie come in Figura 5.17.

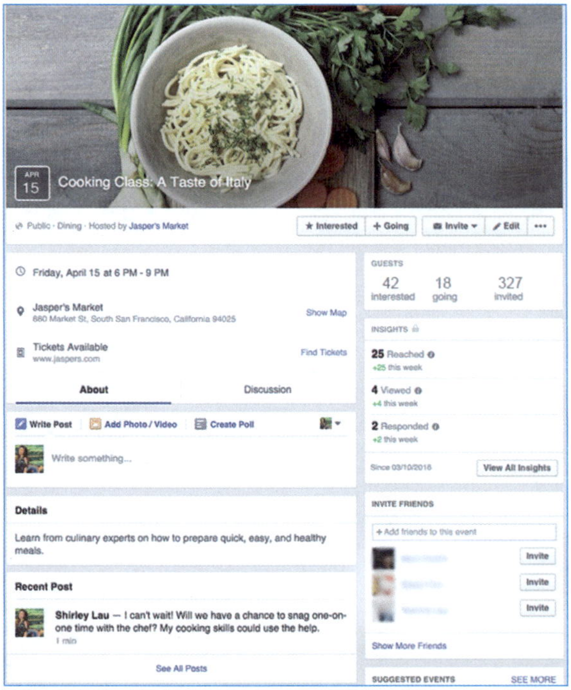

Figura 5.17 Come creare un evento su Facebook.

Dopo aver fatto partire la nostra campagna, il target può confermare la partecipazione all'evento oppure può interagire con il post con like, commenti e share (Figura 5.18).

Figura 5.18 Visualizzazione di un'inserzione che sponsorizza un evento.

Sconti, promozioni, voucher... basta scegliere l'offerta, e Facebook la promuove

Con le offerte possiamo spingere i nostri fan a provare il nostro prodotto oppure utilizzarle per aumentare le vendite. Se le abbiamo già create dalla nostra pagina, possiamo scegliere quale promuovere selezionando quella che ci interessa, come in Figura 5.19.

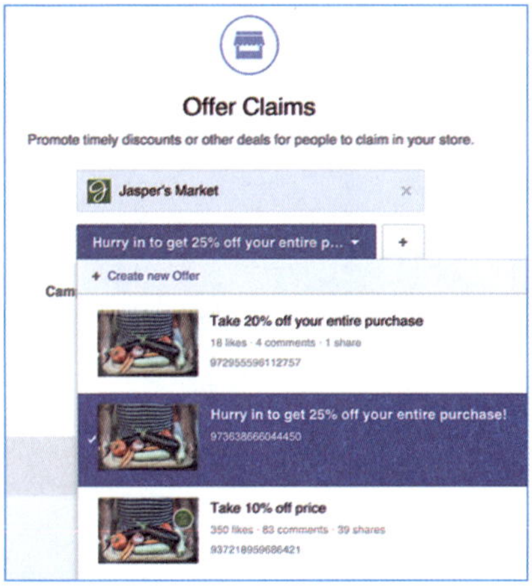

Figura 5.19 La scelta di un'offerta nella creazione di una campagna su Gestione inserzioni.

Altrimenti, così come abbiamo visto per gli eventi, dobbiamo prima crearne una. In questo caso andiamo a decidere il tipo di offerta che vogliamo promuovere, per quanto tempo farla durare, chi può vederla e quante persone possono richiederla: un numero stabilito oppure indefinito, fino alla fine della promozione (Figure 5.20 e 5.21).

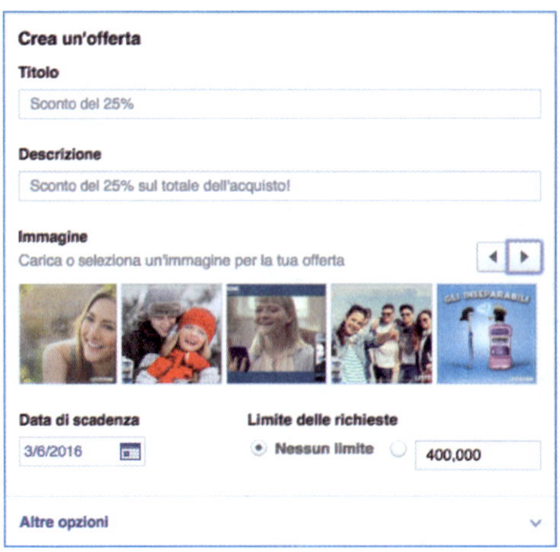

Figura 5.20 Come creare un'offerta su Facebook.

Dopo aver creato e sponsorizzato la nostra offerta, l'ad si presenta come un coupon o uno sconto che gli utenti possono poi redimere.

Aumentare le visualizzazioni del video

Facebook sta puntando molto sulla forza dei video e con le novità introdotte da poco (i video a 360 gradi o le dirette) è palese che li voglia rendere uno dei suoi punti di forza. Un contenuto video, infatti, è un strumento potente per creare coinvolgimento (soprattutto online), ma anche per comunicare prodotti, informazioni e creare *awareness*.

Figura 5.21 I passaggi successivi per la creazione di un'offerta.

La sponsorizzazione può riguardare sia un video vero e proprio (da caricare direttamente dal pannello *Ads* oppure da scegliere tra quelli già caricati nella nostra gallery) sia uno slideshow di immagini che viene montato come video. Le ads si presentano con una miniatura selezionata da noi con un pulsante Play al centro (Figure 5.22 e 5.23).
Alla fine del video possiamo inserire una *call to action* per spingere gli utenti a scoprirne di più (per esempio sul nostro sito) oppure a procedere con l'acquisto sul nostro shop online.

Figura 5.22 Visualizzazione di un video sponsorizzato su Facebook.

Figura 5.23 Visualizzazione di un video sponsorizzato su Instagram.

Raccogliere i dati dei fan con le Leads Ads

Uno degli obiettivi più recenti introdotti da Facebook riguarda le Leads Ads. Queste consentono di creare un form che gli utenti possono compilare direttamente sul social network fornendoci le informazioni di cui abbiamo bisogno. Se per esempio vogliamo aumentare gli iscritti alla newsletter non dobbiamo più creare un'ads *drive-to-site* che punti al form di iscrizione, ma ci basta creare una Leads Ads con cui chiedere gli indirizzi mail. Dopo aver selezionato l'obiettivo, a livello *Inserzione* troviamo il modulo per la creazione del form (Figura 5.24).

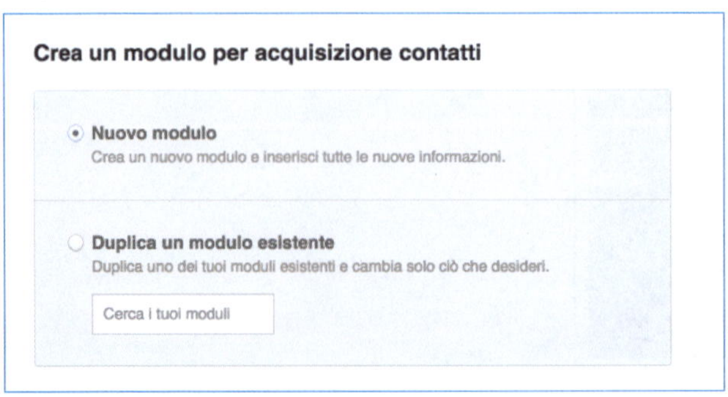

Figura 5.24 Come creare un modulo per acquisire contatti (business.facebook.com/ads/manager/).

Questo è personalizzabile con risposte aperte, a scelta multipla e campi di contatto (Figura 5.25) che ci consentono di raccogliere le informazioni di cui abbiamo bisogno.

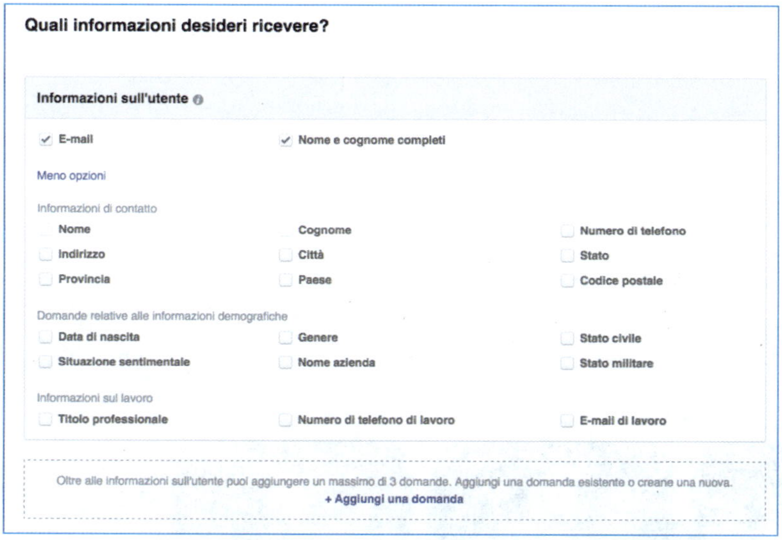

Figura 5.25 La selezione delle informazioni da richiedere nel modulo.

Possiamo inoltre scegliere tra tre domande aggiuntive (Figura 5.26).

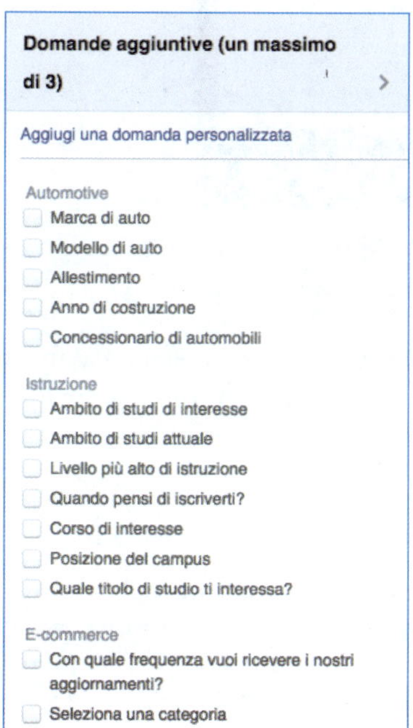

Figura 5.26 Le domande aggiuntive da inserire in un modulo.

Oppure scrivere una domanda personalizzata (Figura 5.27).

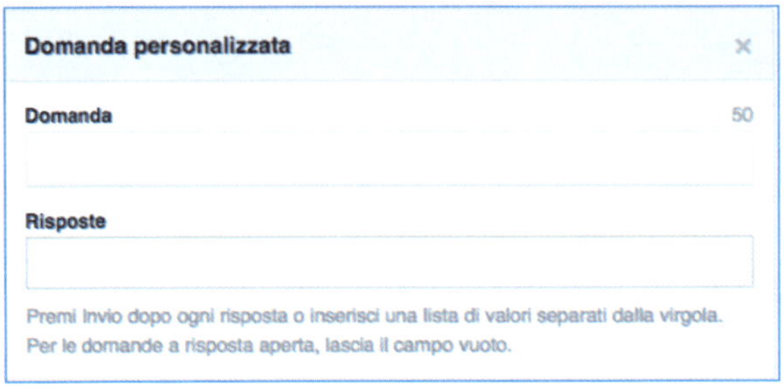

Figura 5.27 Scrivere una domanda personalizzata in un modulo.

Quando la nostra campagna è pronta, si presenta al nostro target come in Figura 5.28.

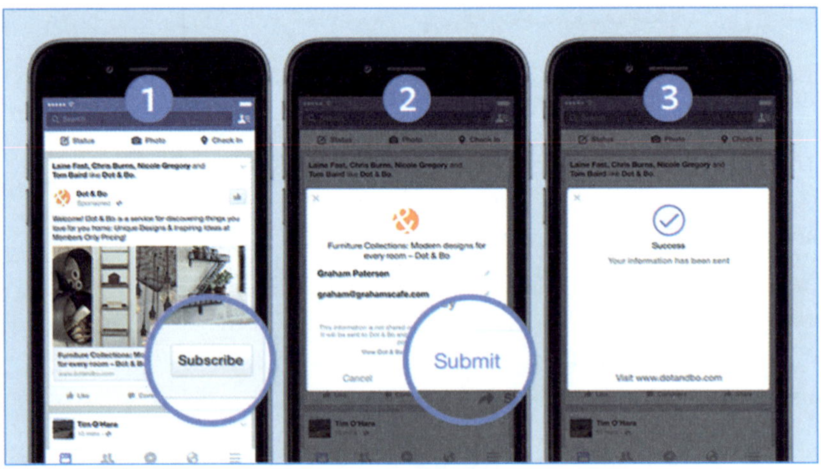

Figura 5.28 I passi per la compilazione di un modulo su Facebook (https://www.facebook.com/business/news/lead-ads).

Dopo aver fatto clic sul pulsante della *call to action*, gli utenti vengono rimandati al form che abbiamo creato e, dopo aver inserito i dati, in soli tre passaggi, ci hanno dato le loro informazioni.

Non solo prodotti, ma anche valori: aumentare la brand awareness

Di questo obiettivo abbiamo già accennato parlando dei Page Likes. Se vogliamo diffondere il nostro messaggio tra quante più persone possibili, senza voler acquisire nuovi fan, l'obiettivo di *Brand Awareness* è quello che farà al caso nostro. Anche in questo caso – come per gli altri obiettivi – la differenza la fa l'ottimizzazione. Difatti queste campagne vengono mostrate a quelle persone che è più probabile prestino attenzione al messaggio. Ma in che modo? Facebook individuerà quell'audience che spende più tempo su un'inserzione e che quindi ricorderà con maggiore probabilità il messaggio.

Capitolo 6

Sceglière il messaggio

In questo capitolo

- **Creare un messaggio d'impatto**
- **Scegliere il formato giusto per l'obiettivo**
- **Il posizionamento di una campagna**

La creatività può essere vista come il punto di contatto tra i nostri obiettivi e il target. Affinché sia efficace, quindi, è necessario che ci sia concordanza tra questi due elementi e che il messaggio sia quello giusto per la nostra audience. Uno scollamento tra questi fattori potrebbe portare all'insuccesso della campagna, con una palese difficoltà a individuare cosa non stia funzionando per apportare le dovute modifiche. Se invece siamo sicuri di aver definito bene i passaggi precedenti – cioè il "dietro le quinte" della nostra campagna di advertising – allora possiamo procedere oltre e andare a definire, con maggiore consapevolezza, cosa dire e cosa mostrare nel nostro annuncio

La creatività è il gancio per attirare l'attenzione delle persone, per fornire loro le informazioni e persuaderle a comprare il nostro prodotto (o a visitare la nostra pagina web, a iscriversi alla nostra newsletter e così via). Perciò decidere cosa scrivere, come farlo e quale immagine (o video) mostrare sono elementi che vanno pensati e scelti a seconda del target al quale stiamo parlando. Se, per esempio, vendiamo creme antirughe, non possiamo impiegare immagini di ragazze troppo giovani, così come non possiamo far riferimento nel testo a occasioni di consumo lontane da quelle delle nostre consumatrici. Se il nostro target vive a Milano, non possiamo mostrare un'immagine di Roma, così come se comunichiamo a uomini single, non mostreremo dei padri di famiglia. Sono esempi iperbolici, certo, ma questo pensiero va poi assottigliato per tutte quelle caratteristiche dell'audience che abbiamo individuato

nelle fasi precedenti (quali altre passioni, interessi e stili di vita hanno i nostri potenziali "acquirenti"?).
Per creare un messaggio di valore dobbiamo individuare il bisogno del nostro target e comunicare il modo in cui il nostro prodotto o servizio colmerà quel bisogno. Questo ci aiuta a scegliere su cosa fare leva nel nostro annuncio e quali informazioni fornire al nostro pubblico. Queste informazioni, poi, vanno veicolate in modo unico e distintivo, cioè con un tono che ci caratterizzi e ci differenzi dagli altri. Anche se stiamo cercando di vendere un prodotto, stiamo comunque raccontando una storia. L'oratore di questa storia deve essere sempre riconoscibile e mai fuori luogo.
Queste sono delle prime considerazioni generali, che però non danno alcuna indicazione pratica su come costruire un messaggio di impatto che attiri l'attenzione. Non esiste una formula magica, ma possiamo provare a elencare alcune regole di massima che potrebbero fungere da linee guida nella creazione di un'inserzione.

Creare un messaggio d'impatto

Quando impostiamo creativamente una campagna dobbiamo tenere in mente che questa deve rispettare i principi della pubblicità classica, cioè essere rilevante, avere una *value proposition* (una promessa di valore) e contenere una singola *call to action*. Tutte queste informazioni devono essere contenute e comunicate attraverso un testo e un'immagine. Ciò su cui possiamo andare a lavorare, quindi, sono solo due elementi che, però, nascondono diverse insidie. La componente visiva di un messaggio pubblicitario è la parte più potente, almeno nell'attirare l'attenzione del consumatore. Pensiamo a quante immagini ci passano sotto il dito mentre scorriamo il nostro News Feed e su quante di queste passiamo senza soffermarci. Se l'immagine non attirerà l'attenzione, difficilmente le persone si soffermeranno a leggere il testo. Dobbiamo scegliere, quindi, immagini che colpiscano l'utente e facciano emergere la nostra campagna tra la pletora di post che vede ogni giorno. Per questo scopo è sempre meglio utilizzare immagini semplici, che siano facilmente comprensibili e decodificabili da chiunque, soprattutto da chi sta scorrendo distrattamente il proprio News Feed (Figura 6.1).
Scegliere immagini semplici (non banali, che è differente) fa sì che queste siano ben visibili anche da mobile. Infatti nella definizione della creatività dobbiamo pensare sempre *mobile first*, dato che è da questi dispositivi che gran parte degli utenti accede a Facebook. Dobbiamo scegliere, allora, immagini che non contengano troppi particolari e che siano riconoscibili anche nei formati più piccoli: pochi elementi, possibilmente centrati e con colori luminosi (Figura 6.2).
In tutti i casi, comunque, è necessario che sia un'immagine professionale (quindi senza sbavature, sgranature o qualsiasi altra imperfezione che dia l'idea di un lavoro amatoriale) e che rientri nelle dimensioni consigliate, in modo che non venga tagliata perdendo così informazioni importanti (le vedremo specificatamente nelle prossime pagine). Qualora non avessimo la possibilità di utilizzare un fotografo o un grafico per le nostre immagini, Facebook mette a disposizione una libreria di immagini, da cui scegliere quella più adatta per la nostra inserzione.
Le immagini non andrebbero scelte solo perché belle in sé, ma dovrebbero lavorare bene con il testo e con la *call to action*. Con una concordanza di questi tre elementi, possiamo raccontare in maniera più coerente la nostra storia ed essere più credibili.

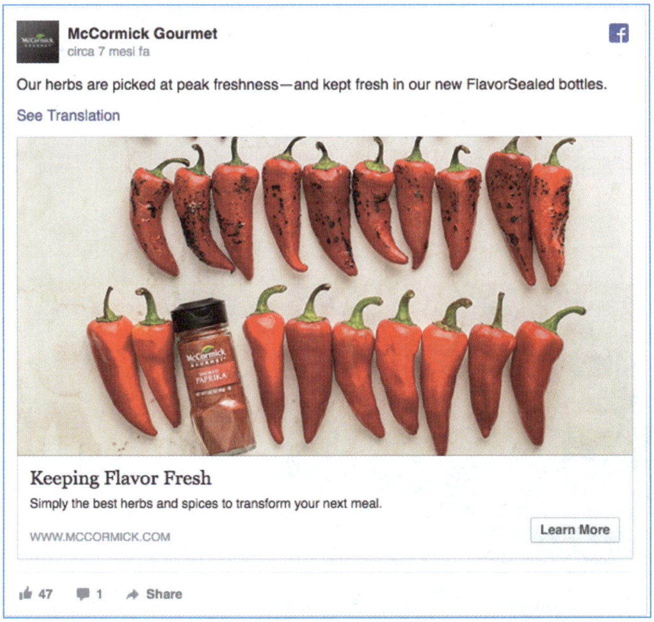

Figura 6,1 Un esempio di creatività semplice e di impatto (https://adespresso.com/academy/ads-examples/).

Figura 6.2 Un esempio di immagine facilmente visibile da tutti i dispositivi, soprattutto quelli mobile.

Qui arriviamo al secondo elemento della nostra creatività: il testo. Dobbiamo essere quanto più concisi possibile, non solo perché Facebook ci concede generalmente pochi caratteri, ma soprattutto perché se non scriviamo in modo chiaro e conciso ciò che stiamo promuovendo, perderemo molto facilmente l'attenzione dei consumatori (Figura 6.3).

Figura 6.3 In questa creatività i tre elementi testuali (update, titolo e descrizione) sono concisi ed efficaci e informano puntualmente sull'offerta dell'inserzione.

Nel testo deve essere presente un benefit per il nostro consumatore, il motivo per cui dovrebbe fare clic sull'ads e concederci del tempo: la *value proposition* (Figura 6.4).

Figura 6.4 In questa campagna l'offerta è immediatamente riconoscibile dall'utente.

Ultimo ma non ultimo: la nostra campagna deve contenere una *call to action* chiara. Alcuni formati (l'abbiamo già visto e lo vedremo meglio) ci danno la possibilità di inserirla direttamente nella creatività, ma questo non vuol dire che vada tralasciata nel testo. Se vogliamo che il nostro utente si iscriva alla newsletter, scriviamolo. Se vogliamo che compri un prodotto in promozione, diciamolo in modo chiaro. Dobbiamo incoraggiarlo a compiere un'azione e non c'è modo migliore per farlo che scriverlo chiaramente (Figura 6.5).

Figura 6.5 Un esempio in cui call to action e value proposition sono presenti in tutti gli elementi dell'inserzione.

Questi due elementi testuali possono essere inseriti anche nell'immagine, ma, nel farlo, bisogna tenere conto che Facebook penalizza i messaggi con troppo testo. Fino a pochissimo tempo fa era in vigore la ormai famosa regola del 20 percento: il testo all'interno di un'immagine sponsorizzata non poteva superare il 20 percento di ingombro della stessa. Ora Facebook ha cambiato questa regola, diventando meno stringente. Grazie al tool del *text overlay* (`https://www.facebook.com/ads/tools/text_overlay`) potremo controllare se la quantità di testo presente nella nostra immagine è ritenuta bassa, media o elevata.

NOTA

Quando era in vigore la regola del 20 percento, le immagini con troppo testo non venivano approvate da Facebook e, pertanto, non potevano essere sponsorizzate. Ora, con le nuove regole, questa limitazione così stringente non è più presente. Tuttavia, come dice Facebook stesso "se la proporzione tra testo e immagine è troppo elevata, le tue inserzioni potrebbero non raggiungere tutto il pubblico". Nel caso specifico, se attraverso lo strumento del *text overlay* la nostra immagine viene ritenuta ok, la nostra inserzione verrà pubblicata normalmente; se il testo dell'immagine viene ritenuto basso, allora la copertura del post potrebbe essere leggermente inferiore; nel caso il testo sia medio la copertura potrebbe essere molto inferiore; nell'ultimo caso, quello in cui il testo è elevato, l'inserzione potrebbe non essere pubblicata.

Il testo nell'immagine può servire per rinforzare l'aspetto emozionale (Figura 6.6), oppure per comunicare velocemente e chiaramente la nostra offerta (Figura 6.7).

Figura 6.6 L'immagine di questa campagna contiene un elemento testuale più emozionale.

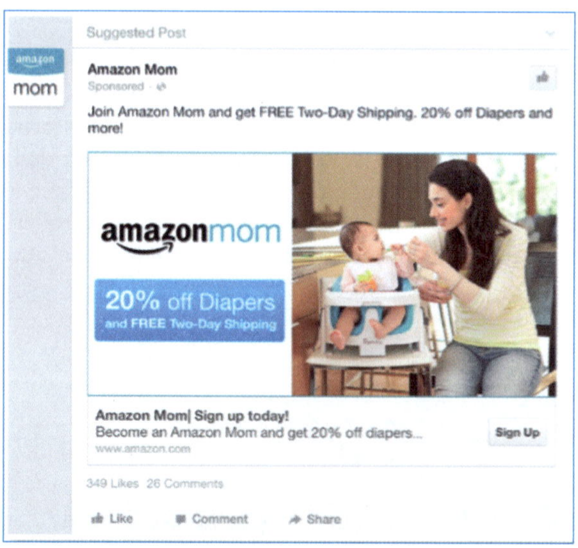

Figura 6.7 Qui il testo dell'immagine viene sfruttato per comunicare uno sconto, quindi un elemento più razionale.

Per non parlare del fatto che il testo può anche essere il solo elemento della nostra creatività e, anche in questo caso, può essere più emotivo (Figura 6.8) oppure più razionale (Figura 6.9).

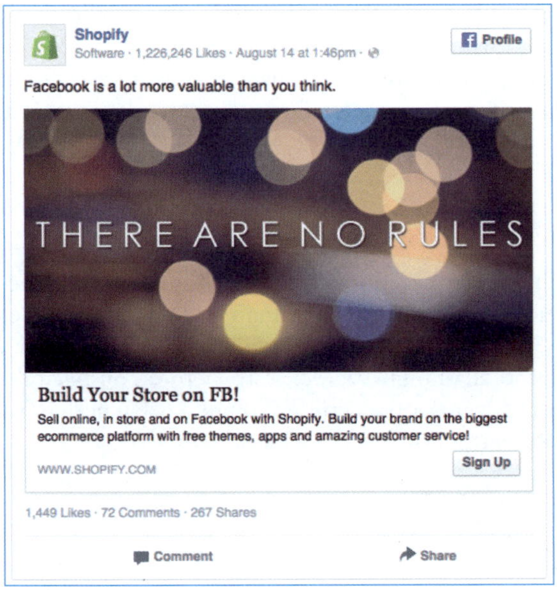

Figura 6.8 Un'immagine con solo testo.

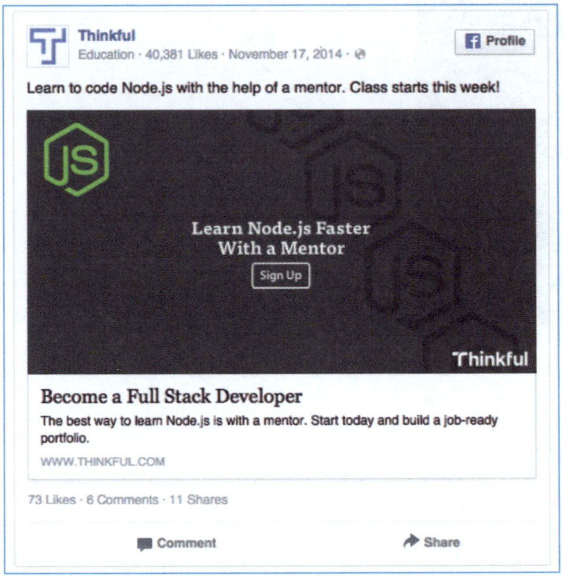

Figura 6.9 Il testo di questa immagine ha lo scopo di informare subito gli utenti sull'offerta del brand.

Scegliere il formato giusto per l'obiettivo

Dopo aver passato in rassegna le caratteristiche generali di una creatività, andiamo ora più nello specifico, analizzando i diversi formati che possiamo utilizzare su Facebook e Instagram. Per le nostre inserzioni possiamo usare foto, video, link, il Carosello (cioè un link composto da più immagini), un formato *ad hoc* per il mobile chiamato Canvas e quello specifico per i Mi piace alla pagina. Ciascuno di essi ha determinate specifiche dimensionali da rispettare e può essere utilizzato per determinati obiettivi di campagna e non altri.

Facebook Foto

Quello delle foto è il formato più utilizzato su Facebook, soprattutto quando abbiamo come obiettivo l'aumento delle interazioni con il post e il raggiungimento di più persone. La grandezza raccomandata è di 1200×900 pixel e questo permette di utilizzare immagini con maggiori dettagli. Non ci sono limiti alla lunghezza del testo, però è consigliabile tenerlo entro i 90 caratteri (evitando di scrivere troppo, come in Figura 6.10) per essere più efficaci e per garantire una completa lettura del testo anche da mobile.

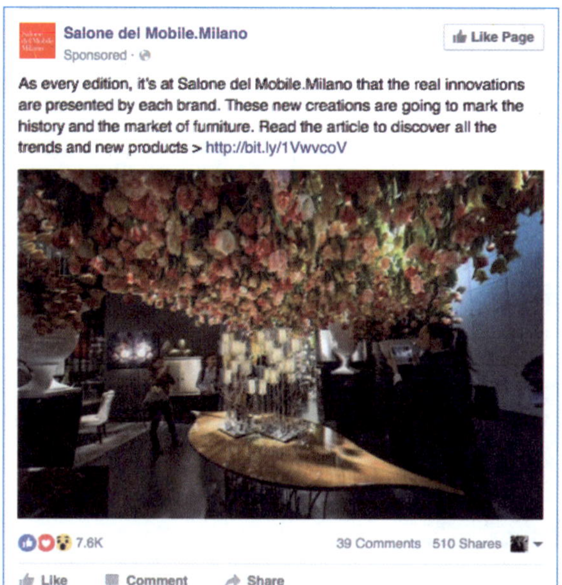

Figura 6.10 In questo esempio possiamo notare due errori: l'inserimento di un link in un'inserzione con obiettivo Metti in evidenza il post; un testo troppo lungo di difficile lettura.

Questo formato è quello che consente maggiori sperimentazioni a livello creativo e che, se sfruttato bene, con le giuste soluzioni, ci aiuta a far risaltare il nostro messaggio tra tutti i post che il nostro pubblico vede. Le illustrazioni, per esempio, sono un buon modo per richiamare l'attenzione e colpire subito l'occhio dei fan (Figura 6.11).

Figura 6.11 L'utilizzo di un'illustrazione per una campagna è un buon modo per attirare l'attenzione.

Fare leva sull'emotività è un buon modo per ricercare l'interazione del pubblico. Questo non vuol dire inserire per forza immagini di gattini, scenari buffi oppure scioccanti, ma cercare di evocare qualcosa che porti all'immedesimazione del nostro target (Figura 6.12).

Figura 6.12 Un esempio di creatività che mostra il prodotto pur ricercando un'immedesimazione del target (https://adespresso.com/academy/ads-examples/).

Sempre al fine di aumentare le interazioni, il fatto di mostrare le persone che usano il nostro prodotto piuttosto che un mero accostamento dei due elementi (o al solo prodotto) ha una forza creativa maggiore. A seconda di ciò che vendiamo, sarà più o meno facile trovare un'immagine di impatto, e in alcuni casi l'unica soluzione potrebbe essere quella di utilizzare uno scatto fotografico *ad hoc* invece di un'immagine scaricata da una banca di immagini (Figura 6.13).
Anche se non vendiamo prodotti, ma servizi, possiamo comunque trovare un modo per evocare l'utilizzo della nostra app o del nostro sito, mostrando una presenza umana (Figura 6.14).

Figura 6.13 Un'immagine semplice ma di impatto per i colori vibranti che mostra l'interazione tra il prodotto e la persona.

Foto Instagram

Senza ombra di dubbio le fotografie sono il contenuto che meglio si presta a essere sponsorizzato su Instagram, dato che il social network ha tutto il suo valore nella componente visiva. Nonostante ciò, pubblicare foto di successo non è così facile e creare un'immagine che risalti tra tutte quelle pubblicate sul canale a volte può essere molto difficile.
Rispetto a quanto detto per le foto su Facebook, qui la professionalità dell'immagine non è sempre un punto che gioca a nostro favore. Questo non vuol dire pubblicare immagini sgranate, con un taglio e un'inquadratura sbagliata, bensì avvicinarsi di più a quello che è il linguaggio usuale di Instagram, dove gran parte delle foto (belle), sono fatte da amatori e quasi tutte con lo smartphone.

Figura 6.14 Un'immagine generica di una persona che utilizza un computer, per comunicare un servizio online (https://adespresso.com/academy/ads-examples/).

Instagram è un fiume di *user-generated content* e le classiche immagini pulite, curate, che recano una firma aziendale, rischiano di passare inosservate. Per questo motivo bisognerebbe utilizzare fotografie che sembrino scattate dagli amici del nostro target, con illuminazioni naturali, reali, come potrebbero essere gli scatti di un dietro le quinte (Figura 6.15) o che si avvicinano molto al linguaggio fotografico del canale (Figura 6.16).

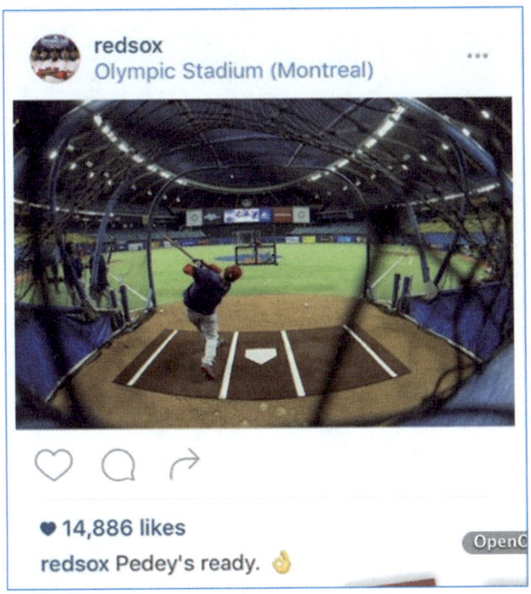

Figura 6.15 In questo esempio l'immagine colpisce l'attenzione per la prospettiva inedita (https://adespresso.com/academy/blog/37-instagram-ads-examples/).

Figura 6.16 Un'immagine dai toni caldi che si avvicina al linguaggio tipico delle fotografie su Instagram.

Su Instagram alcuni elementi funzionano meglio di altri (per esempio il cibo) e se è questo ciò che offriamo, potremmo essere avvantaggiati nel creare immagini che, con più facilità, colpiranno l'attenzione dell'audience. In linea generale però, se vogliamo che il prodotto sia il protagonista della nostra fotografia, dovremo trovare un modo per far sì che questo risalti immediatamente nel contesto in cui è inserito (Figura 6.17).

Figura 6.17 In questa campagna su Instagram, il prodotto è il protagonista dell'immagine.

Oppure trovare modi creativi per "incorniciarlo" come negli esempi delle Figure 6.18 e 6.19.

Figura 6.18 Una contestualizzazione creativa può aiutare a mostrare il prodotto in un modo inedito.

Figura 6.19 Un altro esempio di contestualizzazione creativa del prodotto.

I filtri di Instagram (che l'hanno reso unico e distinguibile) possono tornare utili per esaltare le immagini e per aggiungere un tocco personale che sia in concordanza con il nostro stile e tono di voce. Grazie a loro, infatti, possiamo cambiare il *mood* di un'immagine, renderla più emotiva o dargli un tono retrò. Ma, soprattutto, i filtri ci possono aiutare a catturare con maggior facilità l'attenzione del nostro target. Non ci sono regole generali sui filtri da usare, però in una ricerca condotta sul tema, è risultato che le fotografie con filtri più chiari registrano performance migliori di quelle con filtri scuri. Tuttavia, anche in questo caso, dovrà essere la nostra sensibilità a guidarci nella scelta giusta.

Link Facebook

Per tutti quegli obiettivi che hanno come scopo quello di portare le persone all'esterno di Facebook (quindi clic al sito, conversioni, installazione e coinvolgimento con le applicazioni e generazione di lead) il formato che dobbiamo utilizzare è quello dei link. Sono le inserzioni che più si riconoscono come tali e che spiccano nel News Feed dei nostri utenti proprio per questo motivo. L'immagine è rettangolare con una proporzione di quasi 2 a 1 (1,9:1 per l'esattezza) e una grandezza raccomandata di 1200×628 pixel. Oltre all'immagine, l'inserzione si presenta con un titolo e una descrizione, quindi lo spazio complessivo lasciato all'immagine sarà minore rispetto a una fotografia. Proprio per questo motivo, allora, quando creiamo una campagna con i link Facebook, dobbiamo pensare a immagini semplici e con pochi elementi che siano ben visibili anche da mobile (come in Figura 6.20).

Figura 6.20 Un esempio di un'immagine semplice e dai colori accesi, ben visibile da tutti i dispositivi.

Oltre a un testo di accompagnamento (che non deve essere superiore ai 90 caratteri), l'annuncio contiene un titolo di 25 caratteri e una descrizione di 30. Possiamo pensare alla redazione di questi due elementi come si fa in ambito giornalistico, dove con il titolo rendiamo chiaro ciò che stiamo proponendo e poi nella descrizione diamo maggiori informazioni (Figura 6.21).

Figura 6.21 Un esempio di titolo e descrizione concisi ma efficaci (https://adespresso.com/academy/ads-examples/).

Una delle caratteristiche più importanti di questo formato risiede nella possibilità di aggiungere pulsanti di *call to action* in basso a destra. Sono prestabiliti e servono a rinforzare l'azione che stiamo richiedendo ai nostri consumatori.
Abbiamo le seguenti scelte.

- *Acquista* (Figura 6.22).

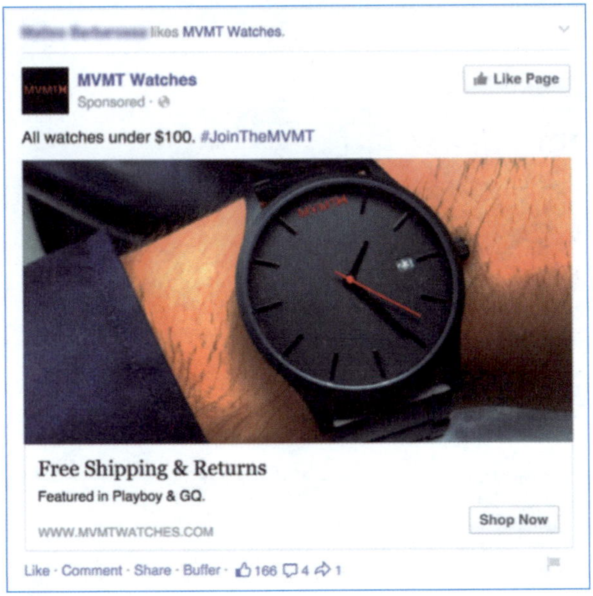

Figura 6.22 Un esempio di link con call to action per l'acquisto.

- *Scopri di più* (Figura 6.23).

Figura 6.23 Link con call to action Scopri di più.

- *Iscriviti* (Figura 6.24).

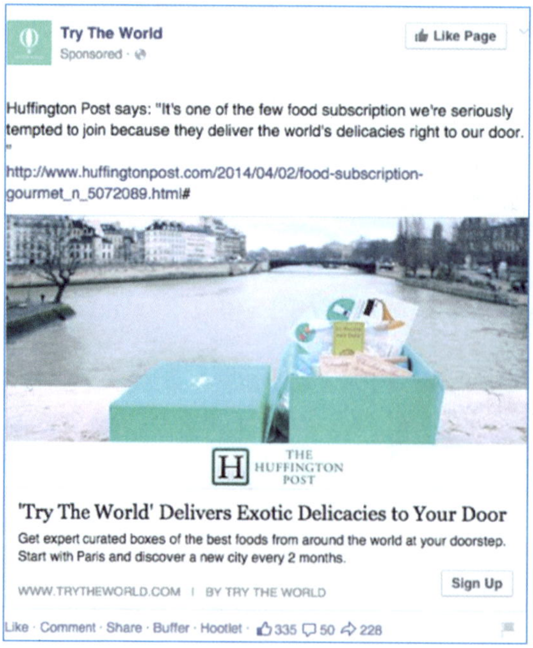

Figura 6.24 Un'inserzione con obiettivo di iscrizione.

- *Prenota* (Figura 6.25).
- *Scarica* (Figura 6.26).

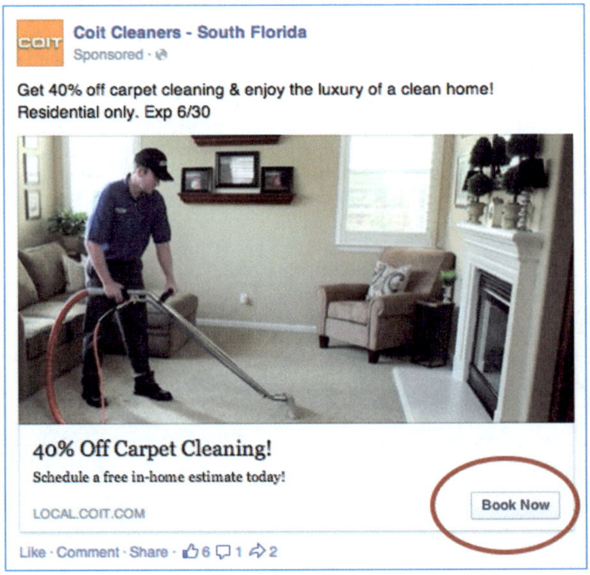

Figura 6.25 Creatività con call to action Prenota.

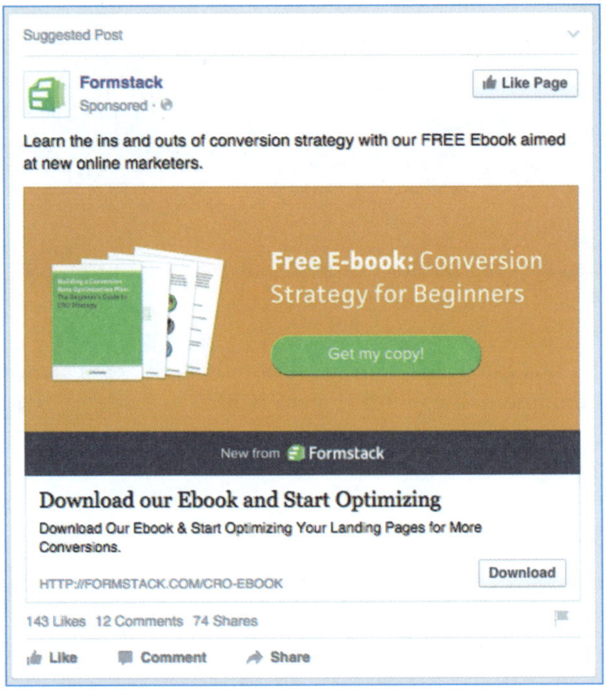

Figura 6.26 In questo esempio la call to action è stata inserita per spingere le persone a scaricare un ebook.

Link Instagram

Instagram non consente di inserire un link nel testo di accompagnamento delle immagini, quindi, organicamente, non è possibile sfruttarlo per fare *drive-to-site* (a meno che il link non sia inserito nella bio del canale, unico spazio utilizzabile per questo scopo). L'unico modo che abbiamo per condurre gli utenti all'esterno di Instagram con un link diretto è quello di impostare una campagna ads con questo obiettivo e utilizzare il formato dei link. A differenza dei link su Facebook, su Instagram questo formato mantiene le classiche proporzioni quadrate delle fotografie (1080×1080), per cui non interrompe l'esperienza di navigazione degli utenti (Figura 6.27).

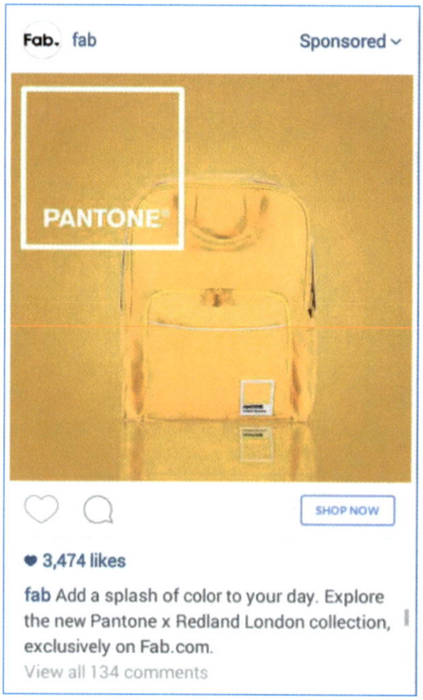

Figura 6.27 Un esempio di link Instagram con il pulsante Acquista ora (https://adespresso.com/academy/blog/37-instagram-ads-examples/).

L'unico elemento di distinzione tra una fotografia e un link è il pulsante di *call to action* nella parte inferiore, che potrà essere uno dei seguenti (Figura 6.28).

- *Prenota subito.*
- *Contattaci.*
- *Scarica.*
- *Scopri di più.*
- *Acquista ora.*
- *Iscriviti.*
- *Guarda di più.*
- *Iscriviti ora.*

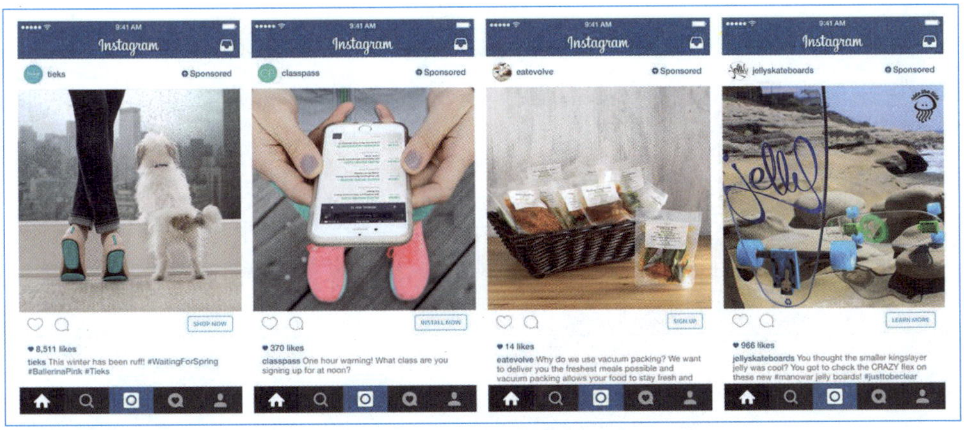

Figura 6.28 Alcuni esempi di link su Instagram con diverse call to action (https://techcrunch.com/2015/06/02/adstagram/).

Se su Facebook il clic su un qualsiasi punto dell'immagine conduce automaticamente l'utente alla pagina di destinazione, su Instagram il funzionamento è leggermente differente. Facendo clic sull'immagine, infatti, compare un overlay che chiede la conferma dell' apertura del sito sul quale stiamo indirizzando l'utente (Figura 6.29). Se invece questo clic avviene direttamente sul pulsante di *call to action*, l'apertura della pagina è immediata.

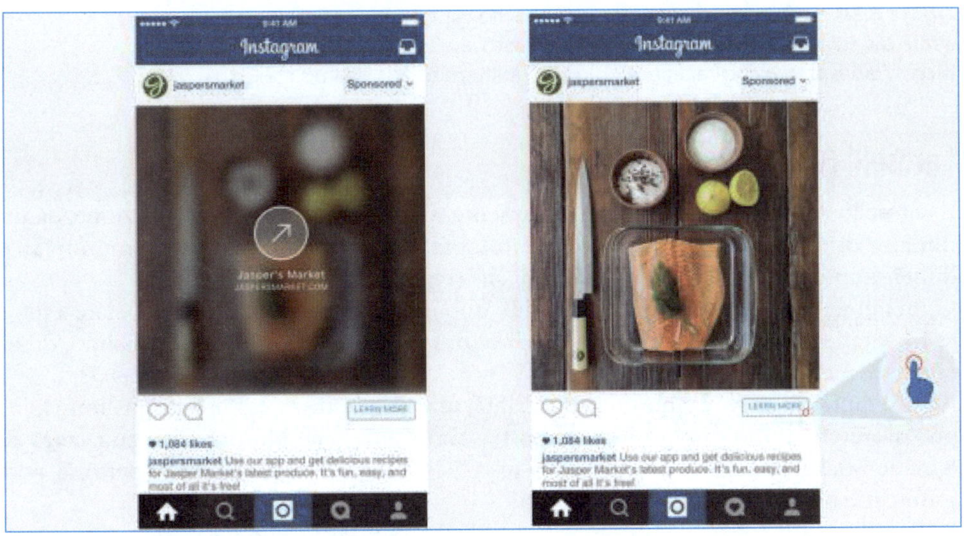

Figura 6.29 Il funzionamento dei link su Instagram a seconda che il clic avvenga sull'immagine oppure sul pulsante di call to action (https://www.facebook.com/business/ads-guide/clicks-to-website/instagram-links?toggle0=Photo).

Per aggirare questa funzione, che potrebbe farci perdere i clic di alcuni utenti, possiamo rafforzare la *call to action* nel testo, invitando gli utenti a fare clic sul pulsante e non sull'immagine (Figura 6.30).

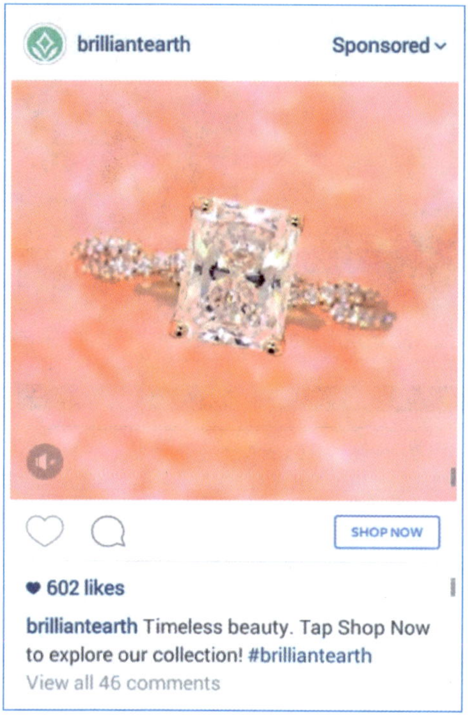

Figura 6.30 Il testo di questa inserzione invita esplicitamente gli utenti a fare clic sul pulsante di call to action piuttosto che sull'immagine (https://adespresso.com/academy/blog/37-instagram-ads-examples/).

Caroselli Facebook

Il carosello è un formato link che ci consente di inserire, in un'unica inserzione, da un minimo di tre a un massimo di cinque fotografie (tutte quadrate, con una ratio 1:1 e dimensioni di 600×600) per fare *drive-to-site* (Figure 6.31 e 6.32).

Ogni immagine può avere un proprio link oppure possiamo decidere di associare a tutte le fotografie un solo link. La headline di ogni immagine può essere, al massimo, di 40 caratteri, mentre la descrizione di 20.

Non sempre quantità è sinonimo di qualità, ma, in questo caso, l'uso di più immagini può avere effetti molto positivi sulla nostra campagna. Secondo una recente ricerca di Kinetic Social, le ads Carosello hanno un CTR dieci volte maggiore rispetto ai post sponsorizzati.

I caroselli possono essere considerati dei link più immersivi, che ci consentono di ampliare il racconto visivo e che si prestano a diversi utilizzi creativi. Con il carosello, per esempio, possiamo mostrare più prodotti della nostra gamma o del sito di e-commerce (Figura 6.33).

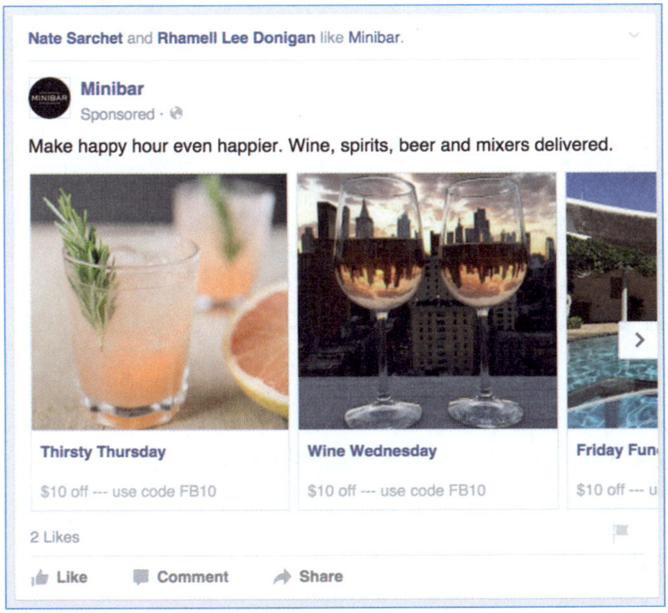

Figura 6.31 Un esempio di carosello su desktop (https://adespresso.com/academy/ads-examples/).

Figura 6.32 Una inserzione con carosello visibile su mobile (https://www.facebook.com/business/ads-guide/clicks-to-website/carousel/?toggle0=Photo).

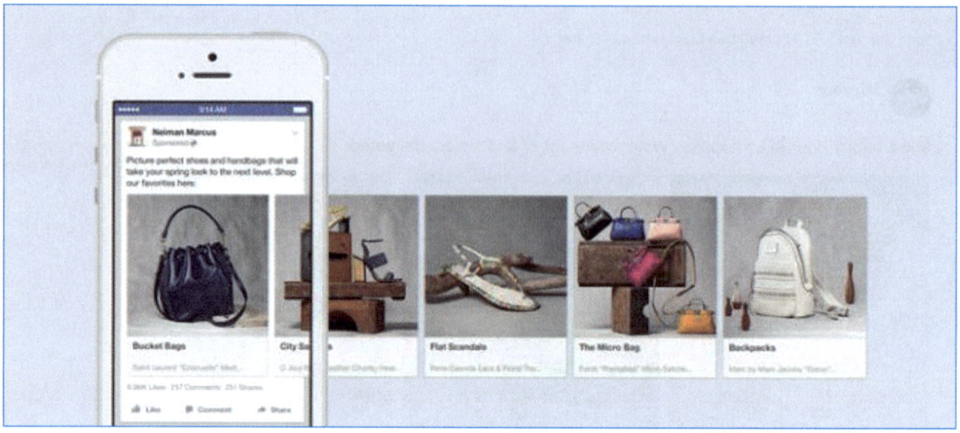

Figura 6.33 Esempio di carosello utilizzato per mostrare più prodotti (https://www.facebook.com/business/a/online-sales/carousel-link-ads-ideas).

Oppure possiamo mostrare più dettagli (Figura 6.34) o varianti (Figura 6.35) di uno stesso prodotto.

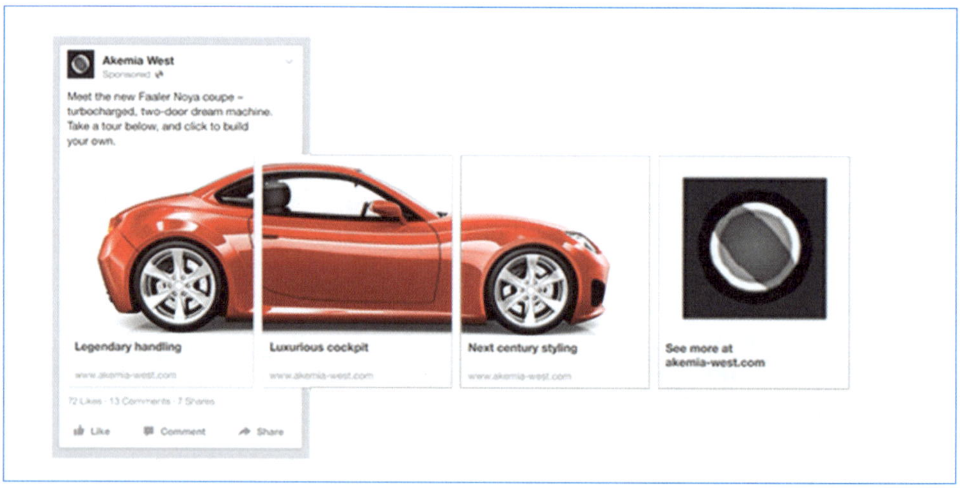

Figura 6.34 Utilizzo di un carosello per mostrare più parti di un prodotto.

Oppure possiamo mostrare in modo ancora più creativo il nostro unico prodotto (Figura 6.36).

I caroselli non ci limitano a mostrare un prodotto, ma ci danno la possibilità di raccontare una storia più complessa oppure di dare maggiori informazioni sui nostri servizi (Figure 6.37 e 6.38).

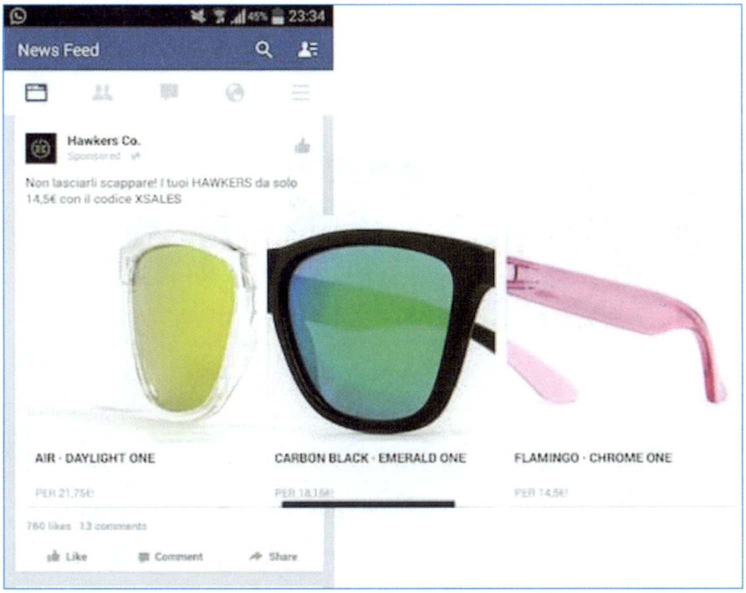

Figura 6.35 In questo caso il carosello è stato utilizzato per mostrare le varianti del prodotto.

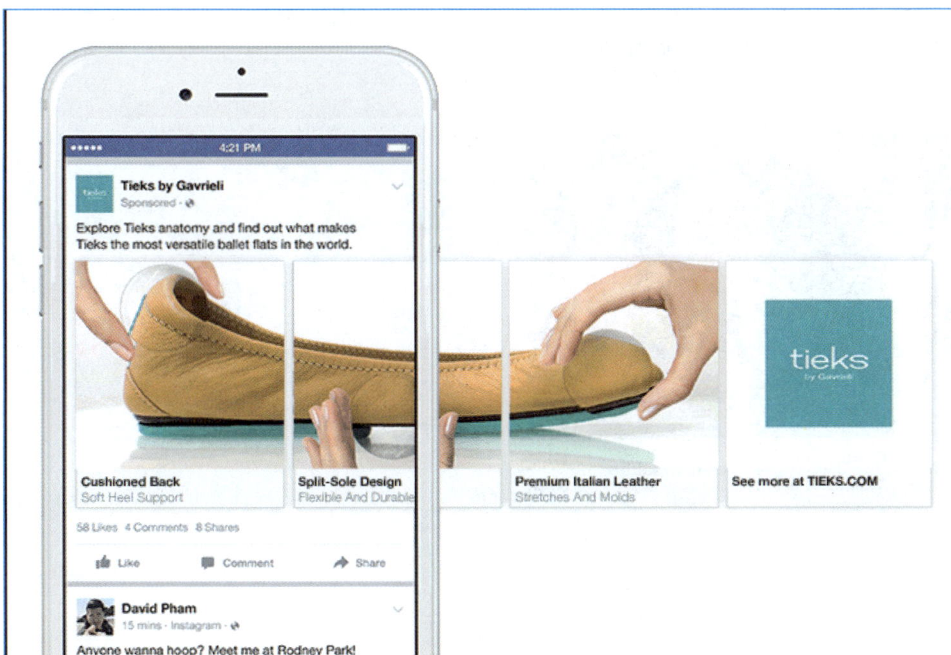

Figura 6.36 Un altro esempio di carosello per mostrare un solo prodotto.

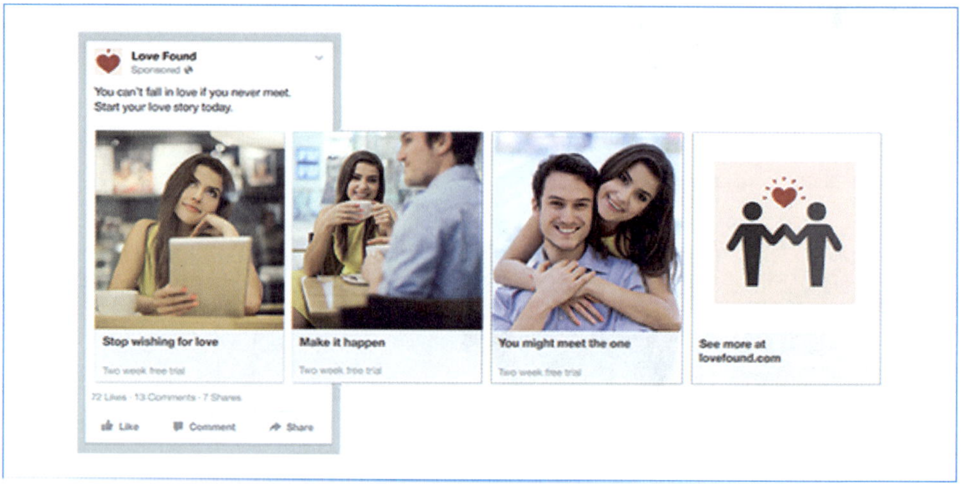

Figura 6.37 Esempio di creatività carosello per raccontare l'utilizzo di un'app attraverso una storia.

Figura 6.38 In questa creatività il carosello è stato utilizzato per spezzare in tre passi la value proposition del brand.

Con il carosello, in ultimo, possiamo anche effettuare dei test o segmentare il target. Immaginiamo di offrire dei servizi di advertising sui social media e che vogliamo distinguere il nostro target a seconda che si tratti di professionisti o amatori. Possiamo creare un carosello con due link ai quali associare due Pixel. Differenzieremo le due immagini con *call to action* differenti, chiedendo esplicitamente di fare clic sull'una o sull'altra a seconda del proprio livello di conoscenza. Quando gli utenti atterreranno sul nostro sito, potremo creare due target divisi e poi fornire, a ciascuno di essi, contenuti personalizzati in base al gruppo di appartenenza.

Caroselli su Instagram

Il carosello su Instagram funziona come su Facebook, se non meglio. Come abbiamo detto, il social network ha la sua ragion d'essere nelle immagini, per cui la possibilità di mostrarne di più, in modo creativo, è sicuramente un valore aggiunto. Rispetto a Facebook le dimensioni delle tre-cinque immagini del carosello saranno più grandi (1080×1080), ma anche qui non abbiamo la possibilità di inserire un titolo e una descrizione, pertanto dobbiamo scrivere tutte le informazioni importanti nei 125 caratteri raccomandati. Il clic sull'immagine ha lo stesso funzionamento del formato link, pertanto compare un overlay che chiede all'utente la conferma di abbandonare Instagram, a meno che non si faccia clic direttamente sul pulsante di *call to action*.
Anche su Instagram le possibilità creative sono molteplici: possiamo creare un effetto di immagine a 360° (Figura 6.39).

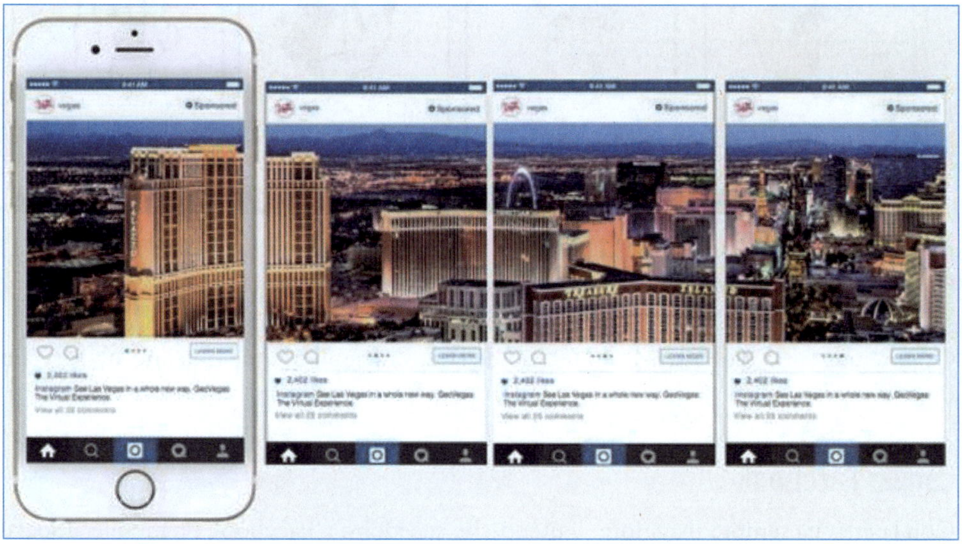

Figura 6.39 Un carosello su Instagram che ricrea l'effetto di un'immagine a 360° (https://blog.business.instagram.com/post/115764685771/first-look-brand-carousel-ads-roll-out-last).

Oppure possiamo mostrare il nostro prodotto raccontando una storia (Figure 6.40 e 6.41).

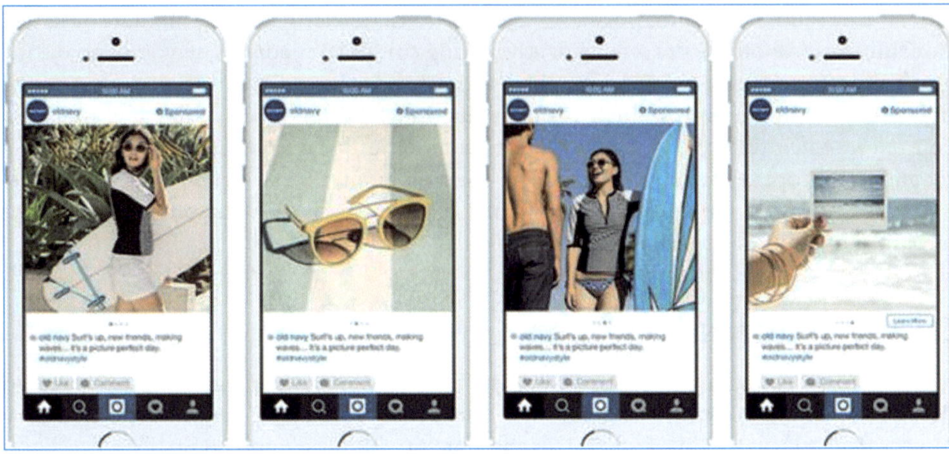

Figura 6.40 Mostrare un prodotto attraverso il racconto di una storia.

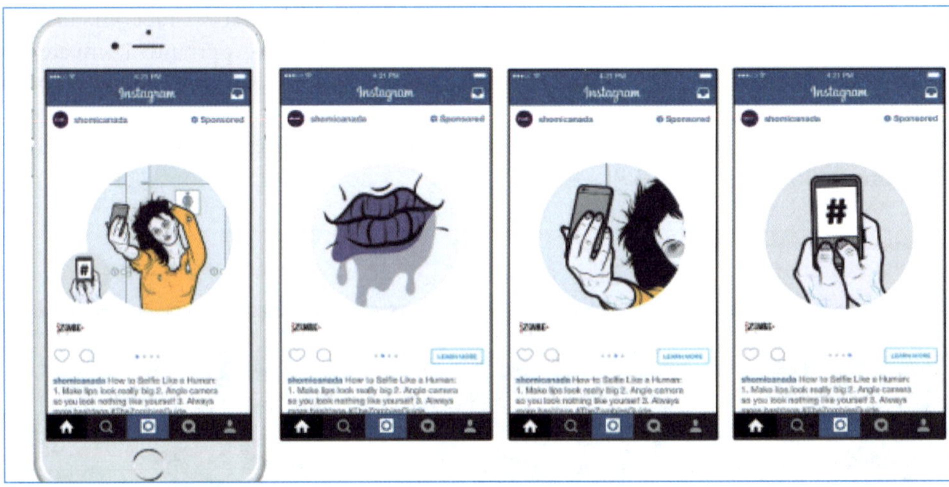

Figura 6.41 Una creatività carosello con illustrazioni per raccontare una storia.

Oppure possiamo dare istruzioni sull'uso della nostra applicazione o del nostro servizio (Figura 6.42).

Canvas Facebook

Con la crescita sempre maggiore di utenti che accedono a Facebook da mobile, il social network ha deciso di fornire ai brand e agli advertiser un formato *ad hoc* per questa fruizione, con l'intenzione di garantire ai fan la possibilità di ottenere "un'esperienza mobile immersiva per raccontare storie e mostrare prodotti" (come l'ha definita Facebook stessa). Possiamo immaginare questi nuovi post come delle mini-*landing page* con una componente fortemente visiva, visibili direttamente su Facebook e solo da mobile.

Il post compare sul News Feed degli utenti con un'immagine, un breve testo e una *call to action* che invita a scoprire di più (Figura 6.43).

Figura 6.42 In questo esempio il carosello viene utilizzato per mostrare gli step di utilizzo di un'applicazione.

Figura 6.43 Un esempio di post canvas sul News Feed mobile.

Facendo clic sulla freccia abbiamo la possibilità di scorrere tra più schermate che possono contenere video, immagini, link, caroselli e testo (Figure 6.44, 6.45 e 6.46).

Figura 6.44 Una delle schermate del post canvas con immagine a tutto schermo.

Figura 6.45 La schermata con testo e immagine.

Figura 6.46 In questa schermata del canvas è stato inserito un carosello con tre immagini.

Figura 6.47 L'ultima schermata di questa canvas contiene un pulsante di call to action con link.

Ma andiamo a vedere più nei dettagli come creare un canvas e quali contenuti possiamo collocarvi.
Il processo di creazione di un post canvas è guidato e possiamo vedere l'avanzamento dello stato sulla schermata stessa (Figura 6.48).

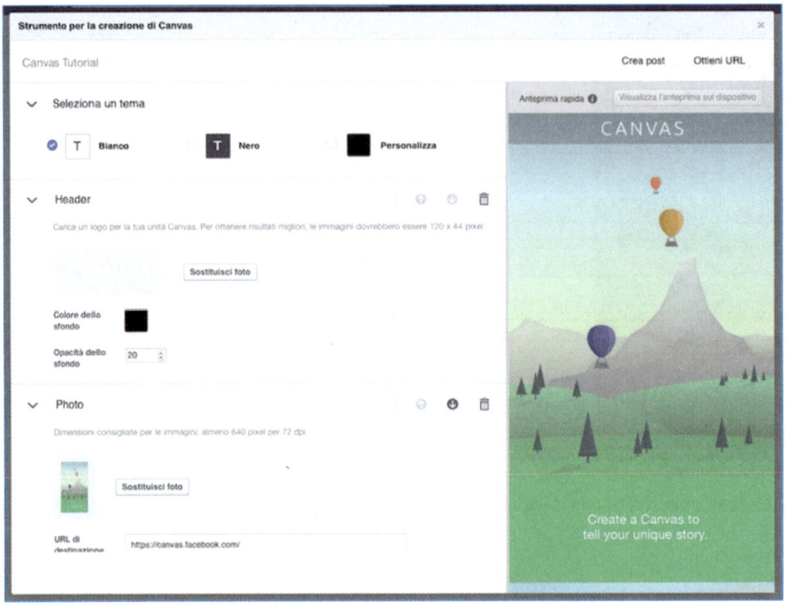

Figura 6.48 La schermata principale per la creazione di un canvas (https://www.socialefficace.it/facebook-marketing/canvas-creare-landing-page-gratis-semplice-veloce/).

Dopo aver scelto un tema che può essere bianco, nero oppure personalizzato, andiamo a selezionare la nostra intestazione: questa sezione resta sempre fissa nella parte superiore su tutto il canvas e può contenere un'immagine con dimensione consigliata di 120×44 (Figura 6.49).

Figura 6.49 L'impostazione dell'header di un canvas.

Dopo aver scelto l'intestazione, cominciamo a creare le diverse schermate. Qui possiamo aggiungere una o più immagini che possono essere adattate allo schermo oppure rimpicciolite. Nel primo caso possiamo associare un link all'immagine, nel secondo, invece, facendo clic su di essa la ingrandiremo. Un'altra opzione è quella di inserire un'immagine panoramica che diventa visibile lateralmente inclinando lo schermo (Figura 6.50).

Figura 6.50 Le tipologie di fotografie caricabili in un canvas e le relative dimensioni.

Oltre che un'immagine singola, possiamo inserire nella pagina un carosello con massimo dieci immagini con dimensioni massime consigliate di 1080×1920 (Figura 6.51).

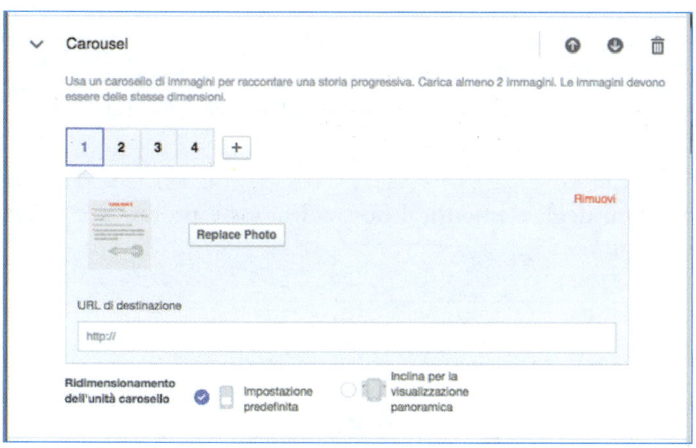

Figura 6.51 Il caricamento delle immagini per la creazione di un carosello.

Per raccontare o rafforzare la nostra storia, possiamo poi inserire un video di un massimo di due minuti, con riproduzione automatica. Il formato consigliato è quello verticale dato che quelli in orizzontale vengono ridimensionati automaticamente, cioè ristretti tramite barre nere ai lati.

Dopo gli elementi visivi passiamo alla sezione testuale che potrà contenere un massimo di 500 caratteri e che sarà editabile per comparire in grassetto, in corsivo oppure sottolineata. Un ultimo elemento è l'insieme di prodotti: questa sezione riguarda i cataloghi di prodotti che abbiamo già visto. Se ne abbiamo uno (contenente al massimo quaranta prodotti), lo possiamo caricare qui, così che il post canvas mostri in modo dinamico i prodotti che ottengono i risultati migliori (Figura 6.52).

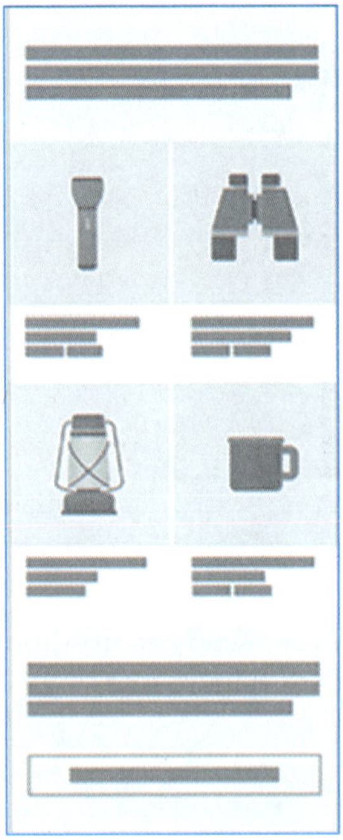

Figura 6.52 L'inserimento di un catalogo prodotti in un canvas (https://www.facebook.com/business/help/1194534547226732).

Dopo aver inserito tutti o alcuni degli elementi, il nostro Canvas è pronto per essere pubblicato e sponsorizzato (Figura 6.53).

Figura 6.53 Un altro esempio di post canvas (https://canvas.facebook.com/).

Video Facebook

Secondo i dati di Facebook, ogni giorno gli utenti guardano in media 100 milioni di ore di video sul social network ed è un trend destinato a salire e che rappresenterà, nel 2020, il 75 percento del traffico dati mobile totale. Questi dati palesano la grande opportunità che si cela nell'utilizzo di un contenuto video per promuovere i nostri prodotti o servizi. I video hanno un elevato livello di *engagement*, ma devono attirare subito l'attenzione del nostro target, pena lo scroll e l'abbandono della visione. Per questo motivo uno degli elementi più importanti è la *thumbnail*, cioè l'immagine di anteprima che gli utenti vedono se la nostra campagna non ha l'autoplay. È un elemento importante, perché serve a catturare l'attenzione dell'utente e spingerlo a guardare il video. La miniatura può essere un frame del video oppure un'immagine da caricare *ad hoc*.
Se non possiamo puntare su un primo frame o un'immagine accattivante, dobbiamo cercare di essere quanto più incisivi con il testo, per usarlo come gancio che spinga gli utenti a vedere il video, senza rivelare troppo, ma senza essere neanche troppo generici, utilizzando colori, temi e immagini che evochino immediatamente l'associazione con il brand (Figura 6.54).

Figura 6.54 Primo frame di un video Ceres in cui il logo è il brand è immediatamente riconoscibile.

I video su Facebook hanno sempre l'audio disattivato; per questo motivo è importante esprimersi soprattutto per immagini, così che gli utenti non perdano gran parte del messaggio e possano attivarlo anche successivamente (Figura 6.55).
I video, ancor più delle immagini, devono essere previsti per una fruizione da mobile, pertanto dobbiamo prendere in considerazione le dimensioni e la scala, sfruttando in modo intelligente lo zoom, i ritagli e la composizione visiva globale, per assicurarci che il risultato non perda di spessore su uno schermo più piccolo.
Questo formato può essere usato per obiettivi di *engagement* (con i post promossi), di *drive-to-site* e conversione, per installare e creare maggior coinvolgimento con un'applicazione e, per l'appunto, per aumentare le visualizzazioni del video.

Figura 6.55 Esempio di un video con un testo iniziale per catturare l'attenzione degli utenti.

Quando usiamo un video per fare *drive-to-site* (oppure per installare un'applicazione o un qualsiasi altro formato link) abbiamo sempre ben visibile il pulsante di *call to action* nel post e questo compare anche al centro del video quando è in pausa (Figura 6.56).

Figura 6.56 Quando utilizziamo un video per fare drive-to-site, la call to action compare al centro del video quando è in pausa.

Tuttavia, i video pongono alcune difficoltà agli inserzionisti, in particolare alle piccole aziende e a quelle che si rivolgono alle persone dei paesi emergenti, dove la connessione e la bassa penetrazione degli smarphone più evoluti non consentono di mostrarli con facilità. Per semplificare la creazione di inserzioni video e renderne possibile la visualizzazione su tutti i dispositivi e con qualsiasi velocità di connessione, Facebook ha introdotto gli Slideshow, cioè la possibilità di creare un video utilizzando più immagini statiche.

Video su Instagram

Per quanto riguarda i video su Instagram, le possibilità e le indicazioni restano le stesse già fatte per Facebook.
Attualmente Instagram ha esteso la lunghezza massima dei video facendola passare da 15 a 60 secondi, aumentando così la possibilità di utilizzo dei contenuti per una campagna. Come per Facebook, anche su Instagram possiamo utilizzare un video oltre che per obiettivi di *engagement*, anche per *drive-to-site* e, come abbiamo già scritto, per fare un Carosello contenente fino a un massimo di cinque video differenti.

Facebook Page Like

L'ultimo formato che andiamo a esaminare è quello dei Page Like. Le immagini per questo obiettivo hanno le proprie specifiche, che differenziano, e di molto, le campagne di *Promozione Pagina* da tutte le altre campagne. Come possiamo vedere nella Figura 6.57 la ratio dell'immagine è di 2,7:1 con una dimensione raccomandata di 1200×444.

Figura 6.57 Esempio di una pagina sponsorizzata.

Si tratta di una creatività molto lunga e stretta, che taglia gran parte dell'alto e del basso di un'immagine. In molti casi, una ratio del genere influisce molto sul tipo di creatività che possiamo realizzare. Il modo migliore per ovviare a questa problematica risiede nel cercare di disporre su un piano orizzontale gli elementi che vogliamo mostrare, oppure di usare uno sfondo colorato o astratto che non perda valore anche con i tagli ai bordi superiori e inferiori.

Il posizionamento di una campagna

Dopo aver creato un'inserzione possiamo scegliere dove farla comparire. I posizionamenti selezionabili sono quattro (più uno). Non si escludono a vicenda, ma sono complementari (Figure 6.58 e 6.59).

- *News Feed desktop.*
- *News Feed mobile.*
- *Colonna destra.*
- *Instagram.*

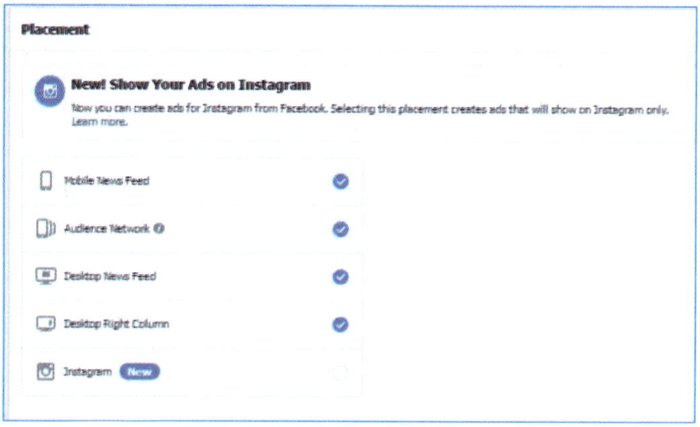

Figura 6.58 I posizionamenti disponibili per le campagne di advertising Facebook (https://www.facebook.com/business/help/407108559393196).

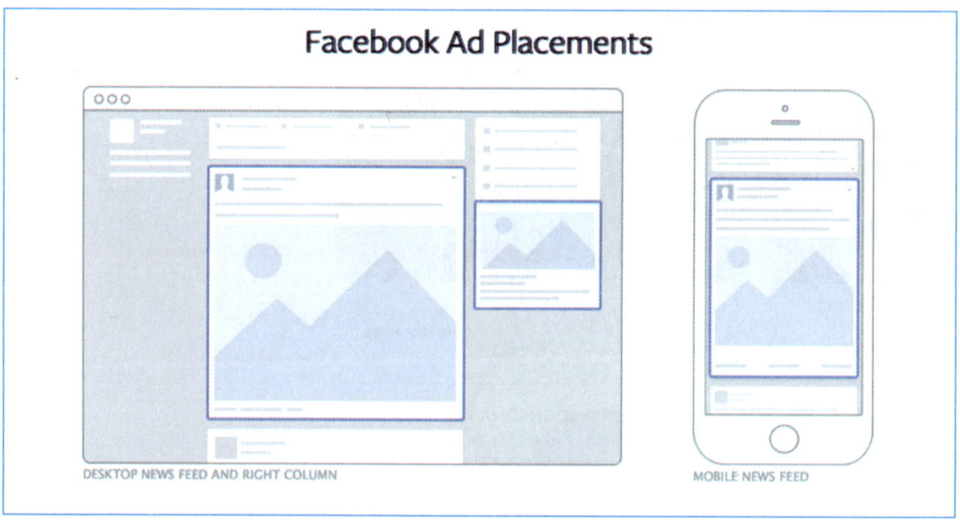

Figura 6.59 I tre posizionamenti di una campagna su Facebook: News Feed desktop, colonna destra desktop e News Feed mobile.

Il posizionamento *News Feed desktop* è quello "classico" che abbiamo visto (o utilizzato) senz'altro più volte. Difficilmente lo escluderemo, poiché è quello che garantisce la miglior visibilità della nostra campagna, soprattutto a livello creativo. La campagna compare direttamente nel News Feed del nostro target e il suo aspetto è molto simile a quello di un post, per cui risulta meno invasivo di altri posizionamenti. Rispetto alla colonna destra ha un coinvolgimento maggiore, proprio perché qui l'inserzione compare al massimo delle sue dimensioni. Questo posizionamento supporta tutti gli obiettivi, a esclusione del Mobile App Install e del Mobile App Engagement.

Oltre che sul desktop, possiamo scegliere di far comparire la nostra inserzione anche sui *News Feed mobile*. Anche in questo caso, difficilmente andremo a escludere il mobile dal nostro placement, in quanto questo vorrebbe dire escludere un'ampissima fetta del nostro target. In base all'esperienza, infatti, quando si seleziona sia il *News Feed desktop* sia quello mobile, quest'ultimo ha una *reach* di gran lunga maggiore rispetto al primo, con costi minori. Pertanto, nell'ottica della creazione di un'inserzione, dovremo sempre tenere conto che la vedranno più persone da mobile che da desktop, quindi dovremo pensarla e crearla per questi dispositivi, onde evitare una perdita di efficacia. Come per il *News Feed desktop*, anche quello mobile supporta tutti gli obiettivi a esclusione di quelli relativi alle applicazioni desktop.

Colonna destra è stato il primo posizionamento introdotto da Facebook ed è tuttora esistente. Si trova proprio sulla destra del nostro News Feed e le campagne con questo posizionamento sono visibili solo da desktop. Ha, mediamente, costi più bassi, ma per le sue dimensioni più piccole e per i testi più brevi spesso perde di efficacia. Con l'aumento dell'utilizzo del Social Network da mobile, poi, il numero di persone che la vedono sta decrescendo sempre di più. Per queste motivazioni scegliere il solo posizionamento sulla colonna destra può non essere la scelta più saggia, mentre includerlo può dare un valore aggiunto, sempre a patto che l'immagine scelta (ma anche il testo) non ne risenta troppo.

Per promuovere una campagna solo su Instagram dobbiamo deselezionare tutti i precedenti placement e lasciare attivo solo questo. Ogni volta che si crea una campagna con una pagina, Facebook non associa automaticamente il profilo *Instagram* corrispondente, pertanto se gestissimo o ne avessimo più d'uno, dobbiamo sempre ricordarci di selezionare quello giusto. Abbiamo visto prima che Instagram ha le sue peculiarità in termini di immagini e filtri. Se abbiamo implementato una campagna che ha un posizionamento sia su Facebook sia su Instagram, dobbiamo valutare che la creatività vada bene e sia ottimizzata per entrambi i social network. Se non dovesse essere così, potremmo creare due Ad con due creatività diverse da posizionare una su Facebook e l'altra su Instagram. Al momento gli obiettivi supportati da questo placement sono solo alcuni di quelli visti, nel caso specifico: interazioni con il post, clic e conversioni sul sito, installazione e interazione dell'app mobile, visualizzazione dei video.

Possiamo aspettarci in futuro un'estensione di questi obiettivi oppure la creazione di obiettivi *ad hoc* per Instagram.

Arriviamo ora al posizionamento meno intuitivo e che viene utilizzato (o anche solo contemplato) meno degli altri: *Audience Network*. Quest'ultimo è una rete di applicazioni e siti web partner di Facebook che permettono di mostrare al loro interno le campagne Facebook. Sostanzialmente, quindi, si tratta di un posizionamento esterno a Facebook (come potrebbe essere considerato anche quello relativo a Instagram). Selezionando questo placement abbiamo la possibilità di mostrare la nostra inserzione sia all'interno sia all'esterno di Facebook. Infatti l'*Audience Network* non può essere selezionato da solo, ma va per forza scelto anche il placement *News Feed mobile*. Anche quando le inserzioni non compaiono su Facebook, comunque traggono vantaggio da tutti i benefici di un Facebook Ads che abbiamo visto fino ad ora. Al momento l'*Audience Network* è limitato agli obiettivi di Installazione e *engagement* dell'app e a quelli di website clic e conversione (Figure 6.60 e 6.61).

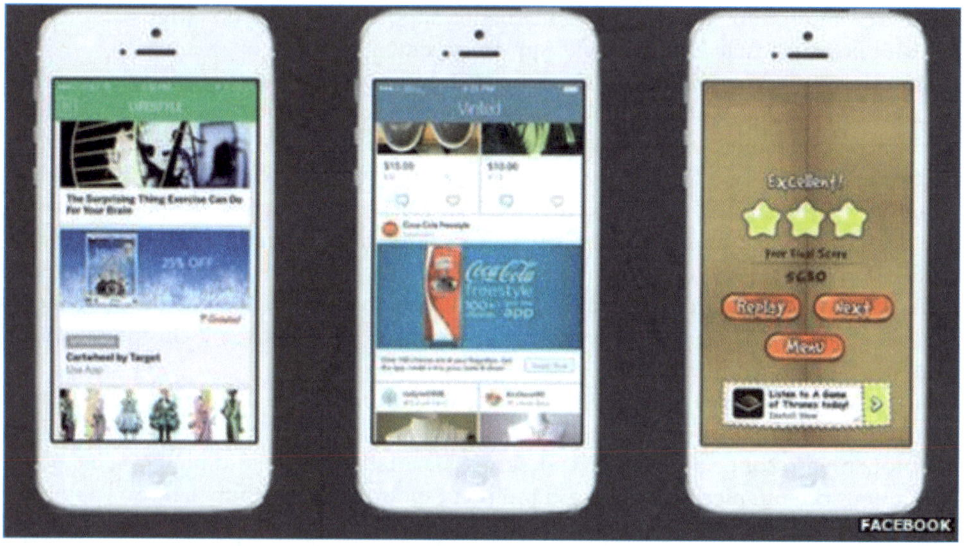

Figura 6.60 Esempi di posizionamento Audience Network (https://www.facebook.com/business/news/audience-network).

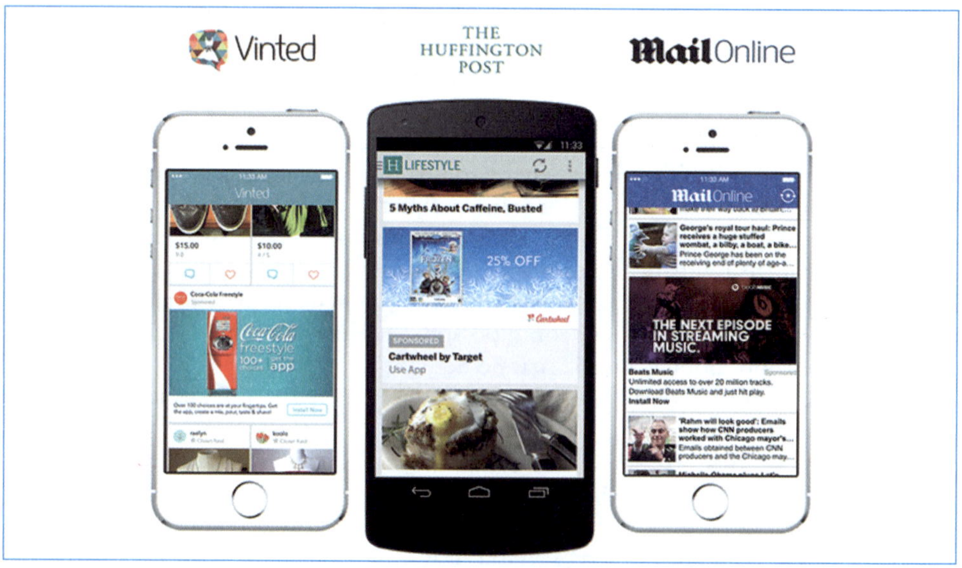

Figura 6.61 Altri esempi di inserzioni con posizionamento Audience Network.

Capitolo 7

Calcolare l'investimento

In questo capitolo

- **Individuare i risultati**
- **Capire i costi e le ottimizzazioni**
- **Ipotizzare il budget**
- **Impostare il budget e la programmazione**

Che siate liberi professionisti o freelancer, che lavoriate in un'agenzia o siate i proprietari di un'attività, prima o poi arriverà per tutti il momento di dover trovare una risposta a una delle domande che più genera "mal di testa": quanti soldi devo investire per la mia campagna di advertising?

L'annosa questione del budget è una delle più difficile da districare, perché da una parte tocca l'aspetto che più ci interessa (i soldi) e dall'altra è influenzata da un numero elevato di fattori che, in alcuni casi, sono difficilmente prevedibili.

Partiamo col dire che, di per sé, la formula per calcolare il budget è molto elementare: risultati per costi uguale budget. Nulla di più semplice, almeno in teoria. Conosciute almeno due delle tre variabili, avrò gli elementi sufficienti per risolvere il mio interrogativo. Il problema nella definizione del budget, però, è che molto spesso le due variabili sono sconosciute e questo non fa che rendere la ricerca di un risultato molto difficile.

Vediamo allora come trovare un abbozzo di strada se ci troviamo tra la nebbia fitta, analizzando i due elementi principale della nostra equazione: i risultati e i costi.

Individuare i risultati

Il primo punto da smarcare per identificare il budget da investire nella campagna pubblicitaria è quello dell'obiettivo. L'avremmo dovuto fare già nelle fasi precedenti, quando abbiamo definito in che modo Facebook ci avrebbe aiutato a raggiungere i nostri obiettivi di business. Qui le possibilità sono diverse: allargare il bacino dei consumatori potenziali aumentando del 20 percento le iscrizioni alla newsletter, registrare un +5 percento di vendite sull'e-commerce, aumentare la brand awareness portando a +50 percento i fan su Facebook o le persone raggiunte e così via. Questa sarebbe la situazione ipotetica auspicabile, ma, purtroppo, sappiamo che spesso non è così, perché molte volte non si sa qual è, numericamente, l'obiettivo che vogliamo raggiungere. Il suggerimento, in questo caso, è davvero quello di ritornare indietro di qualche passo e prefissarsi bene l'obiettivo, se non l'abbiamo fatto. Rileggiamo l'andamento nel tempo dei risultati e capiamo da lì quale potrebbe essere un obiettivo reale e raggiungibile in un tempo stabilito. Dopodiché studiamo la nostra attuale situazione su Facebook: abbiamo una community piccola, grande, attiva o stiamo cercando di crearla da zero? Se vogliamo aumentare del 10 percento i fan dobbiamo valutare quanto è ampia la nostra fanbase e quanto lo è il nostro bacino potenziale, quanto è conosciuto il nostro marchio e qual è la situazione dei nostri competitor. Se vogliamo aumentare del 10 percento i clic al sito, dovremo capire se abbiamo una community attiva e interessata, poi valutare che contenuto stiamo promuovendo: si tratta di qualcosa di interessante (curiosità, consigli) oppure è una lunga e un po' noiosa pagina di prodotto? Vogliamo aumentare le iscrizioni alla newsletter su una fanbase relativamente piccola che abbiamo già spinto a iscriversi con post organici? Daremo un regalo ai nuovi iscritti?

Tutte queste domande e le relative risposte, vanno a definire, qualitativamente, la facilità o meno del raggiungimento dei nostri obiettivi. Dalla qualità, poi, andiamo ad analizzare i dati di cui siamo in possesso per definire la quantità. Quanto è stato il traffico organico al sito nell'ultimo mese, semestre, anno? Qual è il mio tasso di conversione delle vendite sui visitatori al sito di e-commerce? Di quanto voglio aumentarle e, quindi, quanto nuovo traffico voglio in più?

Definire i risultati ci aiuta a creare il nostro imbuto per raggiungerli. Più l'obiettivo si allontana da Facebook, più questo imbuto si allunga e le variabili aumentano. Se il nostro risultato è quello di portare nuovi fan alla pagina, l'imbuto sarà molto corto e la definizione del budget più immediata. Se per esempio voglio 1000 nuovi fan e so che il costo medio è di 0,10 € per fan, so che con 100 € di budget raggiungerò il mio obiettivo. Allo stesso modo se voglio portare 1000 nuovi visitatori al sito e so che il costo per clic è di 0,15 €, metterò in conto di spendere 150 €. Ma cosa succede se invece voglio una conversione, un'azione? Qui la situazione si fa più complicata, l'imbuto si allunga e i costi diventano più difficili da prevedere.

Capire i costi e le ottimizzazioni

Prima di approfondire i diversi costi e le ottimizzazioni, accenniamo brevemente al tipo di offerta (e quindi alla scelta di cosa e come pagare) che possiamo scegliere su Facebook. In automatico, quando andiamo a definire i costi, Facebook ci imposta un'offerta automatica con l'obiettivo di massimizzare i risultati per la nostra campagna. Questa impostazione è molto utile quando non abbiamo in mente un valore per il risultato che vogliamo ottenere. D'altro canto, invece, possiamo impostare la nostra offerta manualmente, cioè definire il costo massimo che siamo disposti a pagare per un risultato. Questo non vuol dire che pagheremo sempre l'importo massimo, dato che potremmo ottenere anche costi più bassi.

Definita questa premessa, diamo un'occhiata ai diversi costi.
Con CPM (Costo per Mille) definiamo il costo di 1000 *impression*, ovvero visualizzazioni della campagna. Con questo valore, quindi, sappiamo quanto ci costa raggiungere una determinata visibilità (non azione o clic). Il CPM non equivale al costo per persone raggiunte, dato che le *impression* sono definite come la *reach* moltiplicata per la frequenza. Ogni volta che l'inserzione viene mostrata a qualcuno, si aggiunge una nuova *impression*.
L'oCPM (ovvero *Optimized*CPM) è leggermente differente dal precedente. Dopo aver definito l'azione designata (per esempio clic al sito), selezioniamo la cifra massima che siamo disposti a pagare per quell'azione. Quindi Facebook mostra la nostra campagna alle persone che è più probabile compiano quell'azione. Comunque, ciò che paghiamo sono le *impression* e non i clic, ma si tratta di una scelta strategica di ottimizzazione, per l'appunto.
Se invece vogliamo monitorare quanto ci sta costando l'azione che vogliamo il target compia sulla nostra campagna, dobbiamo prendere in considerazione il CPA. Le azioni possono essere un Mi piace sulla pagina, la richiesta di un'offerta oppure una precisa conversione sul sito. In quest'ultimo caso, per valutare il CPA, sarà necessario un Pixel che monitori le azioni. Il costo viene calcolato dividendo il budget per il numero di azioni ottenute. Oltre che impostare un CPA automatico, Facebook offre la possibilità di impostare manualmente la nostra offerta (vedremo dopo come fare). L'offerta è l'importo massimo che siamo disposti a pagare per un'azione. Se impostiamo 1,50 € come CPA massimo per un Mi piace, vorrà dire che per quell'azione non pagheremo mai più di 1,50 € (ma sarà possibile spendere meno).
Con CPC, invece, si intende il costo medio pagato per ottenere un clic sul link. Viene calcolato rapportando il budget al numero di clic ottenuti. Se per esempio abbiamo ottenuto 100 clic con un budget di 100 €, avremo un CPC di 1 €. Anche in questo caso, come per il CPA, possiamo impostare manualmente il costo massimo per il CPC.
Due concetti legati ai costi sono il CTR (*click through rate*) e il tasso di conversione. Il primo equivale a una divisione tra clic e *impression* quindi, approssimativamente, alla percentuale di persone che hanno fatto clic sull'inserzione dopo averla vista (fermo restando che, ribadiamolo, le *impression* non equivalgono alla *reach*). Il tasso di conversione, invece, è la percentuale di persone che ha compiuto l'azione dopo aver fatto clic sulla campagna.
La scelta di ottimizzare la nostra campagna per CPM, CPA o CPC influenza il budget, i risultati e l'identificazione delle persone alle quali Facebook mostrerà l'inserzione. Con il CPM ciò che ci interessa sono le *impression*, quindi quanto il nostro messaggio viaggia nel News Feed dei nostri utenti. Con il CPA e il CPC, invece, diamo maggiore importanza a specifiche azioni.
Abbiamo affrontato un po' di temi teorici, ma non abbiamo ancora dato una risposta che molto probabilmente starà risuonando nella vostra testa dall'inizio di questo capitolo: come faccio a definire il mio budget?
Per definirlo ci manca ancora l'informazione fondamentale: la previsione dei costi. Ciò con cui bisogna fare i conti, purtroppo, è che molto spesso è difficile ipotizzarli. Proviamo comunque a dare qualche indicazione.

Ipotizzare il budget

Eccezion fatta per il CPM e il costo per copertura giornaliera, i CPC e CPA variano tantissimo da azienda ad azienda, da settore a settore e anche da mese a mese.

Come per ogni previsione, possiamo avvicinarci a quello che potrebbe essere il nostro costo solo se abbiamo già fatto campagne con lo stesso obiettivo e lo stesso target (o target simile) oppure se abbiamo un benchmark di settore a cui poter far riferimento. Se non abbiamo mai fatto campagne e se non sappiamo qual è il costo medio (per clic o per azione) del nostro settore, la previsione si farà estremamente difficile.
Proviamo comunque a dare alcune indicazioni di massima su come poter calcolare un budget realistico.
Se abbiamo impostato i costi della nostra campagna per CPM, prevedere la somma da spendere potrebbe essere un po' più semplice. Al momento i CPM e il costo per copertura giornaliera medi su Facebook (ribadiamolo, si tratta di un costo medio che, anche in questo caso, può subire delle variazioni da settore a settore e da periodo a periodo) è di 1,51 €. Sapendo questo, ci basterà moltiplicare il numero di *impression* che vogliamo ottenere per 1,51 per avere il nostro budget.
Perché abbiamo definito 1,51 € il costo medio per mille *impression* lo diremo dopo, ora proviamo a rendere palese con un esempio quanto potrebbe essere complicato definire il budget partendo solo da questo dato se non abbiamo altri punti di riferimento.
Per rendere le cose ancora più complicate, immaginiamo un imbuto lungo (quindi non una campagna di acquisizione fan o di interazioni sul post), dove l'obiettivo che ci siamo posti è un incremento di iscritti alla newsletter, del +10 percento, cioè 100 nuovi iscritti. I dati sul sito dicono che abbiamo un tasso di conversione del 20 percento, quindi ogni 10 persone che arrivano sul form, 2 lo compilano e si iscrivono alla newsletter. Andando a ritroso, quindi, questo vuol dire che per raggiungere l'obiettivo di 100 nuovi iscritti, dovremo portare sulla pagina 500 nuove persone. Tutto questo ipotizzando (o meglio, sperando) che il tasso di conversione resti lo stesso anche per gli utenti che traghettiamo da Facebook. Ma come facciamo a sapere quante volte dobbiamo mostrare la nostra inserzione su Facebook per far sì che 500 persone facciano clic su di essa? Se non abbiamo mai fatto precedenti campagne ma, organicamente, abbiamo già provato a fare *drive-to-site*, potremmo andare a calcolare un CTR medio della nostra fanbase e ipotizzare che sia leggermente più alto per il target della nostra campagna. Il CTR organico è del 60 percento, quindi ipotizziamo che sul paid sia del 40 percento, cioè uno statisticamente canonico -20 percento. Questo vorrebbe dire che per ogni 100 *impression* ipotizziamo 0,40 clic al link (ovvero che per avere 1 clic dovremmo mostrare l'ads almeno 200 volte). Grazie al CTR possiamo calcolare il numero di *impression* necessarie per avere 500 persone al sito. Dividendo il numero dei clic desiderati (500) per il CTR medio (0,40 percento ovvero 0,004) avremo il nostro risultato: 125.000 *impression*.
Ora, come facciamo a trasformare questi dati in costi e, infine, in budget? Abbiamo detto prima che il CPM medio è di 1,51 €. Moltiplicando il numero di *impression* desiderate per il CPM avremo un risultato di 188.750. Poiché il CPM ci dà il costo per 1000 *impression*, dovremo dividere quel risultato per 1.000, ottenendo così 188,75 €: il nostro budget ipotetico.
Questo esempio vuole rendere chiaro che, quando entrano in gioco troppe variabili, le ipotesi si fanno sempre difficili. Ci sono comunque dei piccoli aiuti che vengono direttamente da Facebook e che possiamo mettere in campo nella definizione di un budget. Vi ricordate del CPM medio di 1,51 €? Abbiamo visto in precedenza che l'impostazione del costo può essere automatica oppure manuale. Andando a impostare il costo manuale Facebook ci chiederà qual è l'importo che siamo disposti a pagare. E, proprio lì in basso, ci comparirà un'offerta consigliata (Figura 7.1). Non si tratta in realtà di un

costo medio, bensì di un'offerta che, secondo Facebook, consentirà alla nostra campagna di essere competitiva e di generare i risultati sperati. L'offerta consigliata varia nel tempo ed è affiancata da un intervallo calcolato secondo diversi fattori: il numero di persone che competono per il nostro stesso pubblico; l'aumento dei prezzi che potrebbe avere un impatto sul modo in cui competono molte persone; i parametri di targetizzazione o i contenuti creativi non efficaci.

Figura 7.1 Nella schermata di selezione del budget e del costo Facebook ci fornisce un'offerta consigliata (https://business.facebook.com/ads/manager/).

L'offerta consigliata sarà visibile per tutti gli obiettivi (come per gli esempi delle Figure 7.2 e 7.3), ma è bene prenderla "con le pinze." Il costo effettivo, poi, potrebbe variare sensibilmente, andando così a stravolgere tutte le nostre ipotesi. Il consiglio, che vedremo nel Capitolo 8, è quello di partire da un'ipotesi, che andrà poi monitorata e ricalibrata quando la campagna sarà partita. Analizzando i risultati già alcuni giorni dopo l'inizio della campagna, potremo andare a verificare che il costo ipotizzato sia quello reale e, in caso contrario, andare a ricalcolarlo sulla base dei dati reali per giungere, alla fine della campagna, al raggiungimento dell'obiettivo con il budget fissato.

Figura 7.2 Un esempio di offerta consigliata per i Mi piace sulla Pagina.

Figura 7.3 Esempio di offerta consigliata per le interazioni con un post.

Impostare il budget e la programmazione

Dopo aver visto tutti i passi per arrivare all'ipotesi del nostro budget, entriamo nel pratico, vedendo come fare per impostare il budget della nostra *Campagna*. Questo va fatto a livello di *Gruppo di inserzioni*, dopo aver definito l'obiettivo. Se abbiamo creato più *Gruppi di inserzioni* all'interno della nostra *Campagna*, possiamo associare a ciascuno di essi un budget specifico, che è visibile cumulativamente nel pannello *Campagna*.
La prima cosa da fare è decidere se impostare un budget giornaliero oppure un budget totale per tutta la campagna (Figura 7.4).

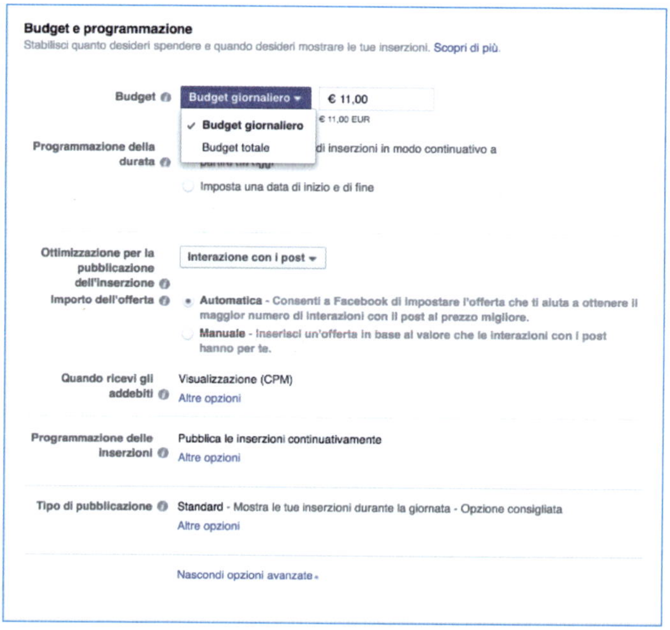

Figura 7.4 L'impostazione del budget e della programmazione nel pannello Gruppo di inserzioni su Gestisci inserzione.

Impostando un budget giornaliero indichiamo la cifra massima che siamo disposti a spendere quotidianamente per la nostra campagna. Quindi possiamo scegliere di pubblicare l'inserzione in modo continuativo, finché non abbiamo raggiunto l'obiettivo, oppure selezionare una data di inizio e di fine.
Scegliendo un budget totale, invece, indichiamo l'importo complessivo che vogliamo spendere per la nostra *Inserzione* e Facebook proverà a distribuirlo omogeneamente per l'intero periodo. Infatti, in questo secondo caso, siamo obbligati a inserire una data di inizio e di fine del *Gruppo di inserzioni* (Figura 7.5).
Dopo aver impostato il budget e la durata, andiamo a definire l'ottimizzazione (quindi il costo) e poi il tipo di addebito (Figura 7.6).

Figura 7.5 La schermata per programmare la durata della nostra campagna.

Figura 7.6 Impostazione dell'ottimizzazione dell'inserzione e scelta del tipo di offerta.

Qui abbiamo, a seconda di ciascun obiettivo, diverse possibilità come riassunto nella Figura 7.7.

	VISUALIZZAZIONI	COPERTURA GIORNALIERA	AZIONE
Metti in evidenza il post	X	X	Interazione con il post
Promuovi la tua pagina			Mi piace
Indirizza le persone al tuo sito web	X	X	clic sul link
Incrementa le conversioni sul tuo sito web	X	X	Conversioni clic sul link
Ottieni installazioni della tua applicazione			Installazione dell'applicazione clic sul link
Incrementa l'interazione con la tua applicazione		X	azioni nell'applicazione clic sul link
Raggiungi le persone vicine alla tua azienda		X	
Incrementa la partecipazione al tuo evento	X		Risposte all'evento interazioni con il post
Fai in modo che le persone richiedano la tua offerta			Richiesta di offerte interazioni con il post
Ottieni visualizzazioni del tuo		X	Visualizzazioni del video
Interazione con l'applicazione per computer	X	X	Installazione dell'applicazione azioni nell'applicazione interazione con il post
Acquisizione contatti			Contatti clic sul link
Vendita dei prodotti del	X		clic sul link
Notorietà del brand		X	Notorietà del brand

Figura 7.7 Tabella riassuntiva con obiettivi, tipo di costi disponibili e azione.

La nostra ottimizzazione può essere, come abbiamo già visto, automatica oppure manuale. Se abbiamo impostato un budget totale e non giornaliero, abbiamo la possibilità di definire una programmazione della nostra inserzione, cioè scegliere quando e a che ora mostrarla (Figura 7.8).

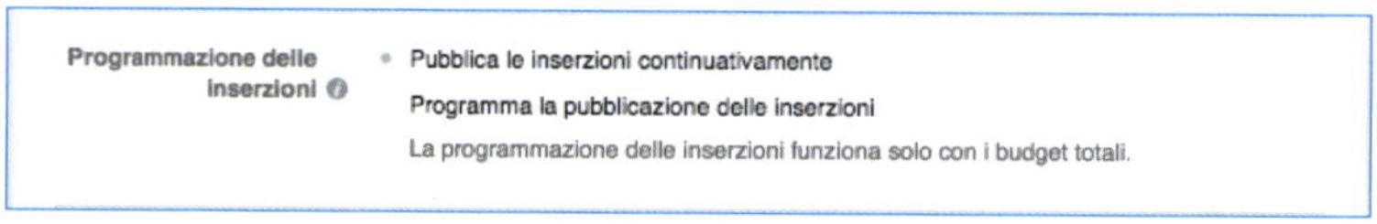

Figura 7.8 La programmazione delle inserzioni.

Selezionando *Programma la pubblicazione delle inserzioni*, si apre un calendario da cui andare a selezionare i giorni e le ore in cui vogliamo che la nostra inserzione sia attiva (Figura 7.9). In ultimo, poi, possiamo scegliere se lasciare alla nostra inserzione un tipo di pubblicazione standard (cioè mostrarla in modo omogeneo durante la giornata) oppure un tipo di pubblicazione accelerata, cioè nel modo più rapido possibile (Figura 7.10).
Con questo abbiamo completato tutti i passaggi per la definizione del budget e non ci resta che far partire la campagna e monitorarla per assicurarci che il budget e i costi previsti siano effettivamente corretti.

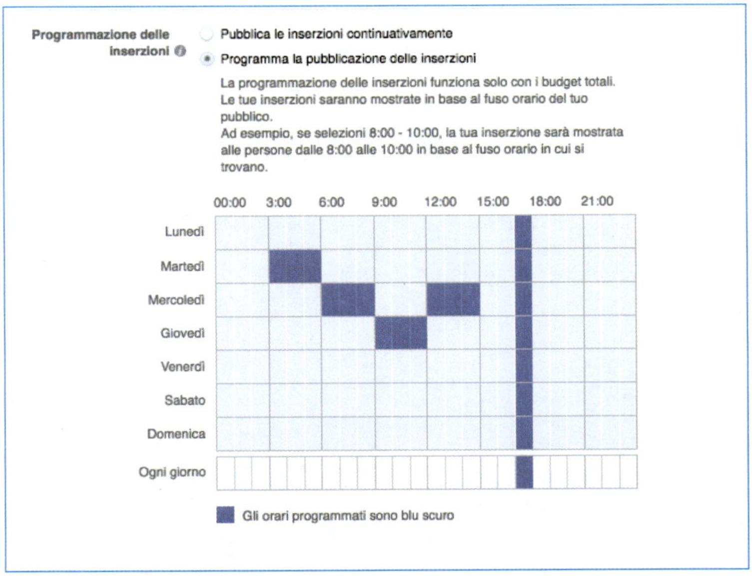

Figura 7.9 La schermata per selezionare la programmazione dell'inserzione per giorno e ora.

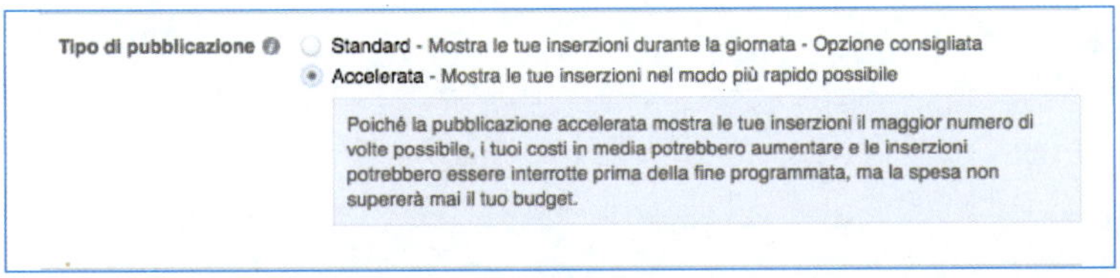

Figura 7.10 Impostazione del tipo di pubblicazione, che può essere di due tipi:

Capitolo 8

Analizzare i dati

In questo capitolo

- **Le metriche dei report: cosa analizzare**
- **Analizzare i dati con Power Editor**

Siamo giunti alla "resa" (o, meglio, all'analisi) dei conti. Per quanto si tratti dell'ultima fase, non va fatta soltanto alla fine, quando la campagna è terminata, ma va svolta quotidianamente, così da poter essere sempre pronti ad apportare eventuali modifiche. Facebook consente di svolgere un'analisi in tempo reale dell'andamento delle nostre inserzioni, pertanto sarebbe un errore lasciarle correre fino alla fine del budget o della durate impostata. Analizzare i risultati giorno per giorno ci aiuta a tenere sotto controllo la campagna, a valutare la sua efficacia e, in caso si rendesse necessario, ad apportare modifiche. Se tutto va per il verso giusto, così come ipotizzato, non dovremo far altro che controllarne l'andamento e accompagnarla fino alla fine. Se dovessimo notare qualcosa di strano, invece, dobbiamo capire cosa non sta funzionando e correre ai ripari. In casi estremi potremmo dover mettere in pausa la campagna oppure bloccarla e farne partire una nuova.

Capire quali sono i dati che possiamo analizzare e il loro significato, ci aiuta a capire dove rintracciare l'anello debole.

Abbiamo visto finora quante variabili entrano in gioco quando creiamo un'inserzione su Facebook. Ci sono tanti passi, ciascuno dei quali porta con sé ipotesi che potrebbero non essere corrette. Se la nostra inserzione ci sta costando troppo rispetto alla previsione, dobbiamo capire cos'è che non sta funzionando: è il target a non essere stato identificato correttamente oppure è un problema di messaggio? Abbiamo impostato un budget troppo limitato per gli obiettivi o è il nostro settore a essere particolarmente difficile? Le risposte si trovano nei dati.

Alla fine della nostra campagna, poi, dobbiamo elaborare un report che ci aiuti ad avere un quadro completo di ciò che è successo, ma, soprattutto, che funga da punto di partenza per le successive inserzioni. Se qualcosa è andato storto, ma non siamo riusciti (per il poco tempo oppure per l'impossibilità di cambiare il messaggio *in itinere*) a fare nulla, a fine campagna dobbiamo metterci a tavolino e rivedere tutti i dati, per non commettere in futuro gli stessi errori.
Nella schermata principale di *Gestione inserzioni* possiamo filtrare le nostre *Campagne*, i nostri *Gruppi di inserzioni* e le nostre *Inserzioni* per obiettivi (Figura 8.1) oppure per metriche (Figura 8.2).

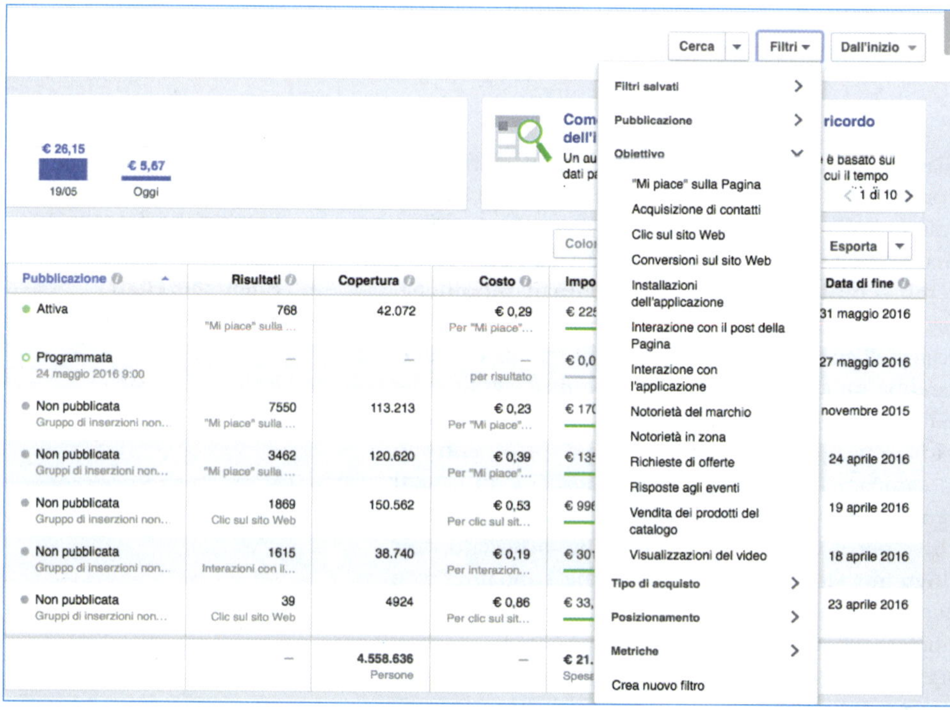

Figura 8.1 I filtri dei report per obiettivi (https://business.facebook.com/ads/manager/).

Tenere traccia di tutte le nostre campagne, evidenziando solo i dati più interessanti, è un ottimo punto da cui partire quando ci troviamo a dover creare una nuova inserzione.
Come abbiamo detto quando abbiamo parlato di costi, la previsione di tali costi può avvenire con maggiore facilità se abbiamo uno storico a cui far riferimento. Se non l'abbiamo, perché abbiamo appena cominciato, costruircelo strada facendo è un passo fondamentale. In questo modo, se dobbiamo creare una nuova campagna con obiettivo di *Clic sul sito web* oppure impostata per *CPM*, possiamo filtrare tutte le campagne che rispondono a questi requisiti e provare a fare previsioni più puntuali.
Possiamo selezionare i dati, su *Gestione inserzioni*, riguardanti solo un certo periodo temporale (Figura 8.3).

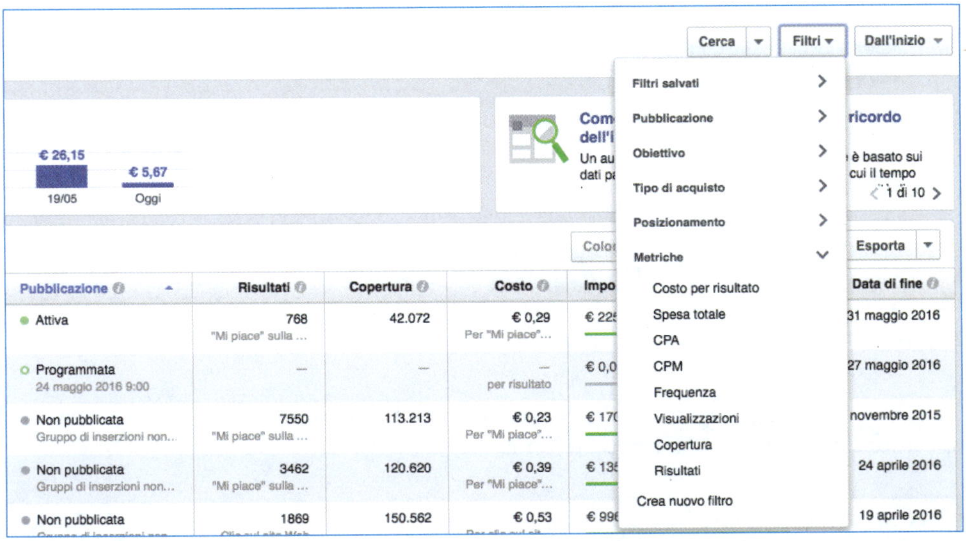

Figura 8.2 I filtri dei report per metriche.

Figura 8.3 La selezione dell'arco temporale per i report.

Quindi li possiamo estrarre su un report .xls oppure .csv per poterli consultare anche offline (Figura 8.4).

Le metriche dei report: cosa analizzare

Ci sono davvero tanti, tantissimi dati che possiamo analizzare di un'inserzione. Non c'è una gerarchia di importanza, dato che sono tutti utili, a seconda degli obiettivi che ci siamo posti. Indubbiamente calcolare il costo (a seconda dell'obiettivo) è uno degli indicatori che per primo viene analizzato, ma non basta.

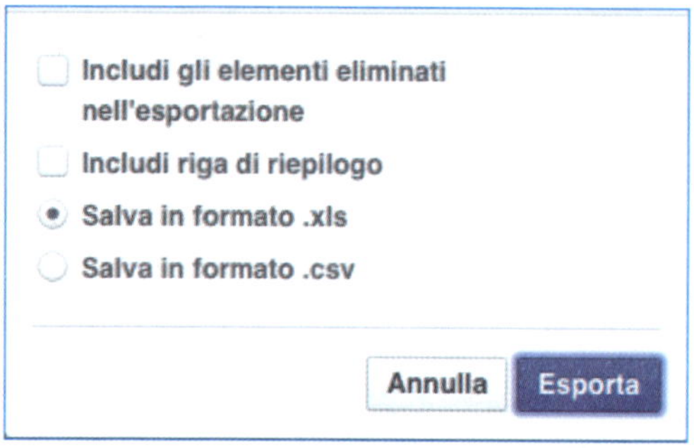

Figura 8.4 L'esportazione dei report.

I risultati sono raggruppati in otto categorie, ciascuna delle quali contiene informazioni specifiche riguardanti un particolare tema (Figura 8.5).

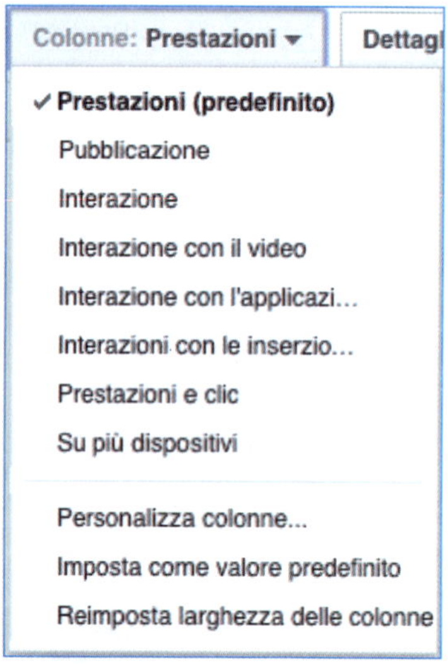

Figura 8.5 Le categorie dei dati pre-impostati sotto il titolo Prestazioni.

Ciascuna categoria è personalizzabile e possiamo scegliere di aggiungere o togliere dati. Allo stesso modo, possiamo personalizzare una colonna inserendo solo i dati che vogliamo vedere. Se, per esempio, abbiamo impostato una campagna con obiettivo di conversione al sito, uno dei dati che dobbiamo tenere monitorato costantemente è per l'appunto la conversione. Pertanto è utile personalizzare una colonna in modo che questa informazione sia sempre visibile. Due colonne, invece, sono sempre visibili e si tratta del nome della *Campagna*, del *Gruppo di inserzioni* o dell'*Inserzione* e poi dello stato, quindi se la campagna è attiva, programmata, non pubblicata e così via.
Ciascuno di questi dati, poi, può essere incrociato con altre informazioni contenute nel pulsante *Dettagli* (Figura 8.6).
Cominciamo ad analizzare il primo menu e ad andare più in profondità con i dati.

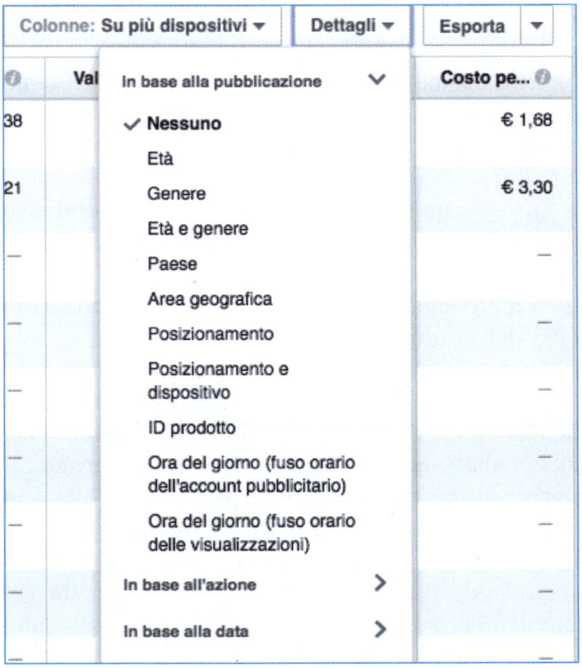

Figura 8.6 I dati relativi ai Dettagli.

Prestazioni

Questa è la colonna predefinita che compare nella schermata di Business Manager. I dati sono quelli riguardanti, per l'appunto, le prestazioni, quindi i risultati che la nostra campagna sta offrendo (Figura 8.7).

Risultati	Copertura	Costo	Importo speso	Data di fine
721 "Mi piace" sulla ...	39.252	€ 0,29 Per "Mi piace"...	€ 208,07 di € 500,00	31 maggio 2016
—	—	— per risultato	€ 0,00 di € 50,00	27 maggio 2016

Figura 8.7 I dati relativi alle prestazioni.

Vediamo subito i risultati in termini assoluti della nostra campagna. Questi sono definiti in base all'obiettivo. Se la nostra campagna è di acquisizione fan, qui vediamo il numero di Mi piace sulla pagina; se è di interazioni con il post, abbiamo il numero totale delle interazioni.

A fianco troviamo la copertura, cioè la *reach* (o anche definibile come *impression* unica). Attraverso questo dato sappiamo quante persone ha raggiunto la nostra inserzione, non quante volte è stata mostrata. Questo dato di per sé ha un significato relativo se non viene messo in confronto con quello del bacino potenziale del nostro target. Se avevamo un bacino potenziale di 100.000 persone e ne abbiamo raggiunte quasi 40.000 con la metà del budget, possiamo aspettarci che la campagna continui a offrire risultati buoni o leggermente più alti. Se il nostro bacino era di 50.000 persone e ne abbiamo raggiunte già 40.000, allora è molto probabile che abbiamo destinato troppo budget e che la campagna registrerà costi maggiori. Maggiori dettagli su questo punto, però, li vedremo quando parleremo della *Frequenza*.

Dopo la *Copertura* troviamo il *Costo*. Anche in questo caso, è quello relativo all'obiettivo e all'ottimizzazione. Se parliamo, come nell'esempio precedente, di acquisizione fan, qui abbiamo il costo per Mi piace.

Poi abbiamo l'*Importo speso* sul totale (rappresentato anche graficamente con una barra di avanzamento) e infine la *Data di fine* della nostra inserzione.

Il dato più importante che ritroviamo qui è chiaramente quello relativo al costo. In questo modo possiamo sapere e vedere subito se stiamo sostenendo costi più alti, più bassi oppure equivalenti a quelli che avevamo ipotizzato. Nel caso migliore avremo dei costi leggermente deviati rispetto alla media. Nel caso peggiore la nostra campagna ci starà costando troppo e dovremo valutare gli altri dati per capire il perché. Se invece non avevamo fatto ipotesi basate su uno storico e questa è la prima campagna che abbiamo implementato, il *Costo* non può essere considerato l'unico dato per determinare se una campagna ha funzionato o meno. Prendendo l'esempio della Figura 8.5, il costo per acquisire un fan è di 0,29 €. Possiamo definire, solo in questo modo, se è un costo alto o basso? Non ancora, dovremo analizzare anche gli altri dati.

Pubblicazione

Con questi dati cominciamo a entrare più nei dettagli di cosa sta succedendo alla nostra campagna. In questi dati (che in inglese si chiamano Delivery, quindi distribuzione, rendendo più chiaro il concetto) troviamo tutte le informazioni relative a come la campagna sta viaggiando nei News Feed del nostro target, cioè quante aste sta vincendo (Figura 8.8).

Copertura	Frequenza	Costo per 1000 persone raggiunte	Visualizzazioni	CPM (costo per 1000 visualizzazioni)
92.922	1,36	€ 0,54	126.530	€ 0,40
83.944	1,29	€ 0,60	108.120	€ 0,46
4807	1,14	€ 0,62	5473	€ 0,55
76.338	1,40	€ 0,65	106.580	€ 0,47

Figura 8.8 I dati relativi alle metriche di pubblicazione.

Ritroviamo il dato di *Copertura*, quindi la *reach*, affiancata alla *Frequenza*. La moltiplicazione dei due dati ci dà come risultato le *Visualizzazioni*, cioè le *impression*.

I dati relativi ai costi sono quelli per raggiungere 1000 persone e il CPM, quindi il costo per 1000 *impression*. Il CPM è sempre uguale o maggiore del *Costo* per 1000 persone raggiunte. Se la *Frequenza* è 1, i due costi sono identici; più la *Frequenza* è alta, più la forbice si allarga.

Il dato che ci fornisce maggiori informazioni, qui, è la *Frequenza*. Questa indica il numero medio di volte che la nostra inserzione è stata mostrata alle persone. Una *Frequenza* alta è sintomo di qualcosa che non sta andando per il verso giusto. Ma quanto alta? Anche in questo caso dipende da più fattori, tra cui l'obiettivo che ci siamo posti.
Immaginiamo di avere come obiettivo quello di Mi piace alla pagina. Se dovessimo avere 1 come *Frequenza* vorrebbe dire che, in media, la nostra inserzione viene mostrata una sola volta agli utenti che poi compiono un'azione, cioè ci concedono il loro Like. Se la *Frequenza* invece è più alta, questo può significare o che abbiamo utilizzato una creatività poco rilevante oppure che abbiamo identificato un target non corretto.
Se invece la nostra è una campagna di awareness, una *Frequenza* più alta non è di per sé un problema, dato che quello che stiamo cercando è di mostrare più volte il nostro messaggio alle persone, in modo che il brand o il messaggio sia riconosciuto e ricordato più facilmente. Una *Frequenza* alta potrebbe anche essere causata da un bacino piccolo (cioè da un target difficile) oppure da un budget troppo alto.
In generale, se ricerchiamo un'interazione, la *Frequenza* dovrebbe essere bassa e non superare mai 3 o 4. Se invece il nostro obiettivo è di *awareness* oppure di *impression*, una *Frequenza* anche di 5 o 6 non dovrebbe costituire un problema.

Interazioni

I dati sui costi e i dati sulla *Frequenza* ci danno un'idea molto numerica di quello che sta succedendo con la nostra inserzione, ma sono ancora lontani dal definire un indice di "qualità" della nostra campagna.
Nel pannello *Interazioni* abbiamo tutti i dati relativi a come, effettivamente, i nostri utenti stanno interagendo con l'inserzione (Figura 8.9).

Persone che effettuano un'azione	"Mi piace" sul post	Commenti ai post	Condivisioni dei post	Clic sul link	"Mi piace" sulla Pagina
481.041	20.274	576	6527	486	3210
36.698	114	1	20	50	23
37.397	896	34	197	4	3649

Figura 8.9 Il pannello delle interazioni, con i relativi dati.

Sono tutti dati assoluti, per cui di difficile lettura se non rapportati a nulla. Abbiamo avuto 100 commenti, per esempio: sono tanti o pochi? Considerando i dati che abbiamo visto in precedenza, possiamo avere un'idea più chiara della bontà di questi risultati. A seconda del nostro obiettivo ne prenderemo in considerazione alcuni e non altri. Se la campagna è di acquisizione fan, vediamo i Mi piace. Se è di *drive-to-site*, i clic. I commenti, le condivisioni e i Mi piace al post hanno senso se il nostro obiettivo è di interazione, altrimenti sono dati secondari, che comunque possono darci un'idea della qualità della nostra inserzione. Se oltre a fare *drive-to-site*, la nostra immagine ha raggiunto anche un buon numero (non assoluto, ma relativo) di Mi piace, allora possiamo ipotizzare di aver creato un'immagine di impatto che lavora bene su due fronti. Allo stesso modo, se abbiamo impostato una campagna di interazione con il post che, in più, ha anche portato dei Mi piace alla pagina, significa che il contenuto che abbiamo sponsorizzato ha funzionato molto bene anche come gancio per il nostro brand.

Facendo un semplice rapporto tra il numero di persone raggiunte e il numero di persone coinvolte (nella prima colonna) abbiamo un'indicazione di quanto la nostra inserzione stia suscitando l'interesse del target. Anche in questo caso, però, il dato va rapportato con una media. Se per esempio sappiamo che, organicamente, interagisce con il nostro post una persona ogni 15 raggiunte, possiamo valutare la concordanza del target e la qualità della nostra creatività calcolando la percentuale di interazione della campagna. Se abbiamo raggiunto 100.000 persone che hanno compiuto, in totale, 3000 azioni, vuol dire che è scaturita un'azione ogni 33 persone raggiunte. Questo dato, affiancato a quello sul costo per obiettivo e alla *Frequenza*, può darci maggiori dettagli per valutare il successo o meno dell'inserzione.

Interazioni con il video

In questo pannello troveremo tutte le informazioni relative alle nostre inserzioni con video. Le colonne contengono un livello di profondità sempre maggiore, che ci permette di capire se il nostro video sta avendo successo o meno e, in quest'ultimo caso, dove potrebbe essere il problema.

Dopo aver valutato le *Visualizzazioni* dell'inserzione, cioè le *impression*, abbiamo i primi dati sulle visualizzazioni del video (Figura 8.10).

Visualizzazioni	Visualizzazioni del video	Costo per v...	Visualizzazioni di 10 sec...	Costo...	Copertura	Importo speso
3.317.907	648.134	€ 0,01	–	–	1.443.612	€ 5000,00 di € 5000,00
372.774	54.477	€ 0,01	15.397	€ 0,02	160.189	€ 300,00 di € 300,00
301.226	39.558	€ 0,02	9037	€ 0,11	169.487	€ 972,45 di € 972,45

Figura 8.10 Dati relativi alle visualizzazioni dei video.

Queste sono divise in due colonne: da una parte il numero di volte che il video è stato visto per almeno 3 secondi; nell'altra colonna le volte in cui è stato visualizzato per almeno 10 secondi. Se il nostro video è inferiore ai 10 secondi totali, in questa colonna troviamo il numero di volte che il video è stato visto per almeno il 97 percento della durata complessiva. Tra la prima e la seconda colonna molto probabilmente noteremo un calo, a volte anche alto. Ritroviamo qui il primo indice per capire se il video sta avendo il giusto successo o meno. Per andare più nei dettagli, dobbiamo spostarci tra le colonne successive, dopo l'importo speso, che ci danno una percentuale media di visualizzazione del video (Figura 8.11).

% media del video visualizzata	Visualizzazioni del video fino al 25%	Visualizzaz...	Visualizz...	Visualiz...	Visualizzazioni del video fino...
27,81%	174.787	106.457	75.448	46.787	39.997
7,41%	2283	1276	943	785	503
18,33%	5048	2225	1505	1181	1088

Figura 8.11 Altri dati relativi alle visualizzazioni dei video.

Unendo questo dato con il numero di volte in cui il video è stato visto fino a una certa percentuale della sua durata (25 percento, 50 percento, 75 percento, 95 percento, 100 percento) possiamo definire con maggior esattezza, qual è il momento di maggior abbandono e cercare di capirne il perché.

Interazioni con l'applicazione

I dati che ritroviamo tra queste colonne riguardano tutte le interazioni e le installazioni della nostra applicazione, suddivise per mobile e per desktop con i relativi costi (Figura 8.12).

Installazioni applicazione mobile	Azioni da applicazione mobile	Costo per installazione di applicazione mobile	Costo per azione da applicazione mobile
238	1127	€ 1,68	€ 0,35
121	273	€ 3,30	€ 1,46

Figura 8.12 Dati relativi alle interazioni con l'applicazione.

Oltre a questi dati, ne abbiamo tre riguardanti le interazioni che il nostro target ha avuto con il post attraverso il quale abbiamo promosso la nostra app (Figura 8.13).

"Mi pi...	Commen..	Condivis...
20.274	576	6527
3400	93	265
1669	82	233

Figura 8.13 I dati relativi alle interazioni con il post di promozione dell'applicazione.

Anche in questo caso, per poter scindere gli eventuali fattori di insuccesso, è necessario mettere in relazione i dati di interazione con l'applicazione con quelli di interazione con il post. Se il nostro post sta avendo un buon successo, ma le interazioni con l'applicazione sono minime, possiamo ipotizzare che il problema si trovi nell'applicazione stessa, ma non nella comunicazione.

Interazioni con le inserzioni carosello

Se la nostra campagna di *drive-to-site* ha usato più immagini, quindi il formato carosello, tutte le informazioni relative le troviamo in questo pannello. Se analizziamo i dati a livello *Gruppo di inserzioni* (come nelle Figure 8.14 e 8.15) vediamo i dati cumulativi. Scendendo poi a livello di *Inserzione*, possiamo averli differenziati per singola immagine utilizzata. Molte delle metriche presenti in questo pannello sono state già viste. I *Clic* indicati nella Figura 8.14 si riferiscono ai clic complessivi registrati sull'inserzione (per esempio anche un clic sul nome della nostra pagina) pertanto sono sempre più alti rispetto ai *Clic sul link* che ritroviamo in Figura 8.15.

Copertura	Frequenza	Visualizzazioni	Clic (tutti)	Clic unici (tutti)	CTR (tutti i clic)	CTR unico (tutti i clic)	Importo speso
1.443.612	2,30	3.317.907	93.847	66.965	2,83%	4,64%	€ 5000,00 di € 5000,00
355.686	1,72	613.092	11.791	8714	1,92%	2,45%	€ 599,93 di € 600,00
33.350	2,02	67.260	981	837	1,46%	2,51%	€ 150,00 di € 150,00

Figura 8.14 I dati di una campagna con formato carosello.

CPM ...	Costo per 1000 person...	CPC (Tutto)	Costo per clic unico (tutti)	Azioni	Persone...	Clic sui link	CTR (Link)
€ 1,51	€ 3,46	€ 0,05	€ 0,07	679.207	481.041	486	0,01%
€ 0,98	€ 1,69	€ 0,05	€ 0,07	9758	9042	1743	0,28%
€ 2,23	€ 4,50	€ 0,15	€ 0,18	6470	1941	22	0,03%

Figura 8.15 Gli altri dati di una campagna con formato carosello.

Un dato interessante di cui abbiamo già parlato qualche pagina fa è quello relativo al CTR, cioè la percentuale di clic sulle *impression*. Questo è un dato immediato che ci consente di capire quanto sta funzionando il nostro *drive-to-site*, cioè quante persone stiamo portando effettivamente al sito. Scendendo nei dettagli dell'*Inserzione* possiamo vedere se tutte le immagini stanno registrando dati simili oppure se ci sono immagini che funzionano meglio rispetto ad altre, così da valutare un'eventuale modifica delle creatività.
Dopo l'ultima colonna del CTR in Figura 8.15, i dati continuano con tutti quelli relativi alle conversioni (quindi installazione dell'app, contatti, visualizzazioni di pagine web chiave, iscrizioni, aggiunta al carrello e così via) e relativi costi. Se non abbiamo inserito un Pixel, questi dati non sono disponibili e non potremo valutare il comportamento di navigazione dei nostri utenti. Il consiglio, quindi, è quello di inserire sempre il Pixel (al di là che l'obiettivo sia di conversione o solo di traffico al sito) così da avere anche una valutazione sulla nostra pagina di atterraggio. Se, infatti, riusciamo ad avere un buon CTR, ma poi gli utenti non convertono, possiamo andare a valutare (dopo aver analizzato bene i dati del sito) di apportare alcune modifiche al sito stesso.

Prestazioni e clic

Il pannello *Prestazioni e clic* non ci presenta nulla di nuovo, se non un'aggregazione dei dati già visti relativi alle prestazioni e quelli dei clic. È un modo, facilitato, per avere subito sotto controllo questo insieme di informazioni e ha senso per tutte quelle campagne che hanno come obiettivo il *drive-to-site* o la conversione (Figure 8.16 e 8.17).

Tra dispositivi

L'ultimo pannello che possiamo visualizzare è quello definito *Tra dispositivi*. È il pannello che contiene tutte le informazioni restituite dal Pixel oppure relative alla nostra app. Anche in questo caso si tratta di dati che abbiamo già visto e risulta di più facile lettura inserire solo la colonna che ci interessa (per esempio "aggiunta al carrello" e relativo costo) nel pannello *Prestazioni e clic*. In questo modo avremo la possibilità di leggere subito un insieme di informazioni, piuttosto che saltare da un pannello all'altro per confrontare i dati.

Risultati	Copertura	Frequenza	Costo	Importo speso	Data di fine
648.134 Visualizzazioni...	1.443.612	2,30	€ 0,01 Per visuali...	€ 5000,00 di € 5000,00	7 aprile 2015
54.477 Visualizzazioni...	160.189	2,33	€ 0,01 Per visuali...	€ 300,00 di € 300,00	4 gennaio 2016
36.433 Visualizzazioni...	108.771	2,45	€ 0,01 Per visuali...	€ 297,02 di € 297,02	29 dicembre 2015

Figura 8.16 I dati relativi alle prestazioni e ai clic.

Clic (tutti)	CTR (tutti i clic)	CPC (Tutto)	Visualizzazioni	CPM ...	Clic sui link	CPC (li...	CTR (Lin...
93.847	2,83%	€ 0,05	3.317.907	€ 1,51	486	€ 10,29	0,01%
1773	0,48%	€ 0,17	372.774	€ 0,80	50	€ 6,00	0,01%
1205	0,45%	€ 0,25	267.004	€ 1,11	25	€ 11,88	0,01%

Figura 8.17 Altri dati relativi alle prestazioni e ai clic.

Personalizzare le colonne

I pannelli che abbiamo visto finora raggruppano i dati per macro-insiemi tematici. Sono utili perché, con un semplice clic, possiamo passare da alcune informazioni ad altre e valutare la campagna nell'insieme.

Una cosa che possiamo fare (anzi, che è davvero consigliabile fare), è però quella di creare un pannello personalizzato contenente le informazioni che più ci interessano. Nella personalizzazione della colonna ci sono alcuni dati che non sono presenti di default, ma che a noi potrebbero interessare (per esempio la percentuale dei risultati oppure i Feedback negativi nella Figura 8.18).

I dati a disposizione sono tanti e, proprio per questo, consentono di creare un report adattabile a ciascuna necessità e obiettivo.

Figura 8.18 La selezione dei dati per personalizzare una colonna di report.

Dettagli in base alla pubblicazione

Come abbiamo detto in precedenza, tutti i dati visti finora possono essere incrociati con altre informazioni utili, soprattutto in quei casi in cui la campagna non stia dando i risultati attesi. Si tratta di informazioni che ci consentono di andare ancora più in profondità, valutando, per esempio, se stanno interagendo più uomini o più donne, a che orario, da quale dispositivo e così via.

Il primo gruppo riguarda i dettagli di pubblicazione, che contiene dieci diverse categorie (Figura 8.19).

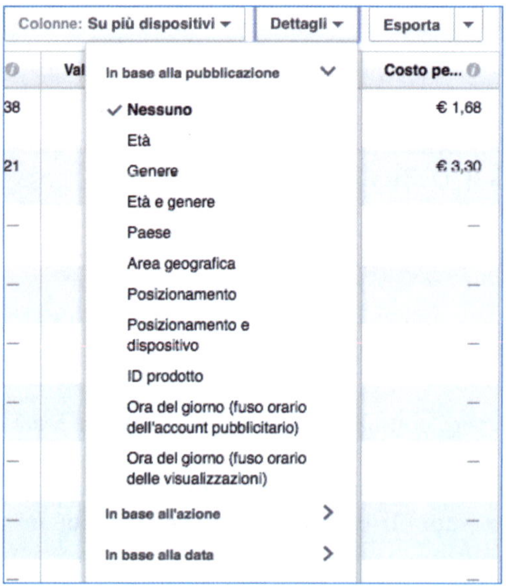

Figura 8.19 Il pannello dei dettagli.

Selezionando la riga *Età* abbiamo tutti i dettagli relativi alle metriche che ci interessano (quindi *Performance*, *Clic* e così via) suddivisi per fasce d'età. Nell'esempio della Figura 8.20 possiamo vedere che la fascia d'età 45-54 è quella che sta interagendo meno (molto meno) rispetto alle altre fasce e alla media. È evidente, quindi, che quando c'è stata la definizione del target questa non è stata fatta in modo accurato. Se invece è una fascia d'età che ci interessa, vuol dire che l'inserzione e la sua creatività non stanno catturando la sua attenzione. Ciò che possiamo fare, per ottimizzare il budget, è eliminare questa fascia dal nostro target oppure creare una nuova inserzione con una creatività *ad hoc* solo per essa.

	45-54				–	4	€ 0,00
	35-44				–	68	€ 0,00
	25-34				–	99	€ 0,00
	18-24				–	67	€ 0,00

Figura 8.20 Un esempio di dettagli per età.

Se invece non ci interessa sapere qual è la fascia d'età più reattiva, bensì il genere, andiamo a selezionare la seconda colonna. Nell'esempio della Figura 8.21 possiamo vedere che la maggiore interazione avviene con le donne, mentre gli uomini interagiscono meno. Tuttavia, le informazioni relative ai costi ci dicono che sono pressapoco uguali per i due cluster. In questo caso, quindi, si tratta semplicemente di due grandezze di bacino differenti. Immaginiamo, invece, che i costi fossero stati più alti per gli uomini. In quel caso, di nuovo, poteva trattarsi di un'immagine sbagliata oppure della definizione di un target errato. Eliminare gli uomini dal target oppure creare una nuova inserzione solo per loro avrebbe senz'altro fatto abbassare i costi complessivi, portando la campagna ad avere un risultato migliore.

Donne			1331	28.975	€ 0,18	€ 240,84
Uomini			282	9685	€ 0,21	€ 60,11
Sconosciuto			2	80	€ 0,34	€ 0,67

Figura 8.21 Un esempio di performance suddivise per genere.

Se ci interessa una combinazione delle due categorie precedenti, andiamo a selezionare direttamente la riga *Età e genere*, così da ottenere immediatamente una visione d'insieme (Figura 8.22).

25–34 Donne			17	741	€ 0,11	€ 1,85
25–34 Uomini			4	884	€ 0,31	€ 1,24
25–34 Sconosci...			–	–	–	€ 0,02
35–44 Donne			111	3202	€ 0,16	€ 17,47
35–44 Uomini			22	1513	€ 0,23	€ 5,03
35–44 Sconosci...			1	16	€ 0,14	€ 0,14
45–54 Donne			331	8912	€ 0,20	€ 65,08
45–54 Uomini			92	2525	€ 0,19	€ 17,10
45–54 Sconosci...			1	24	€ 0,14	€ 0,14

Figura 8.22 In questo caso le performance sono suddivise per età e genere.

Proseguendo abbiamo le informazioni relative al *Paese* o all'*Area geografica* (Figura 8.23 e 8.24).

Regno Unito			113	8254	€ 0,70	€ 78,94
Italia			2712	122.621	€ 0,20	€ 532,31
Paesi Bassi			66	2463	€ 0,29	€ 18,98
Russia			368	23.641	€ 0,39	€ 141,81
Stati Uniti d'America			390	12.508	€ 0,51	€ 200,41

Figura 8.23 Informazioni relative al Paese.

Abruzzo	–	14	–	€ 0,11
Aosta Valley	–	8	–	€ 0,04
Basilicata	–	–	–	€ 0,07
Calabria	–	40	–	€ 0,17
Campania	2	48	€ 0,13	€ 0,25
Emilia-Romagna	–	72	–	€ 0,40
Friuli-Venezia Giulia	–	16	–	€ 0,22
Lazio	8	199	€ 0,28	€ 2,28
Liguria	3	24	€ 0,09	€ 0,27
Lombardia	1022	25.089	€ 0,15	€ 151,03

Figura 8.24 Suddivisione dei dati per regione.

Le informazioni relative ai dispositivi tramite i quali i nostri utenti accedono e hanno visto la nostra inserzione sono molto importanti. Senz'ombra di dubbio le visualizzazioni da mobile sono sempre maggiori rispetto a quelle da computer. Ciò che è importante valutare, qui, è il costo. Se notiamo un'alta discrepanza di costo tra i due posizionamenti possiamo valutare di spegnerne uno e lasciar correre l'inserzione solo sull'altro (Figura 8.25).

Sezione Notizie su computer	107	3511	€ 0,25	€ 27,14
Sezione Notizie su dispositivi mobili	1508	35.409	€ 0,18	€ 274,48

Figura 8.25 Dettagli per posizionamento.

Se volessimo andare ancora più in profondità, possiamo scegliere di vedere i dati relativi al posizionamento e ai dispositivi usati. Abbiamo visto nel capitolo del target che questo può essere identificato anche in base ai dispositivi utilizzati. Se notassimo dei costi troppo diversi tra, per esempio, gli utenti Android e quelli iOS allora, anche in questo caso, dobbiamo valutare se la nostra inserzione possa risultare più efficace lasciando solo determinati utenti e non altri (Figura 8.26).

Sezione Notizie su dispositivi mobili	Dispositivo: Altro	10	247	€ 0,25	€ 2,46
Sezione Notizie su computer	Dispositivo: Computer	107	3511	€ 0,25	€ 27,14
Sezione Notizie su dispositivi mobili	Dispositivo: iPhone	168	3854	€ 0,15	€ 25,84
Sezione Notizie su dispositivi mobili	Dispositivo: iPad	51	2118	€ 0,24	€ 12,24
Sezione Notizie su dispositivi mobili	Dispositivo: Smartphone...	1195	27.844	€ 0,18	€ 219,33
Sezione Notizie su dispositivi mobili	Dispositivo: Tablet Andr...	84	1704	€ 0,17	€ 14,60
Sezione Notizie su dispositivi mobili	Dispositivo: iPod	–	6	–	€ 0,01

Figura 8.26 Dettagli per posizionamento e dispositivo.

La riga ID prodotto può essere utilizzata per le Ads Dinamiche che abbiamo già visto, e ci dà le informazioni relative ai diversi prodotti che sono stati mostrati e all'interazione degli utenti con essi.

Le ultime due righe riguardano le informazioni sulle ore in cui si registrano le maggiori interazioni con la nostra campagna (Figura 8.27).
Abbiamo visto che quando impostiamo la durata della nostra campagna, possiamo decidere se farla apparire in determinati giorni o soltanto in alcune ore. Grazie a questi dati possiamo vedere quali sono i momenti di maggior afflusso e con maggiori interazioni, per valutare, eventualmente, di mostrare l'inserzione solo in deteminate fasce orarie.

0:00 – 1:00		55	–	€ 0,17	€ 9,58
1:00 – 2:00		30	–	€ 0,13	€ 3,82
2:00 – 3:00		3	–	€ 0,44	€ 1,33
3:00 – 4:00		3	–	€ 0,29	€ 0,88
4:00 – 5:00		4	–	€ 0,29	€ 1,17
5:00 – 6:00		23	–	€ 0,11	€ 2,48
6:00 – 7:00		42	–	€ 0,18	€ 7,75
7:00 – 8:00		72	–	€ 0,19	€ 13,68

Figura 8.27 Dettagli sulle fasce orarie di maggior attività per la nostra inserzione.

Analizzare i dati con Power Editor

Quando abbiamo parlato degli strumenti, abbiamo visto come *Power Editor* sia impostato in modo da avere nella sua schermata principale tutti i dati più importanti per facilitare il processo di analisi. Al contrario di *Gestione inserzioni*, dove ci sono diverse colonne personalizzabili o categorizzate in base ai pannelli, su *Power Editor* abbiamo tutti i dati sul lato destro della schermata, e siamo noi a personalizzarli aggiungendo o togliendo metriche (Figura 8.28).

Campagne				Prestazioni									Panoramica
Nome della camp	▲	Stato	Pubblicazione	Risultati	Costo	Copertura	Visualizzazio	Clic	CPM medio	CPC medio	% CTR	Spesa	Obiettivo
Post: "Svegl...			Completata	886 Visualizzazioni video	€ 0,00 Per visualizzazione del	3161	3734	53	€ 0,80	€ 0,06	1,419%	€ 3,00	Visualizz
Post: "L'ape...			Completata	514 Interazioni con il post	€ 0,04 Per interazione con il	10.376	11.678	587	€ 1,71	€ 0,03	5,027%	€ 20,00	Interazio

Figura 8.28 La schermata con i dati principali di Power Editor (https://business.facebook.com/ads/manage/powereditor).

A seconda che ci troviamo nel pannello *Campagne*, *Gruppi di inserzioni* o *Inserzioni* possiamo andare a selezionare determinate metriche e non altre.
Nel pannello *Campagne* possiamo personalizzare le colonne con i dati rappresentati nella Figura 8.29.
Per quanto riguarda i *Gruppi di inserzioni*, i dati sono rappresentati nella Figura 8.30, mentre per le Inserzioni sono rappresentati nella Figura 8.31.
Per il resto, poi, anche su *Power Editor* possiamo filtrare le campagne in base agli obiettivi o alle metriche, così come selezionare un periodo temporale ed estrarre i dati in un report. Il funzionamento, quindi, è il medesimo visto per *Gestione inserzioni*.

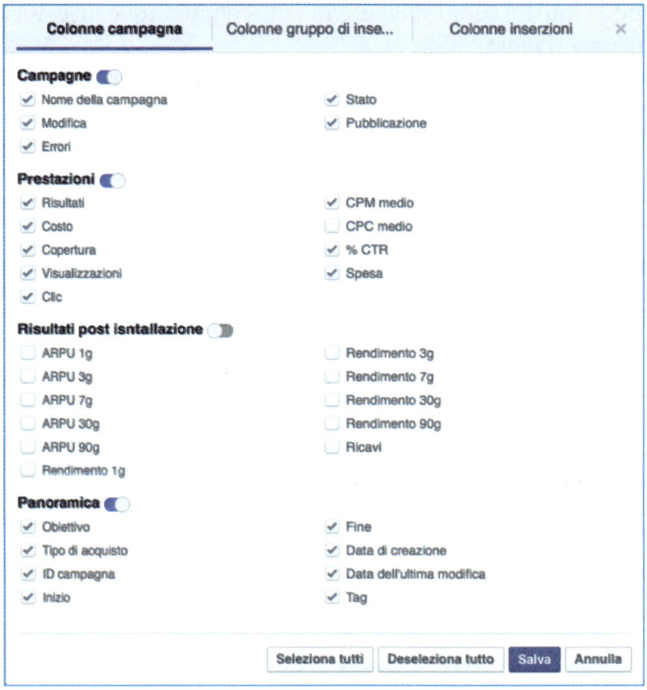

Figura 8.29 I dati disponibili per la personalizzazione delle colonne campagna su Power.

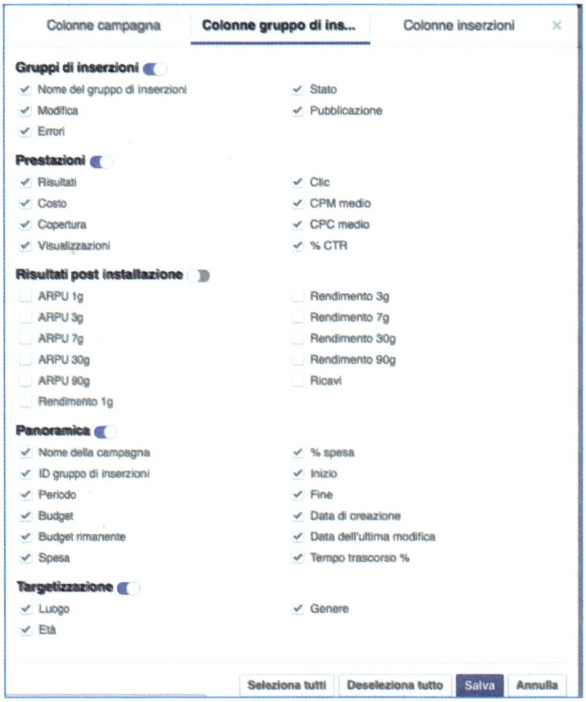

Figura 8.30 I dati disponibili per personalizzare le colonne dei Gruppi di inserzioni.

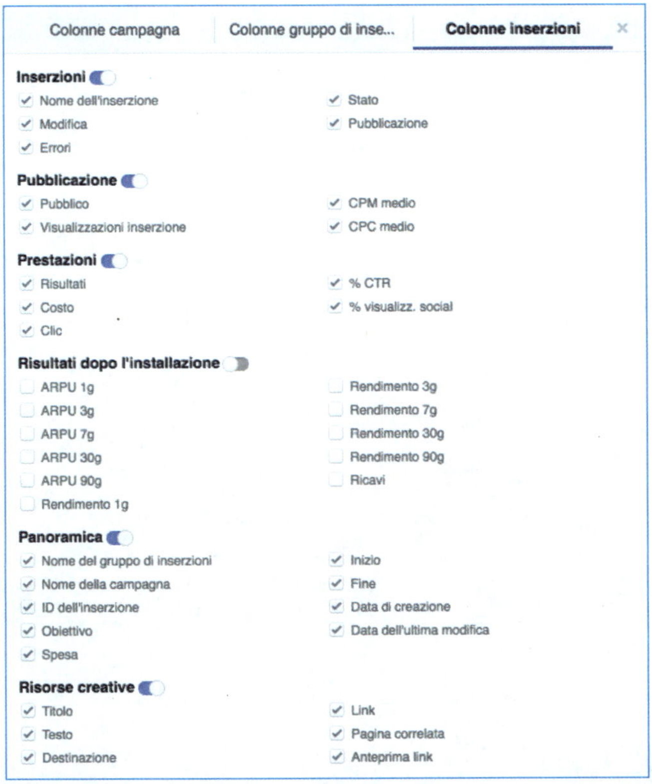

Figura 8.31 I dati disponibili per personalizzare le colonne delle Inserzioni.

Capitolo 9

Ottimizzare la campagna

In questo capitolo

- **Gli A/B Test**

Con l'analisi dei risultati siamo arrivati ipoteticamente alla fine della nostra campagna pubblicitaria su Facebook, ora non ci resta che ricominciare da capo. Creare una campagna su Facebook o Instagram, come abbiamo visto, è sì un percorso lineare, fatto di passi, ma ciascuno di essi contiene bivi che comportano scelte. A volte queste scelte sono certe, altre volte derivano da ipotesi e supposizioni. In fase di implementazione della campagna potremmo avere dei dubbi talmente forti da impedirci di proseguire: il target che abbiamo scelto è quello giusto? Cosa succederebbe se scegliessimo interessi differenti, o una creatività diversa?
Se abbiamo già fatto una lunga serie di campagne con medesime obiettivi, possiamo far riferimento allo storico e prenderlo come punto di riferimento per impostare la nuova inserzione: in fin dei conti le campagne fatte nel passato non sono altro che dei test che ci hanno portato (o ci porteranno) alla soluzione più efficace. Se invece non abbiamo una serie di dati cui far riferimento, non possiamo permetterci di sprecare budget impostando campagne di cui non siamo sicuri e proseguire così, a tentoni, fino a identificare le variabili che riteniamo migliori. È qui che ci viene in aiuto l'*A/B Test*.
Ne abbiamo già parlato velocemente nei capitoli precedenti, ma andiamo a vederlo più in profondità.

Gli A/B Test

L'A/B Test (detto anche *split test*) mette a confronto due elementi per valutare quale produce i risultati migliori. Viene utilizzato spesso in altre campagne di digital marketing (per esempio per le newsletter) e può essere utilizzato anche per l'advertising su Facebook e Instagram. Comparando due inserzioni che differiscono tra loro per un solo elemento, isoliamo la variabile che ci interessa studiare riuscendo a identificare, alla fine, l'opzione migliore.

Un A/B Test può essere eseguito ipoteticamente su qualsiasi elemento della campagna, ma sono soprattutto due quelli sui quali dà i risultati migliori: la creatività e il target. Infatti, nel primo caso potremmo avere delle difficoltà nel predire quale immagine, testo o *call-to-action* funzioni meglio per il nostro target; nel secondo caso potremmo essere indecisi su quali siano le caratteristiche più identificative di tale target.

Riprendendo la struttura della campagna così com'è su Facebook (Figura 9.1) abbiamo una lista degli elementi sui quali è possibile svolgere un test.

	Campaign	Ad Set	Ad
On/Off Control	X	X	X
Reporting Available	X	X	X
Objective	X		
Schedule		X	
Budget		X	
Bidding		X	
Targeting		X	
Creative			X

Figura 9.1 La suddivisione di una campagna su Facebook e i relativi elementi (https://business.facebook.com/ads/manager/audiences/).

In linea generale possiamo confrontare gli obiettivi (a livello di *Campagna*), la programmazione, il budget, i costi e il target nei *Gruppi di inserzioni*, la creatività nelle *Inserzioni*. Affinché il test dia dei risultati validi è necessario, prima di tutto, definire bene qual è l'elemento che vogliamo testare e, in secondo luogo, identificare una rosa di scelte limitata. I test, infatti, ci aiutano a trovare la strada migliore se ci troviamo davanti a un bivio o quando siamo indecisi tra due o tre opzioni. Se non abbiamo studiato il target, non sappiamo quali sono gli obiettivi né come vogliamo raggiungerli, allora difficilmente l'A/B Test può darci risposte statisticamente rilevanti. Fare un test usando decine di immagini o demografiche, produrrà solo una serie di dati poco affidabili, che non ci aiuteranno a prendere una decisione (oltre a portare a uno spreco di budget).

Il numero di test che possiamo svolgere è enorme, ma dobbiamo concentrarci solo su quelli che è più probabile abbiano un impatto sulla nostra campagna. Se il nostro prodotto è prettamente femminile, testare la campagna anche su un target maschile è irrilevante. Dobbiamo, quindi, escludere gli esperimenti che sappiamo già a priori essere inutili. Come in un imbuto, bisogna partire dalle discrepanze più palesi per poi affinare, sempre di più, gli elementi di confronto. I due gruppi di elementi che vogliamo testare devono essere effettivamente differenti: variare lo sfondo dell'immagine, oppure una parola, così come concentrarsi su due range di età molto vicini tra loro può non portare ad alcun risultato. Testare un'immagine e un'illustrazione, invece, per esempio, può essere di gran lunga più significativo. Dopo un primo test, più grossolano, possiamo eventualmente concentrarci su test più granulari.

Quindi il consiglio è di cominciare con test ad ampio raggio e raffinare man mano il tiro non appena iniziano ad arrivare risultati significativi. Questo ci consente anche di raggiungere risultati in meno tempo.

Affinché l'A/B Test abbia un valore statistico è necessario che le due soluzioni abbiano lo stesso budget e registrino le stesse *impression*. Se destinassimo 10 € sul primo *Gruppo di inserzioni* e 100 € sul secondo, il valore del test sarebbe nullo. Allo stesso modo, una forte divergenza di *impression* tra i due gruppi potrebbe pregiudicare il valore dei risultati.

Proprio quest'ultimo punto ci porta a un'altra questione molto importante quando si parla di test: quanto budget destinargli? Anche in questo caso, come abbiamo visto nel capitolo dedicato al budget, la risposta è che... non c'è una risposta. L'indicazione generale è quella di allocare un budget tale che ci permetta di raggiungere risultati statisticamente validi in un arco temporale relativamente breve.

Quando effettuiamo un test, non possiamo permetterci di far durare la campagna un mese, ma dobbiamo arrivare a una risposta nel più breve tempo possibile. Pertanto, la scelta del budget, anche in questo caso, dipende da quelli che noi riteniamo essere risultati validi. Se l'obiettivo generale della nostra campagna è quello di avere una conversione e sappiamo che in media una conversione ha un costo di 0,50 €, possiamo ipotizzare che 20 conversioni per *Gruppo di inserzioni* possano essere un risultato minimo, ma esplicativo. Pertanto andremo ad allocare un budget tale che ci permetterà di arrivare a questo primo risultato. Nella Figura 9.2 possiamo vedere la homepage di un sito che può aiutarci nel valutare se i risultati del nostro A/B Test sono rilevanti o meno.

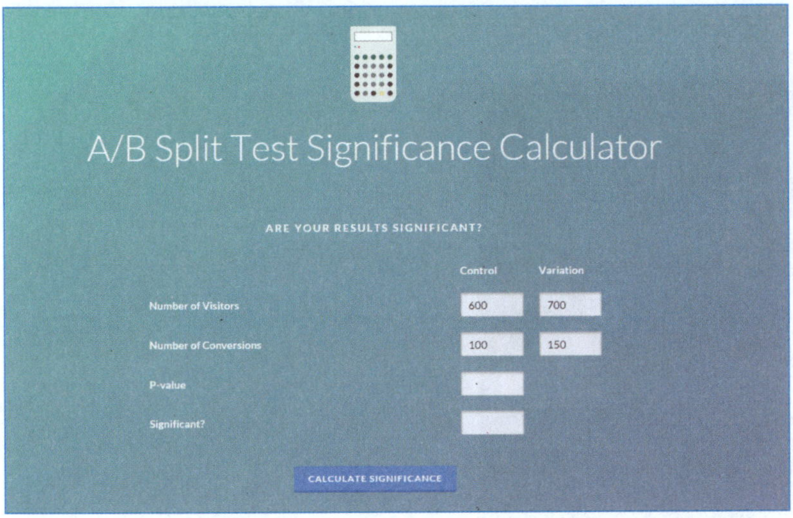

Figura 9.2 Homepage del sito A/B Split Test Significance Calculator (https://vwo.com/ab-split-test-significance-calculator/).

Quando le performance dei diversi gruppi testati cominciano a registrare delle differenze, allora vuol dire che il nostro test sta dando risultati. Più la forbice è ampia e più la risposta è chiara, consentendoci così di partire con una nuova campagna ottimizzata solo sugli elementi con i risultati migliori.
Una volta terminato il nostro A/B Test possiamo adottare diverse soluzioni. La prima è quella di sospendere l'inserzione che sta funzionando peggio e lasciare attiva solo quella con le performance migliori. In alternativa alla sospensione, quello che si può fare è ridistribuire il budget tra i *Gruppi di inserzioni*, in modo da continuare a investire sul Gruppo che sta funzionando meglio e lasciare un budget marginale all'altro Gruppo, così da poter continuare comunque a monitorare la seconda inserzione e capire meglio le ragioni del suo insuccesso.
L'ultimo aspatto da tenere in considerazione è che con l'A/B Test possiamo rischiare di sprecare budget. Questo può accadere per diverse ragioni, ma se le ipotesi di partenza (e quindi i nostri dubbi sugli elementi da testare) si rivelano errate, il test è inefficace. Non sempre i nostri test potrebbero avere successo e fornirci dati rilevanti. È un rischio che va preso in considerazione e che deve spingerci a fare un A/B Test quando siamo sicuri dei nostri dubbi.

Come creare un A/B Test

Abbiamo detto in precedenza che i test possono essere fatti a livello di *Campagna*, di *Gruppo di inserzioni* e di *Inserzioni*. Però abbiamo anche detto che, per essere significativo, un test dovrebbe suddividere equamente il budget e le *impression* tra i due gruppi che stiamo testando. A livello di *Campagna* (quindi testando due obiettivi differenti) possiamo avere risultati difficilmente equiparabili e quindi poco significativi. Se possiamo definire uno stesso budget per due obiettivi differenti, sono i costi a essere divergenti e quindi difficilmente confrontabili. Il consiglio, quindi, è di evitare un A/B Test per obiettivi, onde evitare sprechi.
Nella Figura 9.3 abbiamo un riassunto visivo di cosa testare e dove andarlo a fare.

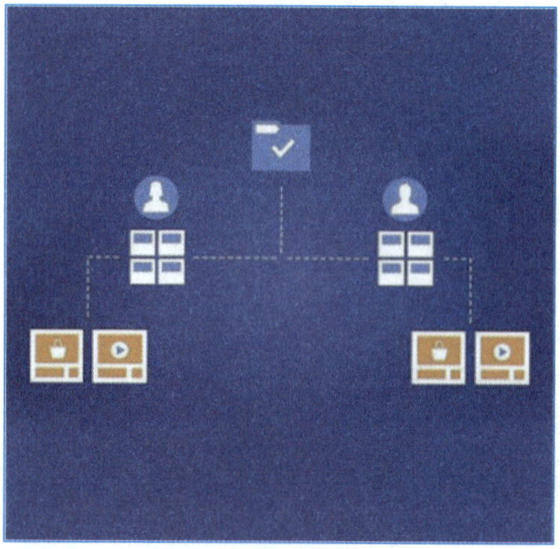

Figura 9.3 La suddivisione di una pubblicità su Facebook in Campagna, Gruppo di inserzioni e Inserzioni (https://www.facebook.com/blueprint).

Se escludiamo la *Campagna*, per i motivi appena accennati, i test possono essere effettuati a livello di *Gruppo di inserzioni* (per il target) e *Inserzioni* (per le creatività).
Nel primo caso possiamo suddividere il budget per ciascun gruppo, garantire un numero di *impression* simili e valutare, alla fine, la soluzione migliore. Immaginiamo di voler testare il target maschile contro il target femminile. Per ciascun gruppo allochiamo 50 €, una durata di 2 giorni e un'ottimizzazione per CPM. Dopo i due giorni ciascun gruppo avrà esaurito il budget e potremo andare a confrontare quale dei due gruppi ha registrato le performance migliori.
A livello di *Inserzioni*, invece, Facebook non permette di suddividere il budget, ma attua un'ottimizzazione automatica che è di per sé un A/B Test. Infatti Facebook valuta qual è l'inserzione che sta registrando i risultati migliori e ottimizza il budget su quella, tralasciando l'altra. Immaginiamo che nel *Gruppo di inserzioni* con il target donna abbiamo creato un'inserzione con una creatività che mostra solo il prodotto e una seconda *Inserzione* con una creatività che mostra una persona interagire con il prodotto. Dopo un po' di tempo, Facebook identifica la creatività con il costo più basso e mostra al resto del target soprattutto quell'*Inserzione*. Questa ottimizzazione automatica è di per sé un'indicazione del risultato migliore, ma non ci permette di analizzarlo e confrontare, numericamente, le due alternative.
La soluzione può essere quella di testare anche le creatività a livello di *Gruppo di inserzioni*: se ne creano due con stesso budget, stesso target e stessa durata, differenziate però nelle immagini.
Andiamo a vedere ora come creare i due gruppi a seconda del fatto che si voglia effettuare un test in un *Gruppo di inserzioni* oppure in un'*Inserzione*.

Fare un test in un Gruppo di inserzioni

Questi test, l'abbiamo detto, servono soprattutto per valutare come reagiscono due target differenti a una stessa creatività; reagirà meglio il target 20-40 oppure quello 40-60? La creatività sarà più efficace per coloro che hanno espresso un interesse generico nei confronti del nostro prodotto oppure per coloro con un interesse specifico per il nostro settore?
Le risposte sono nel nostro A/B Test.
Per creare un A/B Test con *Gestione inserzioni*, la prima cosa che dobbiamo fare è creare una campagna: andiamo quindi a selezionare *in primis* l'obiettivo, dopodiché procediamo con la selezione del target A su cui allocheremo il budget, che deve essere lo stesso del Target B, scegliamo il costo, la durata, la creatività e il nostro primo gruppo è pronto.
A questo punto torniamo a livello di *Gruppo di inserzioni* dove c'è il nostro primo target. Dopo averlo selezionato compare la possibilità di creare un *gruppo di inserzioni simili* (Figura 9.4).

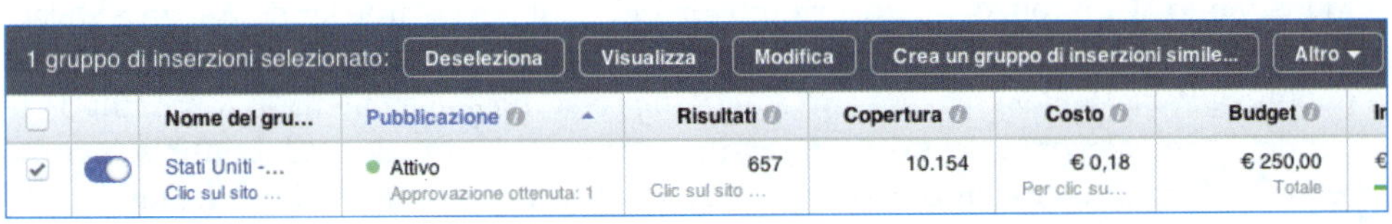

Figura 9.4 La creazione di un gruppo di inserzioni simili su Gestione inserzioni (https://business.facebook.com/ads/manager/).

Facendo clic sul pulsante, abbiamo la possibilità di modificare il nuovo *Gruppo di inserzioni* (Figura 9.5) che mantiene le stesse specifiche, compreso il nome.

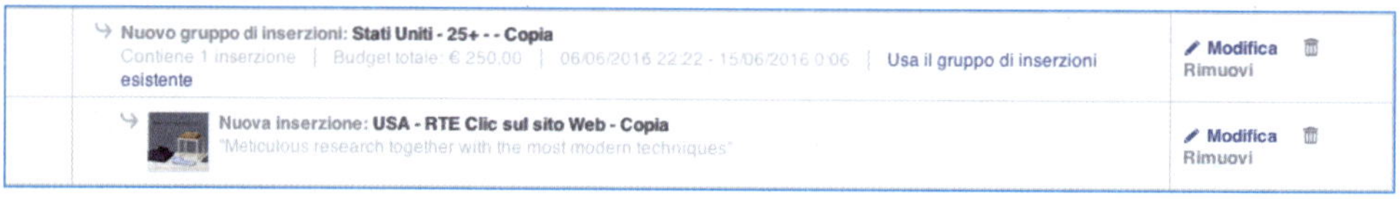

Figura 9.5 Pannello per creare e modificare un nuovo gruppo di inserzioni.

Facendo clic su *Modifica*, ricompare la schermata per selezionare il budget, la programmazione e il target. Come abbiamo già detto, queste sono identiche al *Gruppo di inserzioni* A (Figura 9.6).

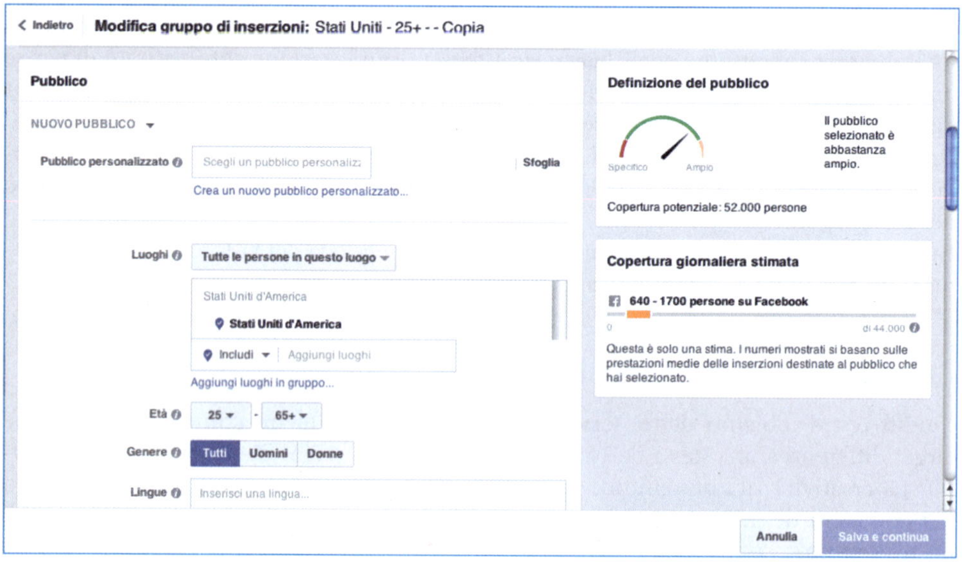

Figura 9.6 La creazione di un nuovo Pubblico nel gruppo di inserzioni.

Se vogliamo testare un nuovo Target B, è qui che lo andremo a caricare. Dopo averlo fatto, non ci resta che proseguire, confermare la creatività (qualora non volessimo modificare anche quella) e far partire la nostra *Inserzione*. In questo modo, ora, la nostra *Campagna* ha due *Gruppi di inserzioni*, ciascuno contenente un proprio target.
Se volessimo effettuare un A/B Test attraverso *Power Editor*, possiamo procedere in due modi: suddividendo il pubblico o duplicando il *Gruppo di inserzioni*.
Suddividendo il pubblico di un gruppo di inserzioni possiamo andare a modificare velocemente solo poche caratteristiche del target (genere e fascia d'età). Suddividendo il pubblico, *Power Editor* crea una copia del *Gruppo di inserzioni* che ha le stesse impostazioni dell'originale, ovvero budget, inserzioni, criteri di definizione del pubblico come interessi o posizioni, a esclusione di età e sesso che possono essere modificati. Duplicando un *Gruppo di inserzioni*, invece, abbiamo la possibilità di caricare un nuovo target con interessi e specifiche differenti.

La prima cosa che dobbiamo fare è selezionare il *Gruppo di inserzioni* sul quale vogliamo lavorare. Possiamo fare clic sull'opzione *Suddividi gruppi di pubblico* (Figura 9.7).

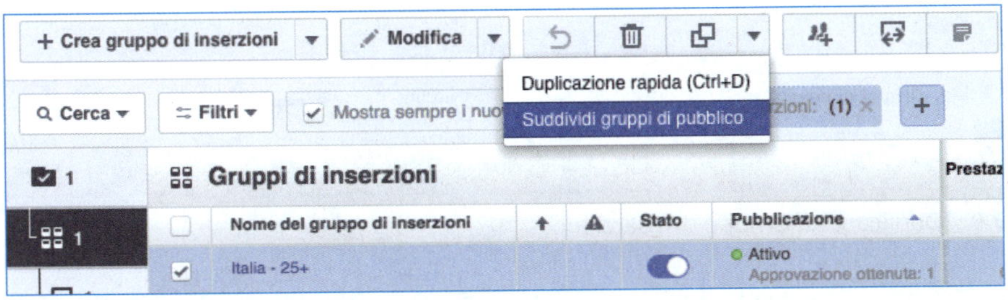

Figura 9.7 Suddividere un Pubblico su Power Editor (https://business.facebook.com/ads/manager/powereditor).

Da qui possiamo aggiungere velocemente una nuova audience che differisce dalla precedente per fascia d'età e genere (Figura 9.8).

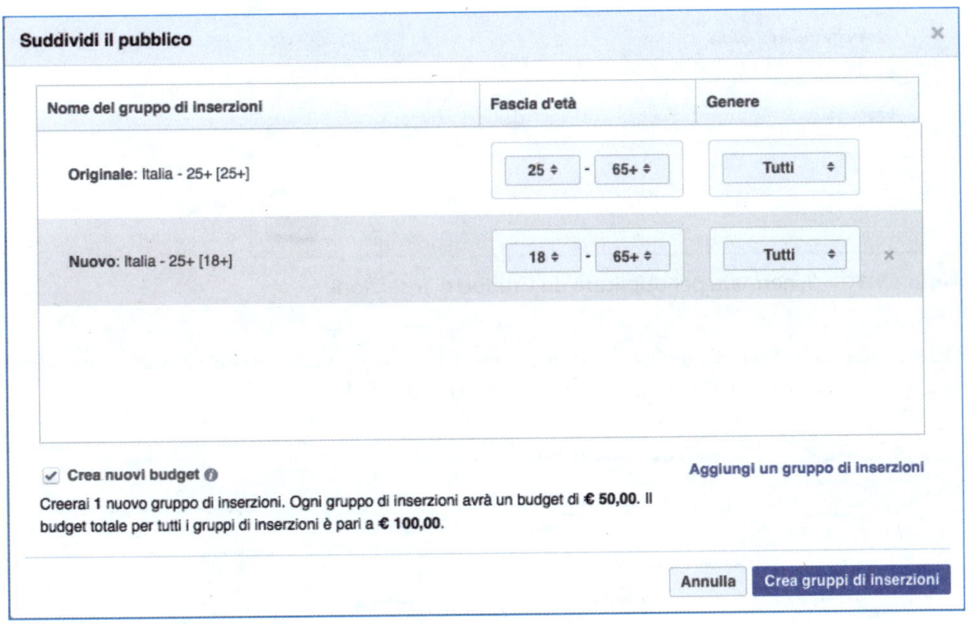

Figura 9.8 Aggiungere un nuovo pubblico su Power Editor.

Tutte le altre opzioni (come budget o durata, per esempio) restano identiche.
Il secondo metodo, invece, (che è lo stesso per testare due creatività differenti in uno stesso *Gruppo di inserzioni*, come vedremo fra poco) consiste nel duplicare il gruppo che ci interessa.
Dobbiamo partire sempre dalla schermata del *Gruppo di inserzioni* e selezionare quella che ci interessa duplicare. Facendo clic su di essa, abbiamo l'opzione *Duplica* (Figura 9.9).

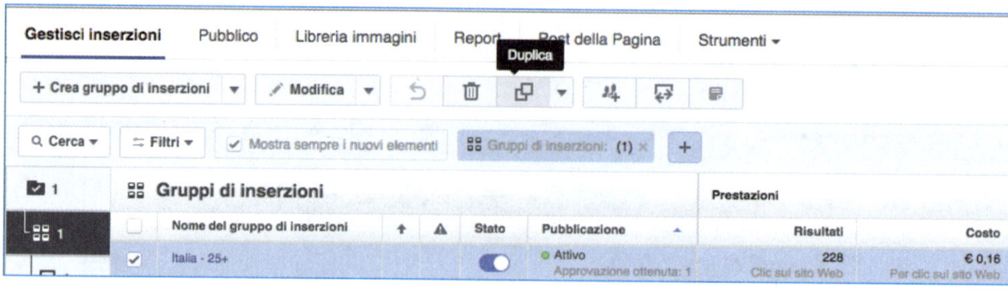

Figura 9.9 Duplicare un Gruppo di inserzioni.

Scegliendo di duplicare un *Gruppo di inserzioni*, Facebook ci chiede se vogliamo mantenere la stessa *Campagna*, usarne un'altra già esistente oppure crearne una nuova (Figura 9.10).

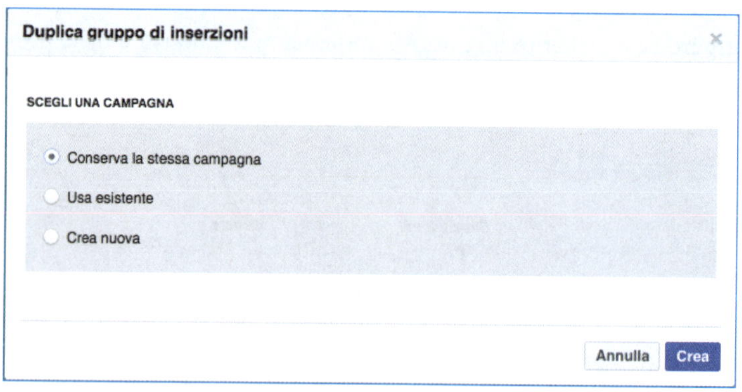

Figura 9.10 Schermata per duplicare un Gruppo di inserzioni.

Selezioniamo la stessa *Campagna* e in questo modo ricompaiono i pannelli per la selezione del budget, la programmazione e il pubblico (Figura 9.11).

Figura 9.11 La creazione di un Gruppo di inserzioni duplicato.

A livello di target cambiamo le variabili (oppure carichiamo il nostro nuovo pubblico) e il nuovo *Gruppo di inserzioni* compare sotto la stessa *Campagna*.
Arrivati a questo punto, sia con *Gestione inserzioni* sia con *Power Editor*, i nostri due target sono pronti. Non dovremo far altro che far partire la *Campagna* e aspettare il raggiungimento dei risultati per decretare il vincitore.

Fare un test nelle Inserzioni

Le creatività, lo abbiamo visto, sono costituite da una combinazione di elementi tutti con una loro importanza. È fondamentale che il testo concordi con l'immagine e che la *call to action* sia efficace. Ma è proprio qui che i dubbi potrebbero essere maggiori: qual è il testo più efficace, che immagine usare, quale descrizione del link?
È meglio usare la parola "compra" e mostrare delle persone, oppure dare più centralità ad altri elementi come negli esempi della Figura 9.12?

Figura 9.12 Un esempio di A/B Test sulla creatività e il testo (https://adespresso.com/it/academy/blog/la-guida-definitiva-allo-split-test/).

Sarà più efficace un'immagine chiara oppure un'immagine scura (Figura 9.13)?

Figura 9.13 Un altro esempio di A/B Test sulla creatività.

Testarlo ci potrà condurre alla risoluzione del dubbio.
Se volessimo condurre il nostro test attraverso *Gestione inserzioni*, i passaggi sono molto simili a quelli che abbiamo già visto per il target.
Questo passaggio va fatto a livello di *Inserzione*. Facendo clic su quella che abbiamo già creato, abbiamo la possibilità di crearne una simile (Figura 9.14).

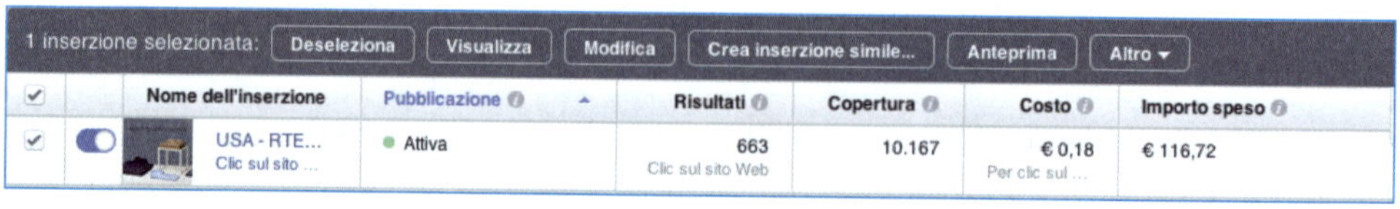

Figura 9.14 Come creare un'inserzione simile con Gestione inserzioni (https://business.facebook.com/ads/manager/).

Come scrive lo stesso Facebook (Figura 9.15), la nuova *Inserzione* mantiene le stesse impostazioni della precedente da cui è stata creata. Apportando delle modifiche, queste vengono effettuate a livello di *Gruppo di inserzioni*, pertanto vanno a incidere su entrambe le *Inserzioni*.

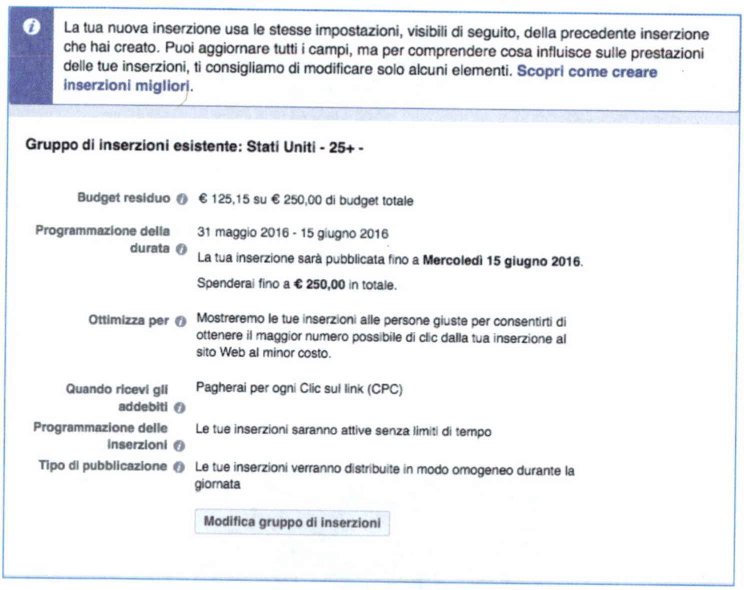

Figura 9.15 Duplicare un'inserzione attraverso Gestione inserzioni.

Procedendo, ci troviamo nel pannello per la creazione di una nuova *Inserzione* (Figura 9.16).
È qui che andiamo a inserire la nuova immagine oppure il nuovo testo da caricare nell'*Inserzione*. Dopo aver creato ed elaborato l'ordine, la nuova *Inserzione* è pronta per competere con l'altra.

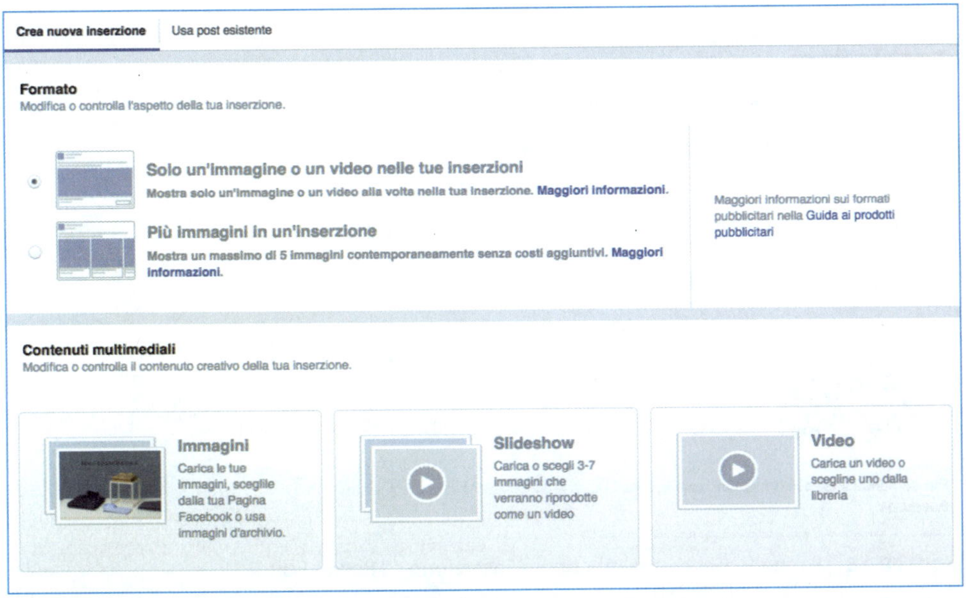

Figura 9.16 La creazione di una nuova inserzione.

Su *Power Editor* la creazione di un'inserzione segue lo stesso procedimento di duplicazione che abbiamo visto in precedenza. Qui la duplicazione va fatta, per l'appunto, a livello di *Inserzioni* (Figura 9.17).

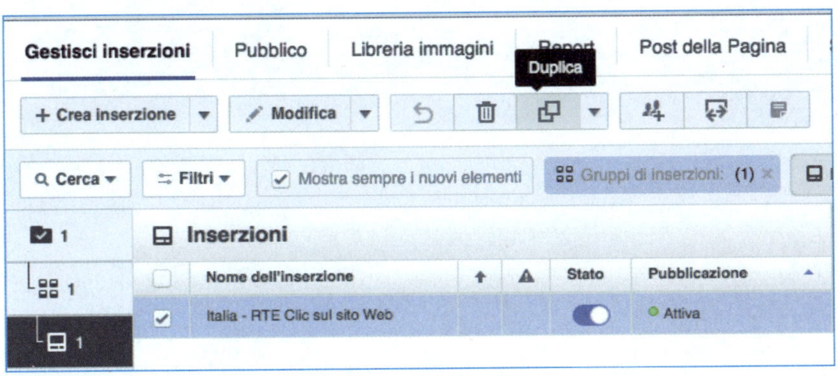

Figura 9.17 Duplicare un'inserzione su Power Editor (https://business.facebook.com/ads/manager/powereditor).

Le schermate successive sono le stesse che abbiamo già visto, quindi selezioneremo la campagna esistente e, dopo aver fatto clic su *Procedi*, veniamo ricondotti al pannello per la creazione di una nuova inserzione (Figura 9.18).

Figura 9.18 Pannello per creare una nuova inserzione su Power Editor.

Anche in questo caso ci basta far partire l'ordine per mettere a confronto le due nuove inserzioni appena create.

Appendice

Investire negli altri social network

In questo capitolo

- **Twitter: come sponsorizzare in 140 caratteri**
- **LinkedIn: far crescere il profilo aziendale**
- **YouTube: visualizzazioni e parole di ricerca**

All'inizio di questo libro abbiamo detto ch Facebook è il capostipite dell'advertising sui social network, quello che ha imposto lo standard a cui le altre piattaforme si sono dovute adattare per sopravvivere. Ed è proprio ciò che è successo: i social network più importanti, dopo un periodo di assestamento più o meno lungo, si sono tutti votati all'advertising. Il motivo per cui l'hanno fatto è duplice: da una parte c'era la necessità di rendere sostenibile, economicamente, un sistema; dall'altra la voglia di sfruttare il proprio potenziale fatto di utenti e dei loro dati per diventare appetibili alle aziende. Molto spesso la differenza tra un social network che dura nel tempo e una meteora sta proprio nella capacità di riuscire ad attrarre gli investimenti pubblicitari. Chi l'ha capito per primo è stato Facebook, poi sono seguiti tutti gli altri.

Nelle prossime pagine passeremo in rassegna i tre principali social network (Twitter, LinkedIn e YouTube), per vedere quali possibilità di advertising forniscono, le loro potenzialità e quale tipo di campagna potremmo usare per far crescere il nostro business. Gli altri social network attualmente presenti (come Snapchat, in fortissima crescita, Pinterest, Spotify e pochi altri) hanno tipologie di advertising ancora embrionali oppure raggiungibili solo a fronte di un investimento elevato, pertanto verranno tralasciate.

Twitter: come sponsorizzare in 140 caratteri

Twitter è stato il primo social network che, alla sua nascita, ha fatto tentennare l'egemonia di Facebook. Per alcuni anni è stato salutato dal mondo come l'anti-Facebook, l'unico che avrebbe potuto, in qualche modo, contrastare lo strapotere del social network per eccellenza. Tuttavia Twitter si è aperto all'advertising di massa molto tardi, consentendo, all'inizio, l'investimento solo a poche aziende e a fronte di budget elevati. Ora invece permette a chiunque di fare advertising e, come vedremo nelle prossime pagine, è il social network la cui piattaforma pubblicitaria più si avvicina a quella di Facebook.

Gli obiettivi delle Twitter Ads

Le similitudini tra una Facebook Ads e una Twitter Ads stanno proprio nei passi da seguire per impostare la campagna pubblicitaria. Il primo passo, infatti, come per Facebook, è proprio quello di definire uno dei sei obiettivi disponibili (Figura A.1).

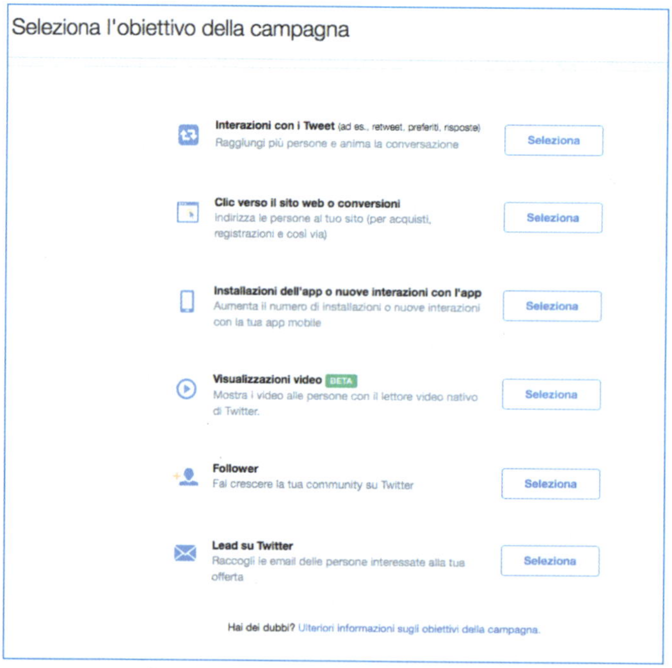

Figura A.1 Gli obiettivi delle Twitter Ads (https://business.twitter.com/it/advertising/campaign-types.html).

Il senso della differenziazione fra questi obiettivi è proprio quello di dare agli advertiser diversi formati che possano soddisfare le necessità di ciascuno. Anche qui ci sono alcune similitudini con gli obiettivi di Facebook e i parallelismi, infatti, sono palesi.

L'obiettivo Interazione con i Tweet può essere paragonato al Promuovi i tuoi post su Facebook. Questo obiettivo ha lo scopo principale di aumentare le interazione con i nostri Tweet, al fine di aumentare il coinvolgimento dei follower in termini di retweet, risposte e preferiti.

I Tweet promossi sono visibili agli utenti nelle rispettive Timeline e nei risultati delle ricerche con la dicitura "sponsorizzato", ma non si differenziano in altro modo da un classico Tweet organico (Figura A.2).

Figura A.2 Esempio e posizionamento di un tweet con obiettivo Interazioni con i Tweet (https://business.twitter.com/it/advertising/campaign-types/increase-tweet-engagements.html).

Uno dei principali punti di forza di Twitter è quello di facilitare il *drive-to-site* e l'atterraggio su pagine esterne al social network. Quella che è la sua caratteristica principale e, per alcuni versi, il suo maggior limite (cioè i 140 caratteri) si è trasformato in un punto di forza, garantendo alti clic ai link. L'obiettivo *Clic verso il sito web* o conversioni è stato introdotto proprio con questo scopo: massimizzare il *drive-to-site*. Per creare un Tweet con obiettivo *Clic verso il sito web* o conversioni utilizziamo un particolare formato composto da un testo, un'immagine, una descrizione e un pulsante di *call to action* chiamato *Website card* (Figura A.3).

Figura A.3 Esempio di un Tweet con obiettivo drive-to-site (https://business.twitter.com/it/advertising/campaign-types/increase-website-traffic.html).

Anche su Twitter è possibile misurare le conversioni utilizzando il *Conversion Tracking* che, al pari del Pixel di Facebook, ci restituisce le informazioni relative alle azioni intraprese dal target sul nostro sito.
Per l'obiettivo di *Installazioni dell'App* o nuove interazioni con l'app, il formato da utilizzare è uno simile alle *Website Card* appena viste, chiamato *App card*. Lo scopo, qui, è quello di ottimizzare i clic sul tweet in modo che questi portino gli utenti a scaricare o aprire la nostra applicazione (Figura A.4).

Figura A.4 Esempio di un'inserzione con obiettivo Installazione e interazione con l'app (https://business.twitter.com/it/advertising/campaign-types/promote-an-app.html).

Anche in questo caso possiamo aggiungere alla nostra campagna un *Conversion Tracking* per misurare i download e le interazioni con la nostra applicazione.
L'importanza dei video è ormai riconosciuta globalmente, e tutti i social network stanno andando verso questa direzione, cercando di incorporare player nativi e di sfruttare al massimo questo contenuto che genera sempre più coinvolgimento. Twitter ha introdotto relativamente da poco un obiettivo con questo scopo, con un palese limite che è quello della durata massima dei video caricabili, che è di 30 secondi. Il potenziale, al momento, è ancora molto limitato, ma non si esclude in futuro un aumento di tale limite (Figura A.5).
Se abbiamo aperto da poco un canale Twitter o se ci siamo posti come obiettivo un aumento di follower, l'obiettivo che andiamo a utilizzare è quello chiamato, per l'appunto, *Follower*. Il formato con cui si presenta è solo testuale con un pulsante per facilitare il following (Figura A.6).
L'abbiamo già visto per Facebook: acquisire i contatti dei nostri clienti, attuali o potenziali, è tanto utile quanto difficile sui social network. Spesso, per farlo, è necessario condurre gli utenti a un form esterno, allungando così il processo e perdendo molti potenziali clienti per i troppi clic. Twitter ha facilitato questo passaggio creando le campagne con l'obiettivo *Lead su Twitter*. Attraverso le *Lead Generation Card*, gli utenti possono fornirci i loro dati con un solo tweet. Le card, oltre all'immagine, hanno un pulsante personalizzabile dove indicare al target il tipo di azione o di dati che andremo a chiedergli (Figura A.7).

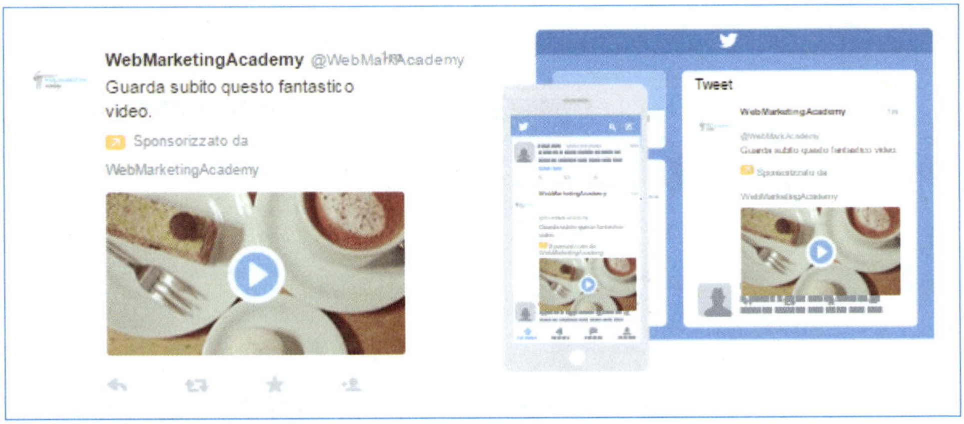

Figura A.5 Esempio di un Tweet con obiettivo di visualizzioni video (https://business.twitter.com/it/advertising/campaign-types.html).

Figura A.6 Esempio per aumentare i follower (https://business.twitter.com/it/advertising/campaign-types/increase-twitter-followers.html).

Impostare la programmazione e il budget

Dopo aver impostato il nostro obiettivo, è il momento di definire la durata della nostra campagna. Le opzioni tra le quali possiamo scegliere sono due: farla partire immediatamente oppure impostare una data di inizio e di fine. Dopo aver scelto questo passaggio, andiamo a impostare il budget. Anche qui Twitter ci fornisce due possibilità di impostazione del budget: la prima è su una base giornaliera (indicando la quantità massima che siamo disposti a spendere quotidianamente); la seconda è la spesa totale della campagna (Figura A.8).

Figura A.7 Esempio per fare lead su Twitter (https://business.twitter.com/it/advertising/campaign-types.html).

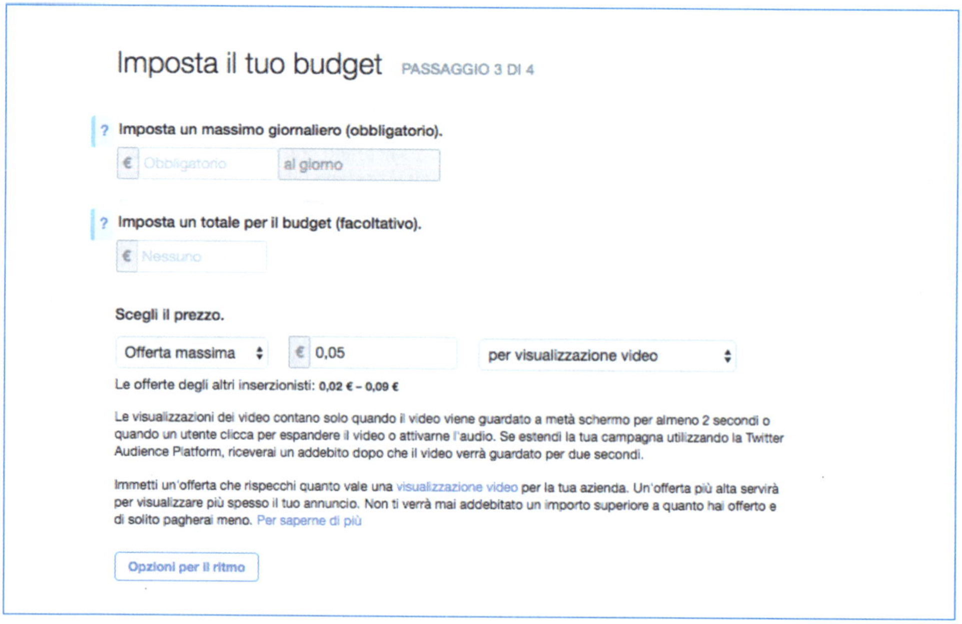

Figura A.8 Impostazione del budget su Twitter (https://business.twitter.com/it/advertising/).

Dopo aver definito il budget, scegliamo il prezzo, ovvero ciò che vogliamo pagare per la nostra campagna. Le tipologie di offerta sono tre: automatica, per target o massima. Nel primo caso è Twitter a ottimizzare l'offerta per raggiungere i risultati migliori al minor costo. Nel secondo caso impostiamo un'offerta sulla base del costo massimo che saremo disposti a spendere per ottenere un nuovo follower.
Nell'ultimo caso, quello dell'offerta massima, immettiamo un'offerta sulla base di quello che riteniamo il valore di un follower per il nostro canale.

Figura A.9 Scelta del costo per offerta automatica.

Il targeting su Twitter

Siamo arrivati alla definizione del target. È qui che Twitter ha cercato di avvicinarsi a Facebook fornendo agli inserzionisti quante più opzioni di segmentazione possibili (Figura A.10).

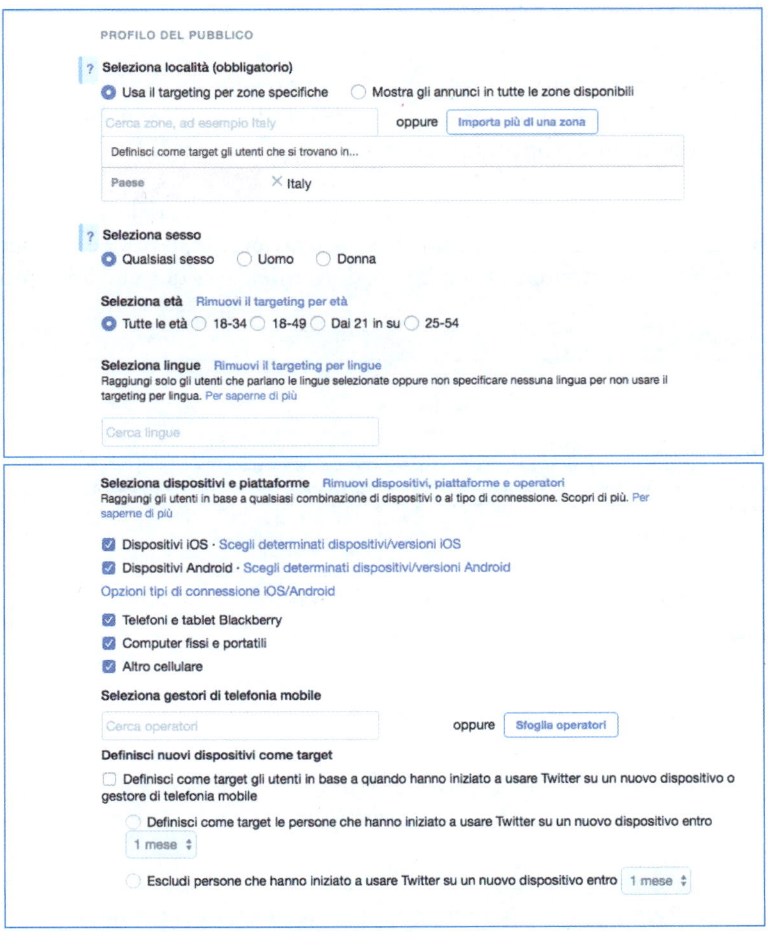

Figura A.10 La selezione del target.

Si parte da categorie più generiche, come le informazioni demografiche (lingua e sesso), per andare in profondità con caratteristiche più specifiche.
Il target può essere profilato anche sulla base di determinate parole chiavi; in un certo senso si tratta dei comportamenti degli utenti, dato che in questo modo ritroviamo tutte quelle persone che hanno usato determinate parole nelle loro ricerche, nei tweet che hanno scritto o in quelli con i quali hanno interagito (Figura A.11).

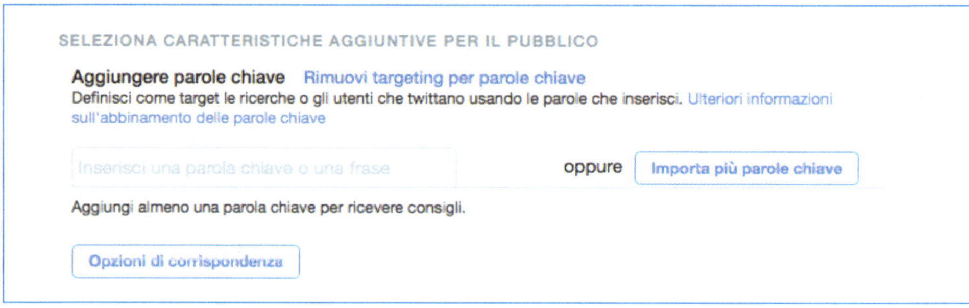

Figura A.11 Individuare il target per parole chiave.

Possiamo affinare la ricerca delle parole chiavi con diverse opzioni di corrispondenza, cioè decidere di ricercare solo quella o quelle parole specifiche, di includere nella ricerca, oltre alla parola, anche i termini correlati, i sinonimi, eventuali errori di battitura e lo slang oppure di escludere determinate parole dalla ricerca.
Su Twitter è possibile creare un target che è paragonabile al *Pubblico simile* delle Facebook Ads. Per farlo dobbiamo inserire il nome di un determinato profilo, così che Twitter possa ritrovare tutti gli utenti con interessi simili ai follower dell'account che abbiamo inserito (Figura A.12).

Figura A.12 Creare un target sulle similitudini con i follower.

La ricerca dei follower può avvenire anche con lo strumento di *Ricerca Avanzata*, che ci consente di trovare gli utenti ricercandoli per parole, persone, posti, date o altro (Figura A.13).
Le targetizzazione per categorie di interesse individua gli utenti sulla base di determinati interessi; questi possono essere suggeriti da Twitter oppure ricercati, anche in questo caso, sulla base di termini chiave (Figura A.14).

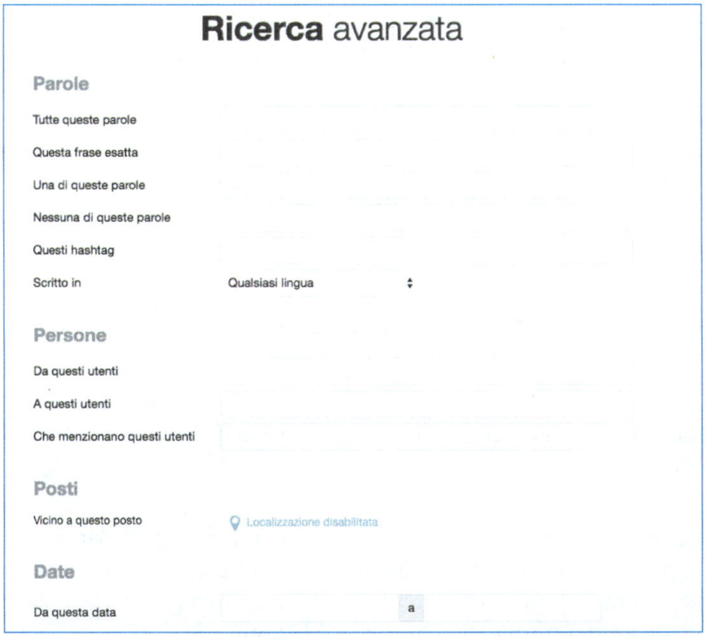

Figura A.13 Ricerca avanzata per cercare i follower su cui effettuare la creazione di un target.

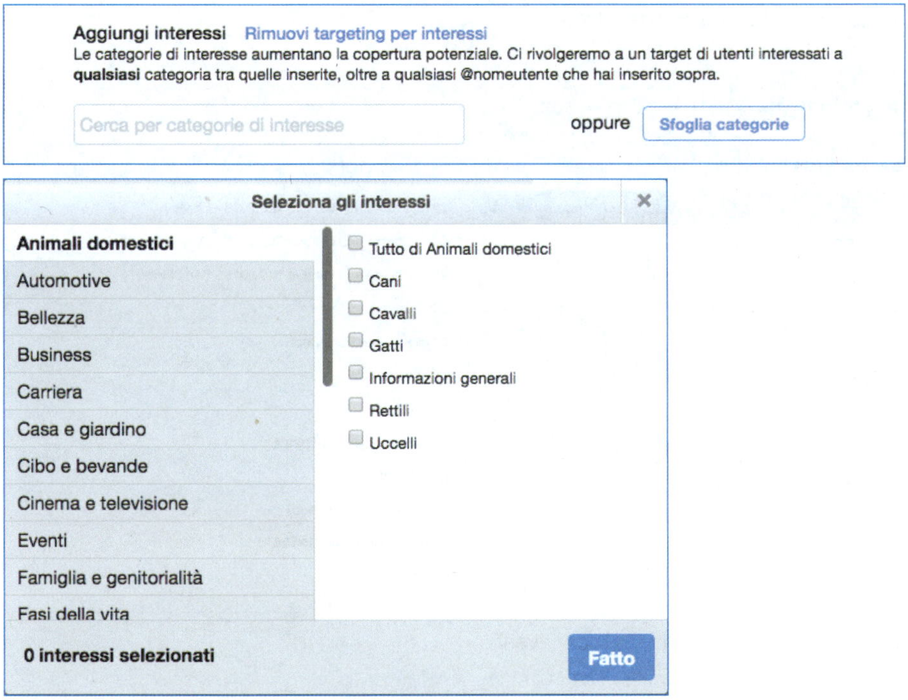

Figura A.14 Creare un target per interessi.

Al momento disponibile solo per gli advertiser statunitensi, esiste un'ultima variabile di segmentazione del target, che è quella sulla base del comportamento (Figura A.15).

Figura A.15 Definire un target per comportamenti,attualmente disponibile solo per il mercato statunitense.

Un'altra funzione ci permette di raggiungere solo quegli utenti interessati a particolari eventi rientranti in diverse categorie, come sport, intrattenimento, festività e così via (Figura A.16). Anche su Twitter, come su Facebook, possiamo creare un pubblico personalizzato, chiamato *Tailored audience*, sulla base dei nostri elenchi di CRM (Figura A.17).
Questi dati possono essere importati da una *lista di contatti* (come indirizzi email, numeri di telefono, nomi utenti su Twitter) oppure da una lista dei visitatori del nostro sito o della nostra app (Figura A.18).

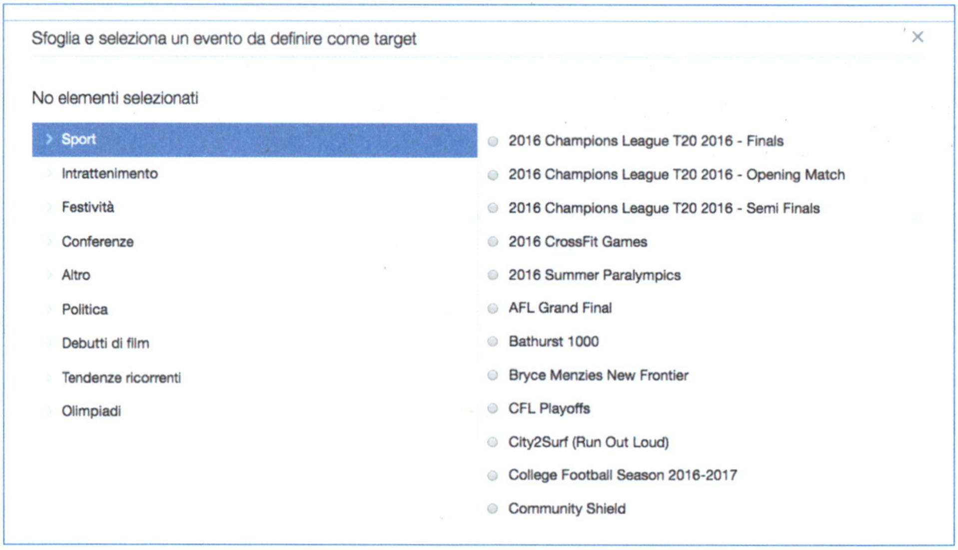

Figura A.16 Aggiungere un target per eventi.

Figura A.17 Creare un tailored audience su Twitter.

2 Tailored audiences

Nome		Ultimo aggiornamento	Twitter	Twitter Audience Platform	Gestisci
Cocktail e Superalcolici Global Lista caricata • ID utenti Twitter	PRONTO	May 20, 2016	3,0 Mln	3,0 Mln	Elimina
Aperitivo e SuperAlcolici mag15-16 Lista caricata • ID utenti Twitter	PRONTO	May 19, 2016	6,7 Mln	6,7 Mln	Elimina

Utilizzando questo prodotto, accetti i Termini dei programmi Tailored Audiences e Conversion Tracking, inclusa la presente informativa.

Figura A.18 La schermata per trovare le tailored audiences.

La creatività delle Twitter Ads

Dopo aver definito il target, non ci resta che selezionare la nostra creatività. In questo pannello scriviamo il tweet, carichiamo l'immagine e, in base agli obiettivi che abbiamo scelto, inseriamo o meno una card (Figura A.19).

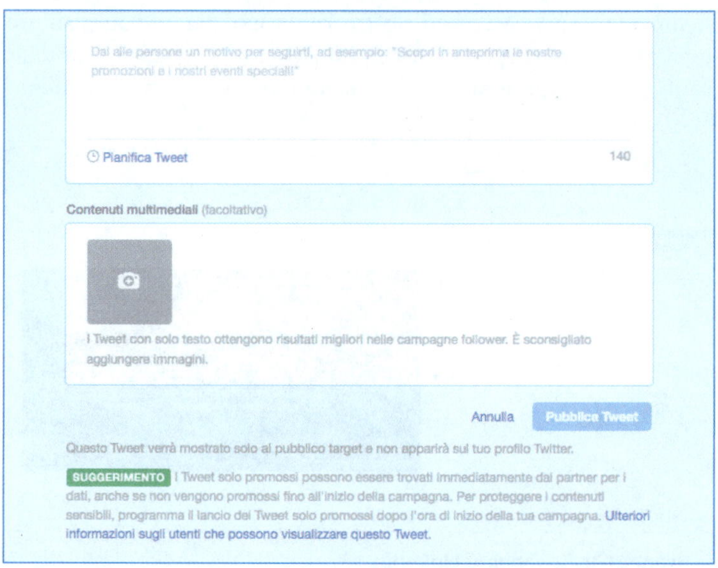

Figura A.19 Selezionare la creatività per le Twitter Ads.

Una volta completato anche questo quarto passaggio, la nostra inserzione è pronta.

Monitorare i risultati delle campagne

Nel pannello di controllo della nostra campagna, possiamo andare a misurare i risultati dell'inserzione, monitorandone l'andamento. Le variabili che possiamo analizzare sono le seguenti.

- *Visualizzazioni*, cioè il numero di volte che il tweet è stato visto.
- *Risultati*: le azioni legate al nostro obiettivo. Se, per esempio, questo è di aumento dei follower, qui ritroviamo i nuovi follower.
- *Tasso di interazione*: è un rapporto tra le due variabili precedenti, quindi le visualizzazioni divise per i risultati.
- *Costo per risultato*, equivalente al costo medio sostenuto per avere un'azione.

LinkedIn: far crescere il profilo aziendale

Al contrario di Facebook, Instagram, Twitter e YouTube (che vedremo dopo), LinkedIn è un social network utilizzato poco per fare la classica pubblicità *business to consumer*, ma comunque molto utile per la comunicazione B2B e per promuovere la propria azienda ad altre aziende o a professionisti del settore. Se abbiamo necessità di raggiungere questo scopo e vogliamo far conoscere la nostra azienda a potenziali partner, clienti o future risorse, allora impostare una campagna di advertising su LinkedIn potrebbe essere la scelta più corretta.

Scegli la campagna e il formato Ads

Su LinkedIn non scegliamo come prima cosa il nostro obiettivo, ma andiamo subito a definire qual è la campagna e il corrispettivo formato Ads che vogliamo utilizzare. Le possibilità di scelta sono due: un annuncio pubblicitario oppure un aggiornamento sponsorizzato (Figura A.20).

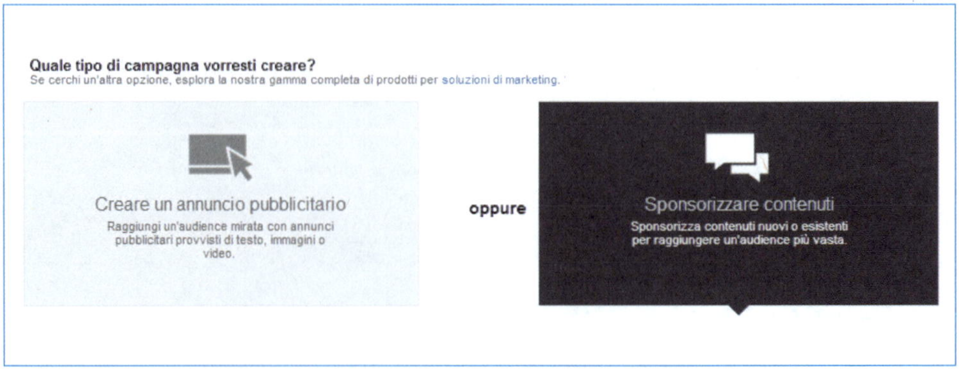

Figura A.20 Le tipologie di annunci attivabili su LinkedIn.

L'annuncio di LinkedIn si presenta come una campagna standard nel mondo dei social network, ovvero con un titolo, un testo e un'immagine. Proprio per questo suo formato, si differenzia dagli aggiornamenti del nostro News Feed e risalta subito all'occhio. Il posizionamento di un annuncio è duplice: può comparire nella barra destra o nella pagina degli aggiornamenti (come nel riquadro viola della Figura A.21).
Per creare un annuncio pubblicitario dobbiamo innanzitutto definire il nome della campagna e proseguire con la configurazione dell'inserzione, impostandone i tre elementi; come ultimo passaggio indichiamo la pagina di atterraggio del link, che può essere su una pagina esterna (per esempio il nostro sito) oppure sulla nostra pagina aziendale di LinkedIn (Figura A.22).
L'aggiornamento sponsorizzato, invece, può essere paragonato a un *Promoted post* di Facebook. Si tratta di un contenuto per tutto simile a quello che pubblichiamo su LinkedIn e che compare nel News Feed degli utenti (riquadro verde della Figura A.21). Possiamo scegliere di promuovere un aggiornamento già pubblicato sulla nostra pagina oppure di crearne uno *ad hoc* per la campagna (Figura A.23).

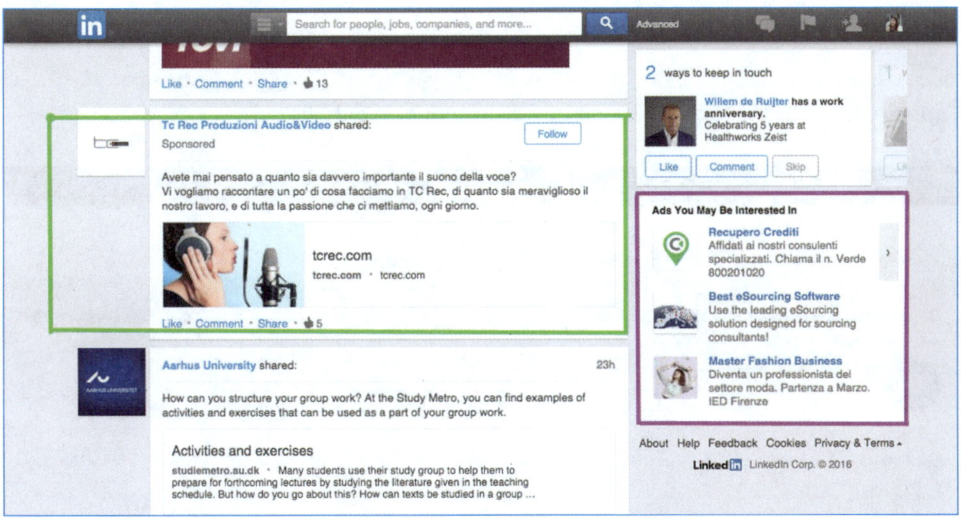

Figura A.21 I due posizionamenti di una campagna ads LinkedIn (`https://www.socialmediaexaminer.com/how-to-advertise-on-linkedin/`).

Le opzioni di targeting

La profondità di "targetizzazione" delle LinkedIn Ads è di gran lunga minore rispetto a Facebook, Instagram e Twitter, ma ci consente comunque di trovare un'audience che possa essere interessata alla nostra inserzione (Figura A.24).

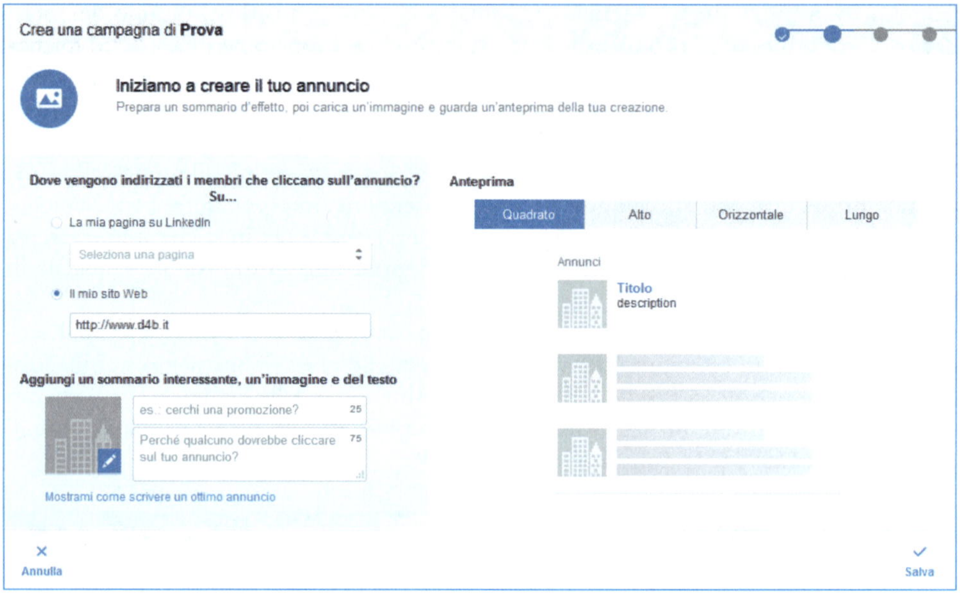

Figura A.22 Il pannello di configurazione di un annuncio pubblicitario.

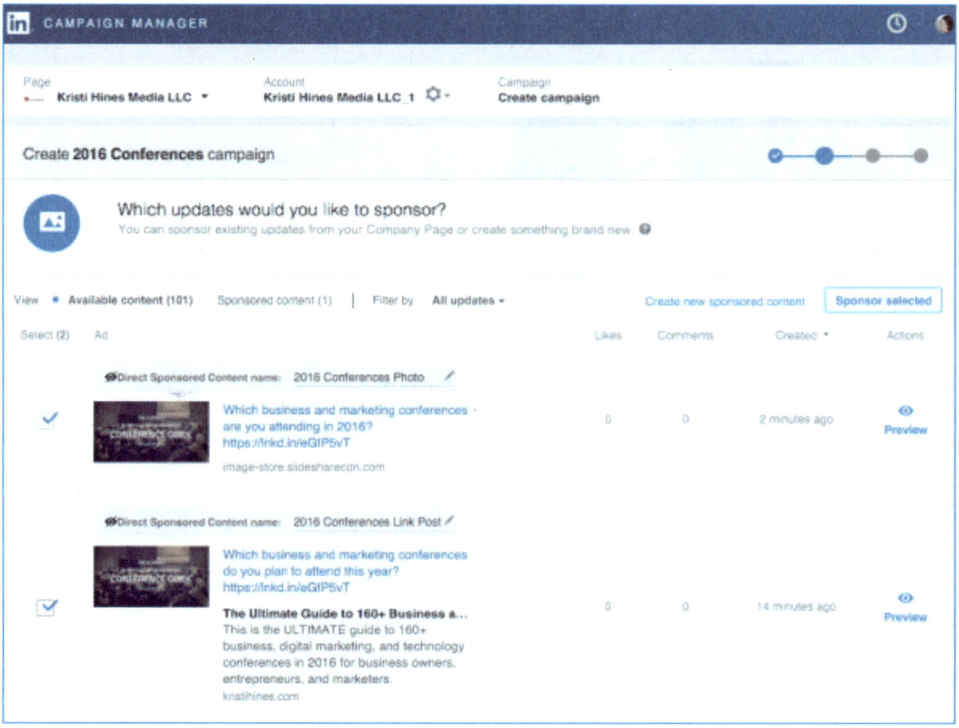

Figura A.23 La selezione del contenuto da sponsorizzare.

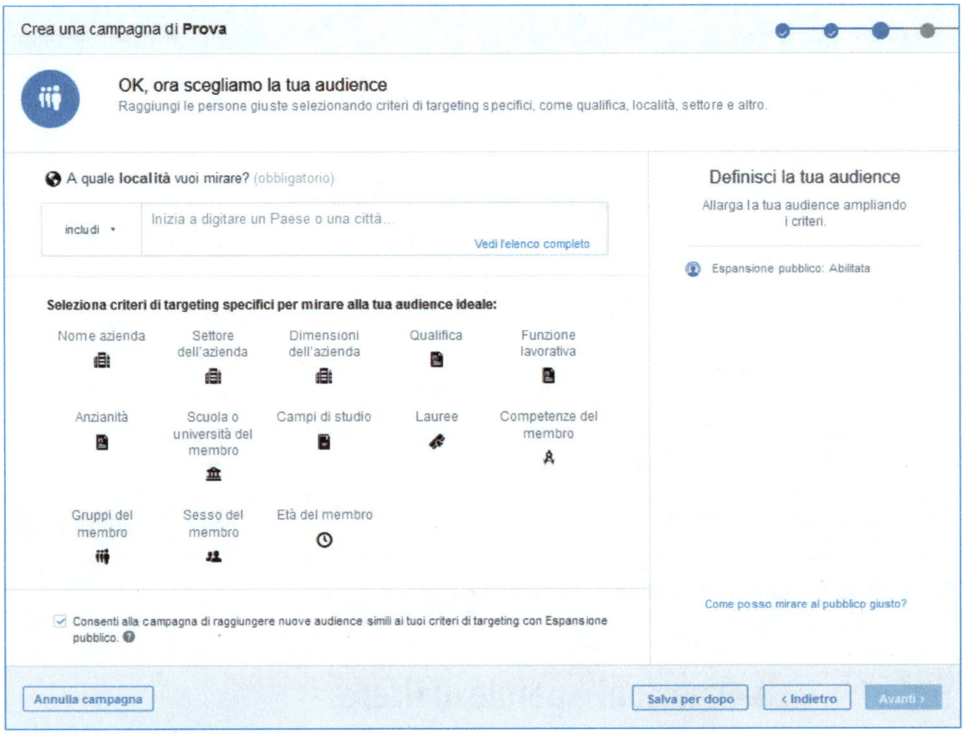

Figura A.24 La selezione del target su LinkedIn (https://www.webinfermento.it/linkedin-ads-panoramica/).

Ciò che possiamo definire, innanzitutto, è l'area geografica delle persone alle quali vogliamo mostrare la nostra inserzione. Dopodiché abbiamo la possibilità di selezionare la tipologia di azienda per settore, per categoria oppure per nome specifico. A questo punto possiamo selezionare la funzione lavorativa, l'anzianità, la tipologia di scuola o università. Poiché LinkedIn ha fatto dei gruppi un suo punto di forza, potremo andare a scegliere se mostrare il nostro annuncio ai membri di un particolare gruppo.

Costi e budget

L'ultimo passaggio nell'impostazione della nostra campagna LinkedIn è quello del budget e dei costi.
I metodi di pagamento sono gli stessi degli altri social network, ovvero CPC (costo per clic) o il CPM (costo per mille *impression*).
Possiamo decidere di pagare giornalmente una cifra definita oppure inserire un budget complessivo, così come definire una data di inizio e fine oppure lasciar correre la campagna fino al nostro stop.

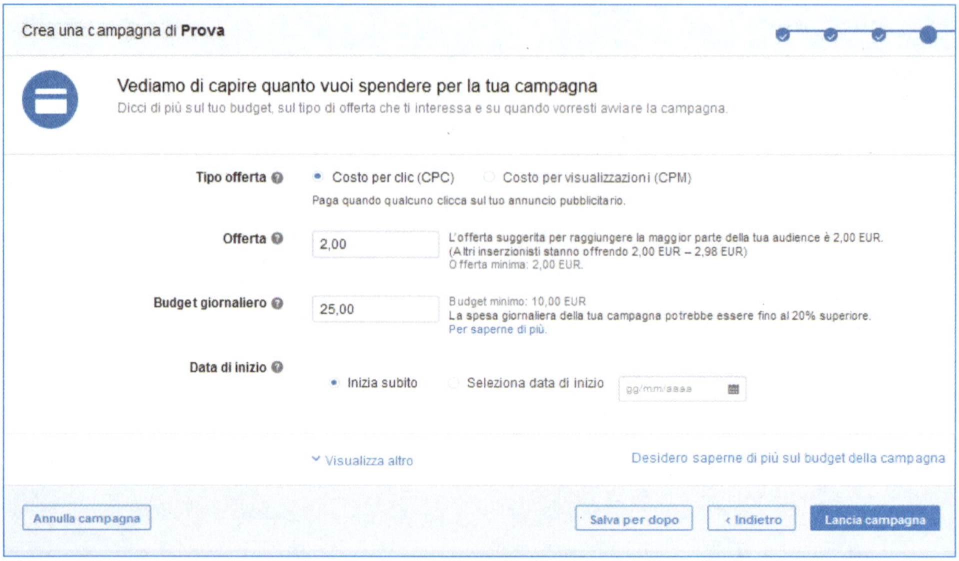

Figura A.25 Impostare il budget e i costi di una LinkedIn Ads.

YouTube: visualizzazioni e parole di ricerca

YouTube è un social netowrk dal potenziale enorme, ma troppo spesso poco utilizzato, dati i grandi investimenti di cui necessita. Rispetto a Facebook, Instagram o Twitter, creare un contenuto video per YouTube richiede uno sforzo monetario e tempistico maggiore. Potremmo avere, però, a disposizione dei video interessanti da voler sponsorizzare per raggiungere nuovi consumatori o coinvolgere il nostro pubblico. Ecco, allora, che una campagna media su questo social network è ciò che fa al caso nostro.

Le campagne media su YouTube possono essere fatte attraverso AdWords grazie a TrueView, un formato che ci consente di pagare solo le visualizzazioni effettive del video e non le *impression*: il nostro target dovrà guardare o interagire in qualche modo con il nostro video perché ci venga addebitato un costo.

Per creare un annuncio video TrueView, pertanto, avremo bisogno *in primis* di un account AdWords; poi il video che vogliamo sponsorizzare deve essere già stato caricato sul nostro canale Youtube.

I formati Ads di YouTube

I formati pubblicitari tra cui possiamo scegliere sono due, entrambi video, a cui se ne aggiunge un terzo statico.

La distinzione tra i due formati video non è nella tipologia di inserzione, bensì nel posizionamento, pertanto distingueremo gli annunci *in-display* da quelli *in-stream*.

Il primo gruppo di annunci non interrompe l'esperienza dell'utente, in quanto essi compaiono nella pagina di ricerca oppure di lato al video che stiamo guardando (Figura A.26).

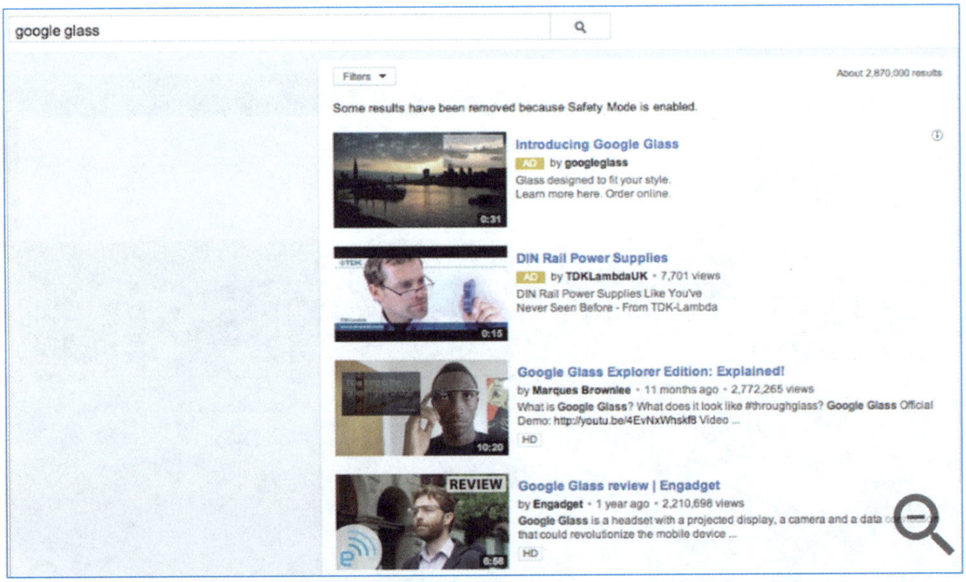

Figura A.26 Posizionamento di un annuncio in-display (https://support.google.com/displayspecs/answer/6227733?hl=it).

L'inserzione è identica ai video che stiamo cercando oppure a quelli consigliati, quindi con una miniatura e una breve descrizione.
Oltre che nella schermata di ricerca e nella barra dei video correlati, le inserzioni *in-display* possono comparire anche sotto forma di overlay (quindi in sovrimpressione) sul video (Figura A.27).

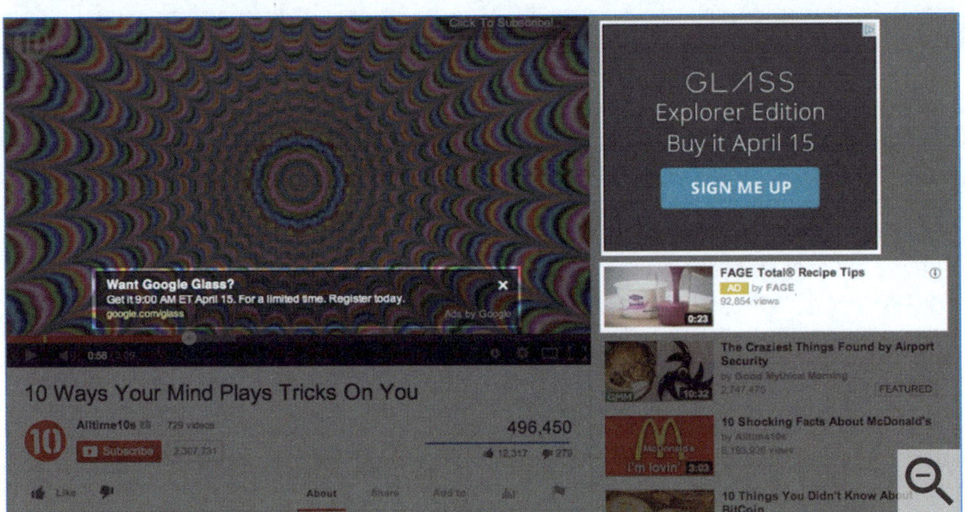

Figura A.27 Un esempio di annuncio in-display sovrapposto al video.

Oppure sulla home page di YouTube (Figura A.28).

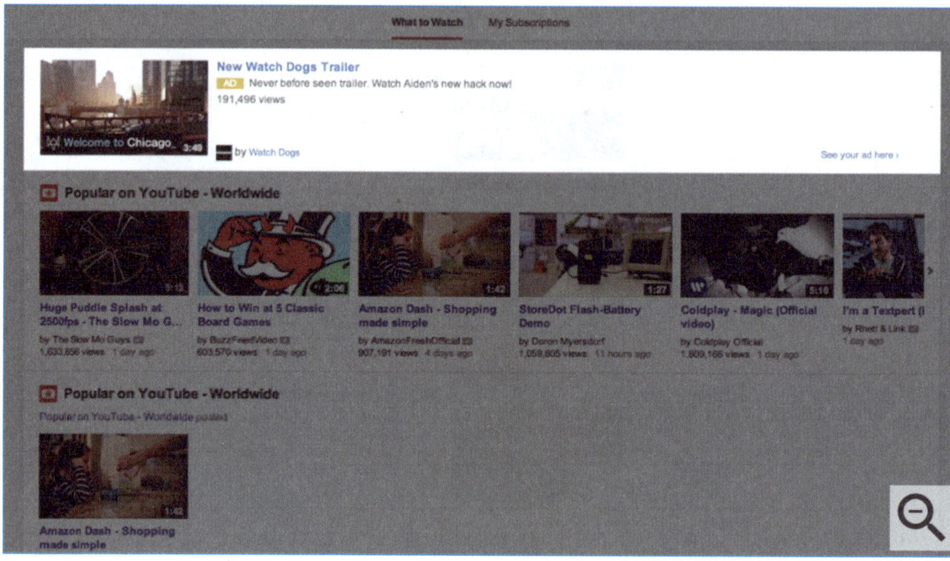

Figura A.28 Un annuncio in-display sulla homepage di YouTube.

Con gli annunci *in-stream*, invece, il nostro video sponsorizzato può comparire all'inizio (*pre-roll*), durante (*mid-roll*) oppure alla fine (*post-roll*) di altri video. Per questo genere di annunci possiamo dare agli utenti due possibilità: ignorare o meno il video. Nel primo caso, dopo cinque secondi, gli spettatori hanno la possibilità di saltare la pubblicità e passare direttamente al video che hanno cercato. In questo caso vengono contate come visualizzazioni solo quelle superiori ai 30 secondi, oppure quelle situazioni in cui l'utente ha interagito con il video (facendo clic sul sito, sugli overlay di invito all'azione, sulle schede o sui banner companion). Qualora si optasse per l'opzione non ignorabile, lo spettatore è obbligato a vedere l'intera durata dell'inserzione. Gli annunci video non ignorabili possono durare al massimo 15 secondi, mentre quelli ignorabili più di 30 secondi. L'ultimo formato ads disponibile su YouTube è quello degli annunci overlay *in-video*. Si tratta di annunci illustrati che appaiono in sovr*impressione* nella parte inferiore del video player di YouTube sulle pagine di visualizzazione e che vengono visualizzati quando l'utente avvia la riproduzione di un video (Figura A.29).
Per rendere il nostro video più interattivo e ricercare un maggior coinvolgimento da parte degli utenti, possiamo aggiungere alcuni elementi all'inserzione. Questi possono essere un overlay di invito all'azione, una scheda shopping oppure una schermata finale automatica.
Gli overlay di invito all'azione appaiono appena parte la riproduzione del video che stiamo guardando e possono essere chiusi dall'utente (Figura A.30).

Figura A.29 Un esempio di annuncio statico overlay in video.

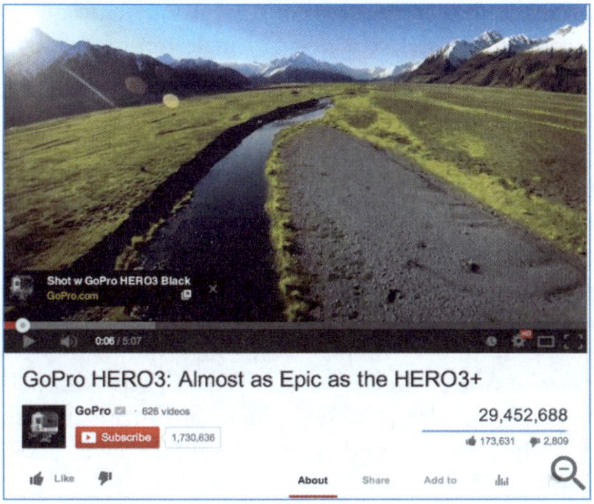

Figura A.30 Un esempio di overlay di invito all'azione (`https://support.google.com/displayspecs/answer/6055025?hl=it&ref_topic=4623279`).

Questi pulsanti ci permettono di reindirizzare gli utenti al nostro sito web.

Le schede shopping sono un secondo formato di elementi interattivi e ci consentono di mostrare delle schede con i dati del prodotto collegati all'account Merchant Center di Google oppure di rimandare gli utenti ai prodotti visualizzati all'interno del video che stanno guardando o che hanno appena guardato.

Le schermate finali automatiche sono schermate di *call to action* poste alla fine del video, che invitano gli utenti a compiere un'azione oppure sfruttabili per dare più informazioni sui nostri prodotti o servizi.

Il targeting dei video su YouTube

YouTube offre un'ampia gamma di possibilità per creare un target, dai dati demografici, agli interessi, passando per i posizionamenti e gli elenchi per il remarketing. Attraverso gli interessi possiamo selezionare delle categorie che ci consentano di raggiungere quegli utenti potenziali che hanno visitano pagine simili alla nostra, visto video simili oppure hanno dimostrato un forte interesse ad argomenti pertinenti al nostro. Il targeting per argomento ci consente di pubblicare la nostra inserzione su un'ampia gamma di video, canali e siti web correlati agli argomenti che abbiamo selezionato.
Possiamo scegliere di segmentare il pubblico anche sulla base di parole chiave: in questo modo i nostri annunci compaiono in corrispondenza di parole chiave correlate a un video, un canale o a un sito web a cui il nostro pubblico potenziale è interessato.
I segmenti di pubblico *in-market* ci permettono di individuare gli utenti che eseguono ricerche di prodotti e valutano la possibilità di acquistare prodotti o servizi simili a quelli che offriamo.
Con la segmentazione per posizionamenti, possiamo selezionare come target canali YouTube specifici, siti web, blog e così via.
L'ultima opzione è quella relativa al rematketing: in questo modo raggiungeremo quelle persone che hanno già interagito con i nostri video, il nostro canale oppure i nostri annunci.

La misurazione dei risultati

Per valutare il successo o meno della nostra inserzione, dobbiamo andare ad analizzare alcune variabili. Quelle di base riguardano le visualizzazioni e la percentuale di visualizzazione. La prima metrica indica il numero di volte in cui gli utenti hanno guardato o interagito con il nostro video. La percentuale di visualizzazione, invece, è il numero di visualizzazioni o interazioni diviso per il numero di *impression*. Quest'ultima metrica è un ottimo indicatore dell'apprezzamento del nostro video. Inoltre una percentuale di visualizzazione più alta ci permette di vincere più aste (poiché il funzionamento dell'advertising su YouTube è lo stesso che abbiamo visto su Facebook) e di avere, così, un costo per visualizzazione più basso.
Il costo per visualizzazione (CPV) è l'importo medio pagato per una visualizzazione di almeno 30 secondi del nostro annuncio oppure per un'interazione con esso.
I clic mostrano il numero di volte in cui gli utenti hanno fatto clic su un qualsiasi punto del nostro video; anche questi sono indicatori dell'apprezzamento per la nostra inserzione. Il CTR, come abbiamo già visto, è il numero di clic ricevuti dall'inserzione diviso per il numero di *impression*. Se da una parte la percentuale di visualizzazione ci dà un'indicazione sul coinvolgimento, il CTR è un modo per analizzare il rendimento della nostra inserzione in base all'obiettivo.
I coinvolgimenti mostrano il numero di clic su elementi interattivi come i teaser o le schede shopping. Il tasso di coinvolgimento è il numero di coinvolgimenti diviso per le *impression*.
I cookie unici indicano il numero di cookie per un singolo browser sul computer degli utenti. Sulla base di questi vengono misurati gli indici di visualizzazioni e frequenza.
Gli spettatori unici per cookie ci dicono il numero di volte in cui il nostro annuncio video è stato visualizzato da un cookie unico nel corso di un determinato periodo.

La frequenza di *impression* media per cookie è il numero medio di volte in cui il video è stato visualizzato nel corso di un determinato periodo di tempo.
La frequenza di visualizzazioni media per cookie, invece, è il numero di volte in cui un cookie unico ha visualizzato il nostro annuncio video nel corso di un determinato lasso di tempo.
I dati relativi alle visualizzazioni, infine, ci indicano il numero di visualizzazioni suddivise per quartili, ovvero per scaglioni pari al 25 percento.

Conclusioni

Siamo giunti alla fine di questo libro. L'intento iniziale non era quello di creare una bibbia del social advertising, quanto quello di dare un punto di partenza a chiunque avesse la necessità di capire meglio come funziona la pubblicità su Facebook. Analizzandone gli strumenti e le potenzialità abbiamo voluto gettare le basi per poter poi decidere, personalmente e consapevolmente, se investire o meno su questo mezzo. La pubblicità su Facebook funziona, ci sono i dati a dimostrarlo; ora sta a noi capire se funziona anche per il nostro business. Così come non tutti fanno display ads o campagne AdWords, non tutti devono fare pubblicità su Facebook. Questo libro potrebbe essere servito anche a questo, a capire che questa pubblicità non è quello che ci serve. La speranza, tuttavia, è che la risposta non sia figlia di un'aprioristica sfiducia, ma di una scelta ragionata.
Un ulteriore punto era quello di provare a far cambiare l'approccio con cui generalmente vengono visti e utilizzati i social network. Questi non sono sistemi chiusi, ma sono collegati al mondo esterno e ai nostri obiettivi di marketing. Non possiamo più continuare a concentrarci solo su interazioni, *reach* e Mi piace alla pagina, perché sono metriche ormai vecchie e fini a se stesse. Studiando le campagne pubblicitarie possiamo comprendere più facilmente come possiamo raggiungere gli obiettivi di business. È un cambio di prospettiva necessario e che avverrà del tutto in un futuro non così lontano. Farsi trovare pronti e anticiparlo non potrà che darci vantaggi. Per anticipare i tempi è importante restare sempre aggiornati. Il mondo dei social network è tutt'altro che statico e, solo per fare un esempio, durante la

stesura di questo libro è stata modificata la regola del 20 percento di testo nelle inserzioni, è cambiato il layout delle campagne di advertising, quello di Business Manager, è stato aggiunto il costo per Reach & Frequency, sono state introdotte le fotografie a 360° e così via. Ci sono diversi siti di settore che fanno benissimo questo lavoro e, in particolar modo, AdEspresso (`https://adespresso.com/`) e Jon Loomer (`https://www.jonloomer.com/`), spesso citati come fonti in questo stesso libro. Due siti che dovremmo sempre tenere sott'occhio per vedere in che direzione si muove o si muoverà Facebook.

Arrivati a questo punto, quindi, possiamo decidere di implementare una strategia di advertising con un approccio diverso.

È risaputo che tra la teoria e la pratica c'è di un mezzo il proverbiale mare, ed è per questo che, se ci accingiamo a realizzare la nostra prima campagna, il consiglio è di farlo prima con una campagna piccola, in termini sia di budget sia di obiettivi da raggiungere. Il bello di questo mezzo è la velocità: non ci sono attori intermedi (a meno che non ci vogliamo affidare a un'agenzia esterna), non ci sono centri media, spazi da acquistare con molto anticipo, dilatazioni temporali per la misurazione dei risultati: è tutto immediato e questa immediatezza andrebbe sfruttata a nostro favore. La conoscenza è la base della competenza, ma sapere quante cose si possono fare con *Gestione inserzioni* non ci rende automaticamente degli esperti di social advertising. Per farlo dovremo testare, provare e – potrebbe capitare – commettere errori. Il punto è che nessun libro può insegnarci quali sono le strategie perfette per noi stessi: saremo noi a scoprirlo.

Indice analitico

N

O

P

Q

R

Z